陆 军 ◎ 著

民族文化旅游理论与实践

中国旅游出版社

前　言

民族文化是旅游开发的基础，是旅游发展的载体，更是吸引游客的特色吸引物。对民族文化旅游的研究一直是学术界关注的热点与焦点，各学科依托自身的优势围绕民族文化旅游展开了全方位、系统化、精细化的研究，取得了丰硕的成果，为各国民族文化旅游高质量发展提供了理论支撑，也为本书提供了理论营养。

得益于我国民族文化旅游研究理论的指导，我国涌现了一批具有引领性和示范性的民族文化旅游实践成果，如桂林《印象·刘三姐》实景演艺、《桂林千古情》大型室内演艺、民族文化文创、民族文化生态博物馆、民族医养等。然而，民族文化旅游也有其独特性，伴随市场消费的不断变化，民族文化旅游也要与时俱进，需要不断创新发展，这也为我们研究提供了鲜活的样本和生动的案例。

本书是基于作者长期对我国民族文化旅游研究的一个阶段性总结。作者从 2001 年开始关注民族文化旅游以来，每年花费不少于 3 个月时间深入民族地区进行人类学、民族学田园调查，并选择贵州省西江千户苗寨、广西三江侗族自治县程阳八寨、广西巴马瑶族自治县、广西龙胜各族自治县龙脊十三寨、广西阳朔县作为跟踪观测点，作为考察、分析、研究我国民族文化旅游动态变化过程。本书正是基于这一研究范式，整理编辑了作者从 2005 年至今的一些重要研究成果，通过本书在一定程度上可以窥见我国民族文化旅游发展不断演变的历程及各阶段的主要特点。

本书分六章对民族文化旅游研究基本理论；旅游开发对民族文化影响；民族文化旅游理论基础；民族文化旅游主题式开发理论；民族文化旅游实践理论以及民族文化旅游理论实践案例进行了比较深入的剖析，尤其是对民族文化旅游的主题式开发、民族文化旅游综合体这两个新理论进行分析论证，并以广西壮族刘三姐文化旅游为主线，对民族文化旅游相关理论进行了校验，修正了原有研究成果的一些不足。

文化是旅游的灵魂，是打造一个国家一个地区旅游品牌的根基。民族文化是民族文化旅游发展的内核，是一个地方旅游业发展的核心竞争力所在，如何让民族文化成为旅游的灵魂，成为旅游发展的内核，是本书所重点研究的命题。归结起来，本书相对民族文化旅游研究已有成果具有三方面的突破：一是提出了民族文化旅游主题式开发的 RMTP 理论框架，诠释了民族文化旅游内核可从旅游资源（R）、旅游市场（M）、旅游主题（T）和旅游产品（P）四个维度进行研究。二是解析了民族文化旅游综合体基本理论要素，并对民族文化旅游综合体理论模型进行了推导。三是以广西壮族著名的刘三姐文化旅游开发验证 RMTP 理论框架和民族文化旅游综合体理论模型。这三大突破不仅丰富了民族文化旅游开发的理论体系，更主要的是为我国民族文化旅游开发提供了一个新的理论解释，对促进我国民族文化旅游健康持续发展具有重要的指导价值。

本书是作者多年从事民族文化旅游理论研究与教学实践、业界实践的一个阶段性成果，成果参考了相关专家的文献，"第六章民族文化旅游理论实践案例——刘三姐景区规划研究"有作者团队马艺芳教授、刘道超教授、王林教授以及姚良振设计师的心血与智慧，也得到了宜州区原旅游局的鼎力支持与赞助，规划成果也被宜州区原旅游局及刘三姐文化旅游景区开发公司采纳实施，取得了显著成效。2012 年规划实施后，刘三姐文化旅游景区被列入国家 4A 级旅游景区，年均接待游客量达到 100 万人次以上，现在已成为宜州区的旅游核心和龙头景区。本书出版过程中得到了中国旅游出版社段向民编辑的悉心指导。在此一并向所有参考文献的作者、业主单位和相关部门、专家表示最真挚的感谢！

由于水平有限，书中不妥之处在所难免，敬请同行专家和广大读者不吝赐教。

陆 军

2022 年 7 月 8 日于桂林

目　录

第一章
绪　论

第一节　引言

　　旅游客源地分布广泛，旅游者的文化背景和文化层次也呈现多元化。因此，旅游者的旅游兴趣和旅游方式的变化将进一步影响到旅游业的发展，导致新型的文化休闲旅游、主题公园和专项旅游呈现出迅猛发展的势头。通常而言，差异性是吸引旅游者进行旅游的根本原因，最具有差异性的不是自然风光而是各国各地的民族文化。中西方由于历史背景、经济发展水平、国情、文化背景与知识结构等方面的差异，造成了审美文化价值在情趣、视角、愉悦等方面存在较大的差异。只有深入研究开发出适合中外游客差异需要的产品才具有绝对的竞争力。文化是旅游的灵魂，是打造一个国家或一个地区旅游品牌的根基。民族文化是民族文化旅游发展的内核，是一个地方旅游业发展的竞争力所在，民族文化旅游产品的设计离不开文化的包装，它的核心竞争核心力取决于文化内涵和特色。著名旅游研究专家魏小安指出："旅游产品的竞争可以分为三个层次，最低层次的竞争是价格竞争，这是一种最普遍的竞争方式，中间层次的竞争是质量的竞争，包括旅游服务质量、景观美育度等，处于最高层次的竞争是文化竞争。文化是保持长久竞争力的关键。"民族文化旅游具有"投资少、内容多、接触面广、影响力大、经济效益高、创汇收入多"等特点，各级地方政府纷纷把发展民族文化旅游作为促进地方经济发展的重要手段，把旅游产业作为支柱产业来培育，纷纷大打民族文化的牌子。

长期以来，我国旅游发展中理论一直滞后于实践，理论跟不上旅游实践的发展，使我国的旅游开发走了不少弯路。民族文化旅游开发也不例外。纵观我国民族文化旅游发展史可知，我国民族文化旅游发展较晚，但发展势头快，经历了三个明显的发展阶段，分别为：

一、附庸补充发展阶段（1978—1990 年）。这一时期民族文化旅游开发主要是在一些风景名胜区内，作为风景名胜区自然观光旅游产品的附庸或补充，特点是规模小、主题不突出、以历史遗址遗迹和民俗风情表演为主要旅游活动载体，基本上保持原汁原味，能最大限度地保持民族文化的真实性。这一阶段民族文化旅游开发没有引起国内学界的注意与重视，研究成果凤毛麟角。

二、民族文化主题园大开发时期（1991—2000 年）。该时期以 1991 年深圳中华民俗文化村开业为标志，我国的民族文化旅游进入了主题开发时期。由于我国大众旅游的兴起，为了满足游客近距离对民族文化体验的需求，在深圳中华民俗文化村取得巨大成功的效应推动与刺激下，在经济发达的沿海地区开发有大量的民族文化主题园、民族文化模拟旅游村、民族文化博物馆等民族文化主题旅游产品，这 10 年间全国建设的主题园就达 2500 余个。特点是数量多、主题克隆重复严重、成功少失败多、旅游对民族文化造成的负面影响大、民族文化失真严重。民族文化旅游开发的泛滥以及没有理论指导而造成的惨重损失，引起了学界的高度重视，并开始投入大量的精力对民族文化旅游开发进行研究，取得了大量的成果。然而，对民族文化旅游的主题开发成果却相当贫乏。针对民族文化旅游开发的阶段现状，以民族文化真实性为吸引物的实地民族文化旅游村开始出现。

三、民族文化旅游主题全面开发时期（2001 年以后）。进入 21 世纪的民族文化旅游经过 20 世纪沉痛的摸索与发展后开始走向更为理智的发展道路。学界在 1991—2000 年我国民族文化旅游开发实践研究的基础上，提供了一些行之有效的理论支持。从 2001 年开始，我国民族文化旅游开发根据当地实际以民族博物馆、民族文化主题园、模拟民族文化村、实地民族文化村、民族文化旅游节庆等不同的主题开发模式来发展旅游，出现了民族文化旅游主题全面开发的局面。特点是主题较为鲜明、主题开发模式多样化、注重民族文化的真实性、注重主题环境和氛围的营造。

我国民族文化历史悠久，赋存丰厚，自从改革开放以来特别是1991年以主题式开发以来，出现了蓬勃发展的良好势头。然而，在发展过程中，却走了不少弯路，尤其是1991—2000年这个发展时期更是如此。这些都源于理论滞后于旅游实践发展速度，制约了民族文化旅游的健康持续发展，付出了惨重的代价。针对这一现状，学术界从不同的学科角度对民族文化旅游的开发与保护、开发模式、旅游影响进行了大量的理论和实证研究，取得了有益的理论成果，在一定程度上为我国的民族文化旅游健康持续发展提供了智力支持。但同时也要看到，从20世纪90年代初我国民族文化旅游就以主题形式开发了，从文献检索来看，专门研究总结民族文化旅游主题开发的理论性文献寥寥无几，从系统的多学科的角度总结研究民族文化旅游主题开发的主题与资源、市场、旅游产品之间关系以及相关理论的文献为空白。

基于民族文化旅游主题开发的理论滞后于开发实践的现状，以及民族文化旅游主题开发需要从大量的开发实践中提炼升华为理论以指导实践的需要，并结合笔者近年来在民族文化地区所做的实地调研、理论学习和20多个旅游规划实践，在前人研究的基础上对民族文化旅游主题开发做进一步的理论研究，总结得出了"民族文化旅游主题式开发"的新观点。本书从旅游人类学、旅游审美学、民族学、旅游市场学等多学科对该观点进行了较为深入、系统的探讨，期望为建设具有中国特色的旅游理论体系做点贡献，也期望为更好地进行民族文化旅游主题开发，实现多赢目标，提供理论指导。

第二节　研究缘起——网络的关注

"主题旅游"是以某个特色鲜明、个性突出的主题如"红色旅游""主题公园"来吸引旅游者的旅游产品。随着潜在旅游者的闲暇时间和可自由支配收入的增多，大众旅游已不能全方位地满足游客追求个性化和体验化的多层次需求，旅游者对个性鲜明的"主题旅游"需求越来越突出。近10年来，为了满足市场需求变化的需要，以主题式开发的民族文化旅游发展迅速，远远超出了现有的理论体系，可从网络关注度中窥见一斑。关注度分析目的是了解研究对象的影响力、重要度、发展前景和研究意义。本书以国内著名的网络检索网站谷歌和百度的检索结果为依据，并结合其他相关资料，分析民族文化旅游主题式开发的网上关注度。

选取主题词"主题旅游"检索，结果显示：对百度网站的第一次检索结果是82800个网页，第二次检索结果为179000个网页，第二次检索结果比第一次高出了116.2%。由此可以看出主题旅游具有较高的关注度，以百度网站的第二次检索结果为例，对主题词"旅游"进行检索，结果检索出8670000个网页，"主题旅游"占了"旅游"的2.1%，表明"主题旅游"已成为旅游不可或缺的一部分。从百度搜索的结果来看，"主题旅游"的关注度正在快速增长，事隔103天，在同一网站搜索结果比第一次就增长了119.8%。从上述增长数据可以看出，主题旅游受到了高度关注。

文化是旅游的灵魂，没有文化的旅游是不长久的，民族文化旅游在旅游开发中占有重要的地位。因此，全国各地尤其是拥有丰厚而原生态民族文化的西部民族地区更加重视民族文化旅游的开发。为了检验本研究课题的现实意义，同时选取关键词"民族文化旅游"和"主题式旅游"进行抽样检索，结果表明：百度网站第一次为："主题式旅游"289个网页，"民族文化旅游"250000个网页。第二次检索的结果是："主题式旅游"232个网页，"民族文化旅游"306000个网页。从检索的结果来看，"主题式旅游"和"民族文化旅游"都具有较高的关注度。随着中国主题旅游的快速发展，民族文化主题式开发引起了政府、媒体以及学术界的高度关注。

同时，在中国学术期刊网和维普中文期刊网上以主题旅游、主题或旅游等论文的关键词进行检索（检索时间：2005年1月22日），统计发现，1989年1月—2004年12月中国学术期刊物上发表与主题旅游有关的学术论文只有9篇，而研究民族文化旅游资源开发主题研究的仅仅有1篇。关键词为"主题园或主题公园"的学术论文为56篇，优秀博硕论文为3篇，其中在59篇"主题园或主题公园"文献中专门研究旅游主题的学术论文一篇都没有。这更表明了在我国学术界中专门研究民族文化旅游主题的学者很少，理论滞后于实践是显而易见的，这与我国的民族文化旅游主题式开发的现状和趋势是很不一致的，因此，对民族文化旅游主题式开发提供及时的理论指导显得很有必要。

第三节 研究动态——国内外研究态势

一、国内研究回顾

民族文化旅游发展对经济的贡献以及旅游对民族文化的影响是显而易见的，引起了我国学者的高度关注，并从不同学科视野投入了大量的精力进行研究。从中国学术期刊网和维普中文期刊网的检索结果来看，1989 年 1 月—2005 年 1 月共发表了旅游方面的文献 35230 篇，其中民族文化旅游方面的共5025 篇，占旅游总文献的 14.26%。在民族文化旅游的文献中，研究开发与保护的共有 3326 篇，占民族文化旅游文献的 66.18%；研究以主题形式开发的主题园、民族文化旅游节庆、民族文化村寨等的文献共 510 篇，占民族文化旅游文献的 10.15%，其中专门研究民族文化主题的文献只有 1 篇；在民族文化旅游文献中比较系统研究的优秀博、硕论文为 15 篇。通过分析文献发现：首先是我国学者研究民族文化旅游绝大部分集中在民族文化旅游的开发与保护方面，占 66.18%。其次是集中在民族文化旅游的概念辨析、旅游对文化的影响、可持续发展等方面。对民族文化旅游主题式开发进行研究的文献少，只占 10.15%。在这 10.15% 的文献中又人多数是案例实证研究，研究的焦点在于市场需求、选址、营销、管理、评估等方面，虽然具有一定的理论水准，但缺乏系统性，尤其是对主题式开发中的主题与资源关系、主题与市场关系、主题与旅游产品以及主题如何确定等关键核心问题没有专门的文献研究，深入系统地研究民族文化旅游主题式开发的理论文献几乎是一片空白。

（一）民族文化旅游开发与保护研究

国内众多学者对民族文化开发与保护已经做了很多有效的探讨。我们要知道，民族文化与民俗文化是两个不同的概念，民族文化包括民俗文化，民俗文化只不过是民族文化的一个主要组成部分而已。一直到 20 世纪 90 年代后期，国内对民族文化旅游开发的研究仅仅局限于对民俗文化旅游的研究。早在 1991 年张铭远（1991）就提出，中国应当大力开发民俗文化旅游业；陶思炎（1997）对民俗旅游的概念、特点、分类等一些基本理论做了阐释，进而指出民俗旅游开发应遵循以下原则：因地制宜、发掘特点、平中见奇、多功能性；陈江南、吴月照（1997）将民俗文化的开发归结为 6 种形式：集锦荟萃式、仿古再现式、原生自然式、原地浓缩式、短期流动式、主题附生式；20 世纪 90 年代后期开始，旅游学者们逐步认识到民族文化的范畴要远远大于民俗文化，并逐步把注意力转移到如何解决民族文化开发中存在的问题，以及如何实现可持续发展上来。罗明义（1999）提出着重发掘、提炼和开发民族文化中最具有特色和代表性的旅游资源，形成具有民族文化内涵的、特色鲜明的民族文化旅游产品；针对民族文化旅游开发中过分商业化的现象和被曲解、被加工等问题，徐赣力（2000）等提出要重视民族文化的保护，坚持民族文化旅游中高品位的文化内涵，以实现民族文化可持续发展；马晓京（2002）对旅游的商品化和旅游的真实性问题，以及怎样处理民族旅游开发与民族传统文化保护进行了研究。

近年来，面对国内轰轰烈烈的民族文化旅游开发，一些作者进行了冷静的分析，并做了有益的总结。胡海胜（2001）对民俗旅游开发的方法做了总结，他从民俗旅游资源开发和市场两个方面，提出了应用调查法、比较法、综合法、形象定位法、市场预测法，对民俗旅游做系统的开发方法；丁健、彭华（2002）对影响民族旅游开发的主要因素进行了系统研究。这些因素包括民族特色与民族知名度、交通条件、区域经济发展水平、客源市场、旅游地民族感知形象、有无著名风景点或风景区、空间集聚与竞争、决策者行为、当地居民态度等；民族文化旅游开发与保护是一对矛盾，不合理的旅游开发会对旅游地的民族文化带来许多消极影响和负效应，合理的开发可以使民族文化实现可持续发展，因此，对于民族文化如何开发与保护、如何实现可持续发展等核心问题引起了郑凡（1997）、吴必虎和余青（2000）等学者们的重视，他们从不同的角度探讨了解决民族文化开发与保护的途径与措施。

（二）实证个案研究

理论来源于实践，又指导实践。近年来，旅游学界通过实证个案研究将现有的开发实践进行理论总结和提升，为中国的民族文化旅游奠定了理论基础。王亚力（2002）以湘西凤凰为例，对民族交界地区的民族文化开发做了探讨；黄伟林（2002）对壮族文化中的著名人物刘三姐的旅游开发问题进行了研究，并从文化经济的视角对刘三姐文化旅游资源的开发提出了具体的看法；吴茂青等（2001）以畲族文化为例，初步研究了民族文化旅游开发对发展区域经济的作用。

（三）旅游人类学对民族文化旅游的研究

近年来，国内已有学者介绍西方旅游人类学理论。国外在 20 世纪 70 年代已经开始了旅游人类学的研究，主要集中于旅游影响的研究，尤其是对旅游的社会文化影响的研究，这些为旅游业的发展提供了很好的理论基础。已有学者张晓萍（2002，2003）、宋晓莲（2001）、杨春宇和叶文（2002）介绍西方旅游人类学理论并进行了初步的实证研究。

周霄（2002）从人类学的角度系统阐述了旅游民俗的概念体系与类型，以及民俗旅游的本质与特征，并从文化变迁、组织重构、角色认同和社会控制等方面对民俗旅游的社会文化影响做了初步的分析。光映炯（2002）介绍了西方人类学研究理论现状，并从人类学的视野对民族旅游、民族文化旅游开发的真实性和商品化以及旅游与文化的互动等问题进行了探析。张晓萍（2003）也对民族文化旅游开发的"舞台真实"性进行了研究。

（四）民族文化旅游系统研究

民族文化旅游的开发与保护近年来引起了高度重视，对它的系统性探讨成果日益增多，学者们综合运用了旅游地理学、社会学、民族学、旅游经济学、人类生态学、文化人类学等多学科的理论与方法对民族文化旅游的内涵、特征、保护与开发、民族文化对旅游的影响、可持续发展等进行了较为系统和深入的研究，研究成果具有较高的深度和广度，对实践具有现实的指导意义，有的还以实证为例进行了深入的研究，这些成果主要体现在硕士研究生学位论文上。钟声宏（2000）较为系统地研究了广西的民俗文化形成、演变过程及其特征，根据广西民俗文化资源的不同特色，将广西划分为桂北、桂南、桂东、桂

西四个旅游资源区，在此基础上，把广西民俗旅游发展战略布局规划为：一条
主线，三个中心，四条线路，五个旅游集散地，六个关键项目，七大旅游产
品。后续旅游产品的开发可形成三条国际国内旅游线路的格局。文章最后提出
了广西民俗文化旅游开发实现可持续发展的可行性论证和具体措施，具有一定
的理论指导意义和可操作性。高红艳（2003）以可持续发展理论、文化变迁理
论及旅游学的相关知识为理论依据，集中分析研究了民族文化旅游过程中社会
文化影响的问题与矛盾，指出了目前中国民族文化旅游发展模式在保护民族
文化上存在的不足。在此基础上提出了旅游开发与民族文化保护之间的平衡
点——民族文化生态旅游，并就相应的开发模式与民族文化保护措施进行了研
究和探讨。最后以贵州花溪镇山布依村为例，对民族文化生态旅游开发以及民
族文化保护措施进行了具体的研究。陈芳（2003）首先对民俗文化旅游的基本
理论进行综合性的研究和分析，以旅游学、民俗学、旅游文化学为基础理论；
其次着重探讨了民俗文化旅游者的行为，从"供给"与"需求"的角度研究了
民俗文化旅游发展问题，最后以桂林民俗文化旅游为个案，研究了民俗文化旅
游开发应该遵循的原则、理论以及具体发展的对策与前景。于德珍（2002）重
点研究了民俗文化的内涵与特征，从可持续发展的角度对民族文化旅游开发的
理论、原则进行思考，对民族文化旅游的诸多方面进行解析，探索其开发的规
律。对少数民族聚居的湘西地区多姿多彩的民俗风情、异彩纷呈的民俗文化进
行了调查研究，提出了开发利用的具体方案。李小龙（2003）从民族文化与旅
游的关系入手，结合国内外的理论成果，运用旅游地理学、社会学、民族学、
生态学的理论与方法，论述了民族文化、资源在云南旅游业发展中的价值，并
对云南少数民族社区的民族文化旅游资源利用与保护提出了一些思路和建议。
王亚力（2003）从历史上的"苗汉冲突"入手，介绍了南方长城修筑的过程，
在综合分析南方长城的作用和意义后，着重研究了它对两方民族文化的影响，
并对凤凰民族文化景观进行了区划。在此基础上，分析了凤凰文化旅游资源的
特点和开发的条件、背景，提出了以长城文化为旅游主题，以"南方长城之
旅"为旅游主题形象，以民族文化发展为景观整合的线索，打造南方中国长城
文化旅游精品的思路和措施。郭颖（2002）提出民族文化旅游资源开发的研究
应注重多学科，尤其是文化人类学的有关理论与方法的综合运用，并以泸沽湖

地区为例，运用文化人类学的理论与方法探讨了少数民族文化旅游资源保护的方式和具体的开发模式。武魏巍（2004）以经济学理论为分析依据，采取实证分析与规范分析的方法，阐述了社区参与民族旅游的种种详细策略，同时，针对我国民族旅游中民族文化开发与保护的实际，研究了社区参与旅游后如何妥善解决旅游发展与民族文化之间问题的解决途径。

（五）主题旅游开发研究

民族文化主题公园是典型的主题式开发，如，中华民俗文化村等。在2000年以前，尚未见到对其的专门探讨。从2001年开始，民族文化以主题的形式开发也引起了学者的注意，一些研究具有一定的深度，尤其是一些学位论文。

孟华（2001）认为：主题是旅游产品创新的切入点。这个切入点主要是由于市场竞争、需求差异、多元社会三方面需求来确定的。创新是由主题开始的，在设计主题时需要注意几个问题：从消费者立场出发确定主题、市场定位不要贪大求全、主题要有差异性、突出主题的文化性、重视科技的投入和贯彻可持续发展思想。蒂姆·欧克斯（2003）深入中国的旅游村寨，重点研究中华民族文化的主题园、中国民族文化村的真实性和主题开发问题。邵明翔等（2004）提出了对民俗文化旅游资源进行主题开发的思路，认为可以按照物质民俗类、社会民俗类、岁时民俗类、人生礼仪民俗类、精神民俗类和口承语言民俗类六大主题进行开发。邵明翔（2003）在其学位论文中以"老重庆旅游主题公园"为个案，重点研究了民俗文化主题公园的主题选择原则、方向和框架以及区位选择因素、开发模式、形象策划方法、开发布局原则、项目策划、品牌管理等主题内容。焦胜（2001）在学位论文中运用景观生态学、旅游心理学、艺术心理学等学科领域研究成果，重点研究了以客源市场为依托的生态旅游区主题策划，依据"为什么—是什么—怎么办"的思路对"客源"型生态旅游区的主题创作理念进行分析，同时，对相关的概念做出了完整而具体的定义，为生态旅游区主题创作的可操作性做了解答。该篇文章对本书具有借鉴意义。

从作者所收集到的文献来看，民族文化旅游开发研究的特点和趋势具有以下几点：

（1）旅游人类学介入民族文化旅游开发的研究之中，为民族文化旅游开发开辟了新的研究方向，尤其是旅游人类学强调旅游开发要坚持"以人为本"的理念和强调通过东道主与游客互动参与来协调解决开发与保护之间的矛盾的新思路，为民族文化旅游开发提供了有力的理论支持。

（2）在民族文化旅游开发与保护方面，学者从个案实证方面给予了更多的关注，使得其理论更切合实际，体现了理论与实践的辩证关系。

（3）20世纪研究广义的民族文化旅游开发的文献少，21世纪以来学者对民族文化旅游的概念基本趋向一致，开始用"民族文化旅游"这个概念来研究的文献逐渐增多，研究的领域也不断扩大，尤其是出现了一些系统研究民族文化旅游的硕士学位论文。

（4）2000年后开始有学者对民族文化旅游以主题形式进行开发的理论进行探讨，取得了一些理论成果，民族文化以主题形式开发逐渐引起了学者的关注，尽管如此，这方面的理论研究还相当薄弱。

二、国外研究现状与成果

由于现代旅游起源于国外，因此，国外的旅游研究要比国内成熟完善。了解国外民族文化旅游（或称文化旅游）有助于我们的研究与国际接轨，从国际视野来探讨我国的民族文化旅游。

其实，从所收集的资料来看，国外一般不使用"民族文化旅游"这个概念，在探讨民族文化旅游时都是使用"文化旅游"这个大概念。20世纪70年代以前，西方学者对民族文化旅游开发的研究成果凤毛麟角。随着现代旅游规模的日益扩大，旅游对旅游目的地造成了影响，尤其是负面的影响。这些影响大多发生在不发达国家和地区，涉及社会文化和环境影响问题，成为20世纪70年代学术界最感兴趣的领域。此间，西方民族文化旅游研究也取得了突破性的进展，这一标志就是美国人类学家史密斯主编的 Hosts and Guests：The Anthropology of Tourism（主人与客人：旅游人类学）。此后，人类学开始正式介入旅游的社会文化影响研究，"旅游人类学"一词开始应用，并形成了旅游学的一个门类：旅游人类学。从此，西方国家研究旅游的民族文化影响主要是用旅游人类学理论进行研究。此外，这一时期还有学者从不同的学科角度探讨了民族文化的概念等内容。比如：典型的有加法利（Jafari，1977）等从社会学的角度围绕对旅游者的量化标准、文化特征及旅游的社会文化影响等方面来界定文化旅游的概念。不过，20世纪70年代西方学者研究旅游的社会文化影响主要是持消极的态度。

20世纪80年代，西方学者对旅游的民族文化影响开始持比较理智的态度。这个时候，利奇（Ritchie，1981）等旅游人类学家对旅游的民族文化影响研究主要集中在主客之间的文化冲突、碰撞而引起的社会文化现象，以及文化的商品化、居民文化心理变化、传统生活的衰退等负面的影响以及旅游的本质内涵方面。

20世纪90年代后，民族文化研究始终成为西方旅游研究的热点，这些热点基本集中在旅游对文化的影响方面。近几年，国外旅游学研究热点除了文化与旅游关系的一般分析外，文化遗产旅游的研究处于核心地位。另外，还有少量关于文化旅游的真实性和商业性方面的研究。除此之外，研究者们还从一些比较新的视角进行了研究。

通过文献分析可知，西方民族文化旅游开发研究的特点如下：

（1）西方研究民族文化较早，学者研究本国民族文化旅游开发的文献少，对本国文化旅游的研究不用"民族文化旅游"这个概念，而是用文化旅游这个大概念。

（2）从20世纪70年代中期开始，西方学者研究民族文化旅游主要是研究不发达地区和国家的旅游文化影响，更多的是采用民族旅游这个概念。在理论上利用从人类学的理论来研究旅游的本质、旅游对民族社会文化的影响，并且成果显著，形成了"旅游人类学"这个专门研究旅游对民族文化影响的研究学科。

（3）文化旅游历来是西方学者研究的热点和重点，但对民族文化旅游资源的开发方面的研究成果少。在主题园研究方面，论述民族文化的主题开发问题的研究也很少，说明西方学者对研究民族文化旅游资源开发的关注度不高。

第四节 研究核心——相关概念的解读

一、民族文化

民族文化是各个民族在特定的地理环境空间中经过历史积淀而形成的具有本民族特征和物质文化、精神文化的总和。在研究旅游开发的过程中，绝大多数学者对民族文化的理解是从民族学的角度来解读的。典型的概念有：民族文化是各民族在长期的发展过程中所形成的，包括建筑、饮食、服饰、娱乐、节庆等物质文化，也包括传统习惯、礼仪、宗教、公共道德和价值标准等精神文化和制度文化。还有学者认为，民族文化是指某一民族所创造的不同形态特质的复合体。民族文化的基本构成包括物质文化、制度文化、精神文化。物质文化主要指民族文化中的物质创造部分，如工具和饮食、服饰、建筑等，处于民族文化的表层；制度文化是指一个民族共有的习惯性偏好、行为，或一个民族遵循的风俗、制度等；精神文化主要包括民族意识、民族性格、文化心理、科学哲学思想、价值观念、伦理道德规范、审美情趣、文化财富与传统、文字、典籍、宗教信仰等，是民族文化的深层结构。综合这两个概念，本书结合旅游开发和旅游规划的实践经验，认为民族文化包括以景观实体存在的实体民族文化，如民族建筑、村落、遗址遗迹等；为旅游者提供体验的社会氛围文化，如服饰、语言等；以抽象思维创造的精神文化，如宗教、民间文学等三大部分。

二、主题

在中国古代文论中，没有"主题"这个专门术语，但在大多数文论当中具有"主题"之意。直接引用"主题"这个术语的是20世纪初由外国的文论中引进来的德语 Theme［teima］意译。Theme 最初是音乐术语，指的是主旋律，它表现一个完整的音乐思想，是乐曲的核心。后来，"主题被移植到文艺创作和文章的写作中来，成为具有核心意义的专门术语。"而在《现代汉语词典》（商务印书馆，1983）中，"主题"的含义是指文学、艺术作品中所表现的中心思想，是作品思想内容的核心。应该说它不是单纯的抽象思想，而是与具体的题材和艺术形象的特殊性密不可分地结合在一起，并随着作品的完成而最终完成的。

正如一部优秀的文艺作品所必备的一样，步入 21 世纪的民族文化旅游开发也必须创造一个鲜明、独特的主题，从民族文化资源的筛选与确定、市场的调研与营销、产品的设计与供给、形象的设计与传播、旅游环境气氛的营造与炒作等都必须紧密地围绕主题、烘托主题，从而形成特色鲜明、个性突出的旅游整体，这样才能在"白热化"的旅游市场竞争中脱颖而出，立于不败之地。

三、民族文化旅游

学者在研究民族文化旅游开发及相关问题时，经常使用"民族文化旅游""民族地区旅游""少数民族地区旅游""民族风情旅游""少数民族风情旅游""民族旅游""少数民族旅游""少数民族专项旅游""民族民俗旅游"，以及"民俗旅游""民俗文化旅游""民俗文化村""民俗旅游村寨""民俗特色旅游""区域民俗文化旅游""民俗旅游学""民俗风情旅游""生态博物馆"等概念。这些概念互有重复，有些则含义略有不同，反映了研究者对一些基本概念的使用还存在着一些分歧，尚未达成一致。但总体上看，它们都以某一地区的民族文化为基础，通过某种方式或从某种角度对民族文化形式及内涵加以产品化体现，构成为旅游者提供旅游经历的一种吸引物。本书认为，民族文化旅游是文化旅游的 个重要组成部分，它的开发不仅仅是少数民族文化的开发，汉民族的文化也需要进行旅游开发。事实上，已开发的民族文化旅游产品中，有不少是与汉民族文化有关的开发。因此，笔者主张并强调，民族文化旅游开发应该从中华民族文化的整体性考虑，并认为"民族文化旅游"这个提法比较合适。本书认为这个宽泛的概念至少应该具有以下含义：

（1）与其他旅游形式相区别，民族文化旅游的目的地指向为全国区域，打破了局限于少数民族区域，使得研究更有广泛意义。

（2）民族文化旅游功能更大。中华民族是多元一体化的民族，少数民族需要吸收汉族的先进文化，同样，汉族也需要兼容并蓄地吸纳少数民族创造的优秀文化成果。通过旅游这个载体和窗口，使得各民族文化的传播与交流更加密切，促进民族间的理解与沟通，维护民族的稳定与团结，共同努力，为中华民族的伟大复兴早日实现做出贡献。

（3）民族文化旅游开发得当，能够起到促进文化生态平衡和文化发展的作用，是一种可持续发展的旅游。

（4）民族文化旅游的开发不但要注重文化本身的开发，同时也要重视文化氛围的营造、文化背景及其文化依托的自然环境的协调开发，追求"天人合一"的旅游境界。

（5）民族文化旅游开发需要通过"主题式"的形式演绎，具有个性鲜明、特色明显、健康向上的主题。

第五节　研究理论——相关理论诠释

一、旅游人类学：以人为本的开发哲学

旅游人类学对于民族文化旅游主题式开发来说，其要义是提供了一种"人本主义"的开发哲学。

旅游人类学以微观研究见长，采用田野作业的调研方法对研究的旅游对象和旅游现象进行长期的跟踪调研。于是，旅游人类学介入民族文化旅游的要义就是要在旅游发展中更加体现"人本主义"的哲学观。

旅游人类学的研究对象是"旅游地居民、旅游开发者（投资个人或集体）、旅游者和旅游地团体（当地旅游机构，如旅行社、定点饭店、交通运输部门等）在旅游开发或旅游活动过程中所引起的临时互动关系，这种临时互动关系包括经济的相互影响与文化的相互调适"。

旅游人类学研究的重点则体现在以下两个方面："一是对旅游者及旅游本质自身的研究；二是旅游业的出现给东道国地区带来的社会、经济及文化的

影响的研究。后者还包括了对主体和客体之间互动关系的研究。对前者的研究主要包括：什么是旅游者，他们的旅游行为和动机是什么，不同的需求产生了哪些不同的旅游方式。"

旅游人类学研究的主要内容如下：

（一）主客关系

主客关系的研究方法如图 1-1 所示。

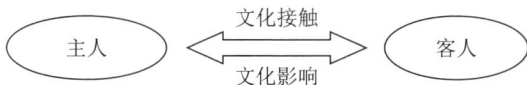

图 1-1　主客关系研究方法：社会学研究方法

（二）旅游系统

旅游系统的研究方法如图 1-2 所示。

图 1-2　旅游系统的研究方法：跨文化比较方法

旅游人类学介入旅游为民族文化旅游持续发展和体现人文关怀以及更好地、有针对性地开拓市场提供了理论和方法的支撑。

二、旅游审美学：吸引游客的动力源

旅游审美学研究的范围主要包括以下三个方面：

（一）旅游审美主体

在旅游审美活动中，审美主体就是旅游者。虽然旅游者有着不同年龄、性别、文化层次、社会阶层，来自不同的地域、民族与国家，又各有不同的生活阅历和志趣爱好，在旅游中有着千差万别的审美个性与爱好，旅游的目的也各不相同。但是，旅游者在旅游审美观赏过程中，审美心理的变化是有一定的共同规律可循的，同时又呈现出不同的审美个性。

（二）旅游审美客体

旅游审美客体就是旅游者在旅游中的审美观赏对象。旅游审美观赏对象极为丰富和广泛，现代旅游业的发展使旅游审美活动渗入自然、艺术和社会的各个方面，涉及自然美、社会美、艺术美、科学美与技术美等审美领域。研究旅游审美对象的价值有助于旅游者获得更为丰富、深入的审美体验，也有助于导游工作水平的提高和旅游景观的保护、开发与建设。

（三）旅游审美活动的内外关系

旅游审美活动总是在一定的时空环境中进行的。作为当代人的审美实践活动，必然与现代社会的有关问题有着密切的联系，并具有当代社会的某些特性，这就是旅游审美的外部关系。主要内容包括当代人对可持续发展道路的选择对旅游审美的文化导向的影响，对某些旅游审美行为的制约；旅游审美活动的跨文化性及其特征等问题。对这些问题的探讨实质上是从社会文化整体行为和时代发展的角度去分析旅游审美，这将使我们从更为宽阔的视野去认识旅游审美活动的本质与特征。

不同区域、不同民族的旅游者的审美情趣是有区别的，他们在民族旅游活动中各自凭借自己的审美情趣对异质文化进行分析、评价和判断，选择行为取向并影响其心理效果，因此，了解和分析主要旅游客源的审美情趣，针对不同审美情趣需求分类民族旅游产品，设计各具特色的旅游项目有着直接现实意义。

三、旅游地理学：竞（争）合（作）的理论依据

旅游地理学是一门新兴的学科，是人文地理学的分支，并与自然地理学有着密切联系，它研究的是人类旅行游览、休憩疗养、康乐消遣同地理环境以及社会经济之间的关系。旅游地生命周期理论和空间竞争构成了研究旅游地的理论框架。旅游地理学的研究内容包括旅游主体、客体、旅游媒介以及它们之间的关系。具体内容包括：旅游者研究（旅游者行为研究、旅游预测）、旅游资源研究、旅游地生命周期和旅游地空间竞争研究、城市旅游和主题公园、旅游环境容量研究、旅游交通、旅游区划、旅游区域影响和旅游规划研究。重点研究的内容是由旅游主体——旅游者、旅游客体——旅游资源

和旅游媒介（旅游设施、管理和服务等）组成的综合体。旅游地理学在研究中必须对组成旅游综合体的旅游主体——旅游者、旅游客体——旅游资源和旅游媒介进行研究，它们是旅游地理学研究的基础。

四、民族学："地方精神"交融互动与传播的途径

民族学是以民族为研究对象的学科。它把民族这一族体作为整体进行全面的考察，研究民族的起源、发展以及消亡的过程，研究各民族的生产力和生产关系、经济基础和上层建筑。研究民族文化则是民族学研究的核心要点。民族学家通过实地调查法、跨文化比较研究法和历史文献研究法等多种研究手段，对各个民族文化的历史、特点、功能、传播、进化等进行深入的研究。

运用民族学理论与方法研究民族文化旅游主题式开发要比其他自然类旅游开发复杂得多、困难得多，涉及民族的团结和民族经济社会的发展，需要以理论为先导，深入调查研究民族文化旅游资源，在此基础上才能开发出成熟且独具特色的民族文化旅游产品，才能深入挖掘真正属于本民族的文化特色。

五、旅游市场学：民族文化旅游持续发展的核心

旅游市场学是旅游学和市场学相结合的新学科，又称旅游市场营销学。对于什么是旅游市场，著名市场学家菲利普·科特勒（Philip Kotler）从卖方角度定义市场，认为一个市场是由那些具有特定的需要和愿望，愿意并能够通过交换来满足这种需要或愿望的全部潜在顾客所构成。市场上卖方（企业）和买方（市场）通过四条通道联系在一起，组成一个简单的营销系统，如图1-3所示：

图 1-3 企业—市场营销系统

图 1-3 中,企业把自己的产品和劳务信息传递给市场,并搜集市场的需求信息,作为指导企业经营决策的依据。

现代旅游市场学是研究如何在满足旅游消费者利益的前提下,适应市场需求,有计划地组织整个旅游企业营销活动,向市场提供满足消费者需要的旅游产品和劳务,最终获得旅游企业的长期的最大的经济效益,如图 1-4 所示。

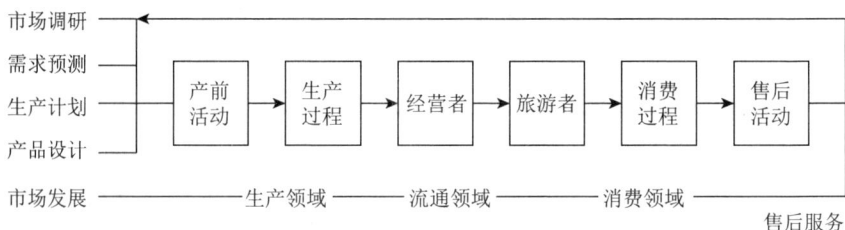

图 1-4 市场营销流程结构

旅游市场学重视对目标市场的旅游者购买行为研究,在此基础上,进行市场定位与细分,针对产品与市场之间的对口性采取一系列营销策略和服务管理策略,达到以市场为导向或引领市场时尚的目的。

六、期望值理论:旅游需求的动机

期望值理论是美国耶鲁大学教授、心理学家费罗姆首先提出的。费罗姆的基本观点是人之所以能够积极地从事某项工作,是因为这项工作或组织目标会帮助他们达成自己的目标,满足自己某方面的需求。所以,费罗姆认为某项活动对某人的激励力取决于该活动给此人带来的价值及实现这一结果的可能性,公式可以表示为:$M = V \cdot E$。

其中,M 为激励力,表示个人对某项活动的积极性程度,希望达到活动目标的欲望程度;V 为效价,即活动的结果对个人的价值大小;E 为期望值,即个人对实现这一结果的可能性的判断。

这个公式是整个期望值理论的核心内容,指出了影响激励力的两个关键因素:效价和期望值。它们对激励力的影响如图 1-5 所示。

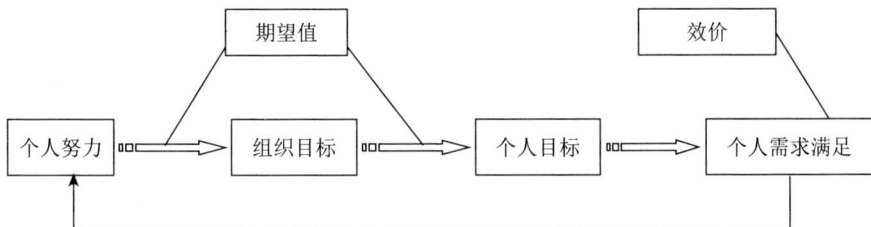

图 1-5 效价和期望值对激励力的影响

第六节 研究目的——研究的意义

一、理论意义

纵观目前的研究成果，民族文化旅游开发尤其是深度开发的理论仍然存在缺乏系统化、科学化、学科体系化等问题，自 1991 年以来民族文化旅游以主题式开发的实践很多，对其成功得失进行理论总结的研究成果却很少，使得主题开发的理论远远滞后于实践，制约了民族文化旅游的可持续发展。针对中华民族文化旅游开发研究理论的现状，笔者运用旅游人类学、民族学、跨文化学、旅游审美学等多学科视野对民族文化旅游开发进行了比较系统的研究，总结和解释了民族文化旅游主题式开发的相关理论，为补充完善中国民族文化旅游的理论体系起到了一定作用。

二、学术意义

目前，学术界对民族文化旅游开发主要分为三个派别：一是单纯从经济学的角度探讨民族文化旅游开发的派别。认为民族文化旅游的开发对民族地区脱贫致富、实现经济发展，社会生活的提高有着积极的意义。然而片面强调开发却忽视民族文化旅游开发的负面影响，无法调控旅游对民族文化旅游开发地区的社会文化负面影响分析，不利于民族文化旅游的可持续发展。二是单纯从人类学和民族学的视角研究民族文化旅游开发的派别。他们对民族文化把握得准，在制定民族文化的保护传承方面有较为成熟的经验，但片面强调民族文化的绝对原生态的保护，保持原汁原味，对旅游的社会文化影响持消极态度。三是以海归派和旅游规划专家派为代表的研究者。他们认为民族文化旅游开发具有旅游带动社会经济发展的积极功能，旅游的社会文化影响是可以调控的，对民族文化旅游开发持积极的乐观态度。民族文化旅游主题式开发涉及民族学、人类学、经济学、旅游规划学等多学科，本书博览众家之长，积极从多维视角参与学术的探讨。本书糅合了这三派的理论与方法，并在行文当中进行了多方的研讨，在学术研究方面还采取了定性和定量相结合的方法，以客观的评判手段对民族文化旅游开发的实践进行研究，只重视客观的论述而不对任何一家观点进行褒扬或批判，不对研究的对象下死结论，这有利于中国学术的百家争鸣、百花齐放。

三、实践意义

民族文化旅游开发具有特殊性，而中国的民族文化旅游开发理论滞后于实践，如何更有效地开发利用民族文化为民族地区的社会经济发展服务，如何深度开发中国博大精深的民族文化以弘扬中华民族的优秀传统文化，这些都需要理论来指导。民族文化旅游主题开发的理论来源于实践，是对实践的理论总结，因此能够为实践提供理论指导意义。尤其是文章总结提出的民族文化主题式开发 RMTP 的模式、方法、原则、产品等都具有实践指导意义。

参考文献

［1］崔凤军.中国传统旅游目的地创新与发展［M］.北京：中国旅游出版社，2002.

［2］陈福星.文化旅游与外向型经济［M］.昆明：云南人民出版社，1990.

［3］张铭远.大力开发民俗文化旅游业［J］.民俗研究，1991（3）：12-14.

［4］陶思炎.略论民俗旅游［J］.旅游学刊，1997（2）：37-39.

［5］陈江南，吴月照.略述民俗文化的旅游开发［J］.特区理论与实践，1997（1）：37-39.

［6］罗明义.论云南民族文化旅游的开发［J］.学术探索，1999（2）：83-86.

［7］徐赣力.发展民俗旅游与保护民族文化［J］.桂林旅游高等专科学校学报，2000（3）：46-48.

［8］马晓京.民族旅游开发与民族传统文化保护的再认识［J］.广西民族研究，2002（4）：77-83.

［9］胡海胜.论民俗旅游开发研究的一般方法［J］.桂林旅游高等专科学校学报，2001（2）：52-56.

［10］丁健，彭华.民族旅游开发的影响因素分析［J］.经济地理，2002（1）：101-105.

［11］郑凡.旅游业中地方民族文化资源的保护与开发［J］.云南社会科学，1997（2）.

［12］吴必虎，余青.中国民族文化旅游开发研究综述［J］.民族研究，2000（4）：85-94.

［13］王亚力.论民族交界地区文化旅游资源的特点、形成与开发——以湘西凤凰为例［J］.经济地理，2002（4）：492-496.

［14］黄伟林.论广西旅游对刘三姐文化资源的开发和利用［J］.广西民族研究，2002（1）：75-78.

［15］吴茂青，朱江，等.开发畲族文化旅游资源 加快民族旅游经济发展——区域民族旅游经济综合发展调查［J］.丽水师范专科学校学报，2001（1）：10-13.

［16］张晓萍，黄继元.纳尔逊·格雷本的"旅游人类学"［J］.思想战线，2000（1）：47-50.

［17］张晓萍.旅游人类学在美国［J］.思想战线，2001（2）：65-68.

［18］宋晓莲.西方旅游人类学研究综述［J］.民族研究，2001（3）：85-110.

［19］杨春宇，叶文.发展中的旅游人类学［J］.桂林旅游高等专科学校学报，2002（3）：5.

［20］周宵.民俗旅游的人类学探析［J］.湖北民族学院学报（哲学社会哲学版），2002（5）：10-13.

［21］光映炯.旅游人类学再认识——兼论旅游人类学理论研究现状［J］.思想战线，2002（6）：43-47.

［22］张晓萍.西方旅游人类学中的"舞台真实"理论［J］.思想战线，2003（4）：66-69.

［23］钟声宏.广西民俗文化与民俗旅游开发研究［D］.广西师范大学，2000.

［24］高红艳.贵州喀斯特地区民族文化生态旅游开发与保护研究［D］.贵州师范大学，2003.

［25］陈芳.桂林民俗文化旅游开发研究［R］.桂林工学院，2003.

［26］于德珍.湘西民俗文化旅游开发的研究［D］.中南林学院，2002.

［27］李小龙.民族文化开发与保护在云南旅游业发展中的作用与价值［D］.云南师范大学，2003.

［28］王亚力.南方长城与凤凰民族文化旅游资源的形成与开发研究［D］.湖南师范大学，2003.

［29］郭颖.民族文化旅游资源保护性开发的理论与实践——以泸沽湖为例［D］.四川大学，2002.

[30] 武魏巍.民族旅游发展与民族文化保护的研究 [D].广西大学，2004.

[31] 盂华.主题：旅游产品创新的切入点 [J].泰安师专学报，2001（5）：52-54.

[32] 蒂姆·欧克斯.主题公园式的村庄 [C].吴晓萍.民族旅游的社会学研究 [M].贵阳：贵州民族出版社，2003.

[33] 邵明翔.民俗文化旅游资源开发的主题研究 [J].重庆工业高等专科学校学报，2004（1）：90-93.

[34] 邵明翔.民俗文化旅游主题公园开发研究——以重庆市"老重庆旅游主题公园"为例 [D].重庆师范大学，2003.

[35] 焦胜."客源"型生态旅游区的主题创作 [D].湖南大学，2001.

[36] Smith. Hosts and Guests：The Anthropology of Tourism [M].University of Pennsylvania Press，1977.

[37] Jafari.Editor's Page [J].Annals of Tourism Research，1977（15）：6-11.

[38] Ritchie.Towards a Framework for Tourism Education：Problems and Prospects [J].Annals of Tourism Research，1981（8）：13-14.

[39] 潘顺安.民族文化与旅游关系探讨 [J].广西教育学院学报，2004（2）：97.

[40] 金毅.民族文化旅游开发模式与评介 [J].广东技术师范学院学报，2004（1）：41.

[41] 李素珍.主题界定新论 [J].韶关大学学报（社会科学版），1996（3）：61.

[42] 周霄.刍议"旅游人类学"的几个基本问题 [J].广西右江民族师专学报，2001（2）：18-19.

[43] 张文祥.旅游美学新编 [M].南宁：广西美术出版社，1999.

[44] 李君轶.旅游地理学研究重点及发展趋势分析 [J].陕西师范大学继续教育学报，2001（4）：116.

[45] 林耀华.民族学通论 [M].北京：中央民族大学出版社，2003.

[46] 宋蜀华，白振声.民族学理论与方法 [M].北京：中央民族大学出版社，2002.

[47] Philip Kotler, Gray Armstrong. Marking：An Introduction [M].Prenticel Hall，Inc.1997.

[48] 林南枝.旅游市场学 [M].天津：南开大学出版社，2000.

[49] 唐晓云.民族社区旅游的参与式发展研究——以龙胜龙脊平安寨为例 [D].桂林工学院，2004.

第二章
旅游开发对民族文化影响的预测与调控

　　旅游的影响作为旅游学研究的一个组成部分历来受到学者和专家的关注。旅游的影响研究可根据研究对象的不同划分为旅游的经济影响、旅游的物质环境影响和旅游的社会文化影响三大类别。国内专家较多考虑的是经济指标，即经济影响，因而在制定旅游规划时往往从经济可行性和保护物质环境的角度出发。而国外专家则全面重视经济目标、环境影响、社会文化影响三个方面，并列专章来讨论研究旅游发展产生的影响，将社会文化目标融入旅游总体规划的框架之中。对于此种不同，喻学才将外国专家所编制的旅游规划概括为生态导向型旅游规划，而将国内专家编制的旅游规划概括为经济导向型旅游规划。

　　在实际生活中，随着我国旅游业的发展，旅游对部分目的地社会文化所产生的负面影响，已导致这些地区的居民对旅游的消极态度，严重的甚至发展到对抗的程度。对于这些现象，我国有些学者已进行过深入研究，并取得了一些成果，刘赵平的三个层次论即为其中之一。该理论的第一层次为基础理论层次，由基本概念、研究方法及理论机制三部分组成。第二层次是旅游对目的地社会文化影响的反映层次。主要通过旅游者的认识、当地居民的态度和相关学者的判断三个方面的反映，可形成关于旅游影响状况的全息图像。第三层次则为控制层次，由控制理论指导原则和控制方法组成。刘赵平的三个层次论，对于旅游开发对民族文化的影响预测与调控有一定的指导作用。

第一节　旅游开发对民族文化的负面影响预测

根据以往旅游地出现的情况、学者对旅游区实践调查的结果，针对已经出现的情况，笔者认为旅游开发后有可能对民族文化产生的负面影响有以下几个方面。

一、民族文化的同化

文化的同化是指原来的民族文化特征在内部和外部因素的作用下逐渐消失，被异族、异地的文化取代。有些学者经过实地考察研究指出，当接待地是一个较小的、朴实的、封闭的社会时，外来游客的到来会给当地居民带来心理上的极大影响；如果接待地是一个技术十分发达的社会，则外来游客与当地居民之间的沟壑不会很大，接触对当地居民造成的影响也比较小。即文化的同化往往是弱态势的文化被强态势的文化所同化。这样的例子很多，如在湘西，当地居民与外来游客接触后，当地年轻人的服饰发生变化；包头的、穿深色中式服装的少了，穿西服、衬衫、夹克的多了。外来流行式样的裙衣在女青年的身上也常见了。青石板铺的街道和吊脚楼也慢慢地被柏油路和水泥建筑所代替，湘西长期生活在传统文化中的城镇居民，在意识行为和表现行为方面发生了巨变。

二、民族文化的庸俗化

民族文化旅游的一个重要特征是其神秘性。对旅游者而言，参与民族文化的一个重要动机即想通过观赏、了解、参与少数民族的奇风异俗，以满足其求异、探新、猎奇心理，达到增长知识、开阔眼界的目的。不过在发展旅游业、开发风情民俗旅游的过程中，容易出现对淳朴民风的亵渎和歪曲，从而使民族文化的庸俗化。其表现有：

（一）过分宣传渲染，造成庸俗化

例如，福建惠安女服饰，具有浓厚的民族色彩与文化内涵，但经宣传与渲染后，竟出现了"节约衫，浪费裤""封建头、文明肚"等庸俗化的说法，在一定程度上亵渎和歪曲了原有的淳朴性。

（二）优劣不分，精华与糟粕混杂，低格调猎奇

如有些旅游地在开发民族文化资源时，不是正确地表现民族风情中追求美好、崇尚光明、与黑暗作斗争的一面，而是以发掘民族文化为名，广修"鬼府冥宫"，竞相打造阎罗王、黑白无常、大小判官等子虚乌有的阴世形象，并还采用声、光、电等高科技手段助阵。

（三）歪曲、丑化、亵渎某些民俗

如"药浴"本是瑶族的健身习俗，但被引用到旅游景区，则变成以药浴为名的色情服务项目。

（四）生搬硬套，肆意拼合，制造一些民族地区根本不存在的假民族文化

在民俗风情浓厚的地区，总有一些民族的图腾信仰。例如：古闽越的蛇图腾，畲族的祖杖上的龙头，苗族师公的法杖等。有些旅游地在开发此类资源时，不是深入研究其内涵的丰富和表现其浓厚的民族性和淳朴性，而是把它简单化，生搬硬套、随意拼合而使其庸俗化。如很多人造民族村旅游景点，都在门前或广场一角立两根或若干根所谓"图腾柱"，乍看起来高大、神秘，实际上没有什么文化意义。因为这些所谓的图腾柱，不过是从柱顶到柱根，一个挨一个地雕上西南民族的傩面具。

三、民族文化的商品化

如今，在旅游市场上，以现代艺术形式包装民族文化并将其推向舞台是民族文化旅游开发的主要手段。虽然此种手段在特定的时间和环境里能有效刺激游客，使之产生一定的经济效益，然而其致命的弱点是使民族文化失去了原有的文化内涵，日益商品化。例如：在许多民族风情中，有将少数民族婚俗开发成旅游产品来推销，但在实际的旅游经营中，一些少数民族十分商业化，使该民族婚俗中本该体现的一些美好内容荡然无存，民族婚俗完全沦为赚钱的手段。如在桂林某风景区民族村中，一群漂亮的少数民族姑娘站在门口等游客，有选择地把手中的香袋挂在男性游客脖子上，然后邀请游客与之经历一次民族婚礼仪式。然而，经历过这个仪式的游客出来之后却抱怨说：真无聊，这个项目纯粹是为赚钱。

四、传统文化价值观的退化与丧失

价值观是民族文化的核心。虽然各少数民族文化价值观的差异很大，但各民族仍有共同的价值观，如热情好客、忠诚朴实、吃苦耐劳、重义不重利等，民风十分淳朴。但是，随着民族文化旅游的开发，一些地区的民族文化价值观出现了明显的退化甚至消失，给人一种民风日下的恶劣印象。如在河北省野三坡开发旅游的过程中，当地村民的价值观就发生了深刻的变化。最初人们不相信当地能发展旅游，在游客来了以后也只是拿他们当亲人相待，食宿均不收报酬。后来，随着经济意识的增强，人们想尽办法广开门路，或开设家庭旅馆和饭馆，或出租马车、马匹，但与此同时，当地的淳朴之风减弱，出现了不择手段追逐金钱的现象，敲诈勒索时有发生。可喜的是，这种现象现已得到有关部门的治理。

以上的负面影响已在许多旅游区出现过，而且它们仍然像病毒一样在一些民族风情村中顽固地潜伏着。应对这些负面影响采取有效的措施进行控制，最好能消除这些负面影响或将影响控制到最小范围内。

第二节　旅游开发对民族文化影响的控制原则与方法

关于旅游开发产生的负面影响的控制问题的研究往往是与旅游开发的影响相伴随而出现的。有的研究者认为旅游带来的负面影响是不可避免的，但大多数研究人员在积极寻求解决问题的良方。在所有解决问题的办法中，可持续发展思想的提出及其在旅游中的应用即可持续旅游发展的思想，为旅游开发负面影响的控制开出了一剂新的方子。

一、调控指导原则——可持续旅游发展

可持续旅游发展，就是在保持和增进未来发展机会的同时，满足旅游者和旅游地居民当前的各种要求。旅游可持续发展的实质，就是要求旅游与自然、文化和人类生存环境之间的平衡关系使许多旅游目的地各具特色。旅游建立发展不能破坏这种平衡。根据可持续旅游发展的思想，对旅游开发对民族文化的负面影响的调控，应采取如下原则：

（一）多效益并重的原则

即在旅游开发中应注重经济效益、生态效益、社会和文化效益等多重效益的实现。

（二）参与性原则

旅游开发应保证利益相关群体尤其是当地居民社会的参与度。

（三）收益性原则

可供选择的旅游发展方案必须有助于提高当地人民的生活水平、有助于加强与社会文化之间的相互联系并产生积极的影响。

（四）利益协调的原则

利益协调是调节人们行为的杠杆，合情合理的利益调配是调控旅游对社会文化影响的有力工具。

（五）保护性原则

必须采取积极有效的措施保护旅游目的地的文化资源，地方政府应尽力保持旅游目的地的高水准和高质量。

可持续旅游发展的思想虽然为控制旅游开发对社会文化的负面影响提供了原则上的指导，但这只是理论上的内容，还应把它转化为具体的措施，还需要研究具有实际可操作性的方法。

二、调控的方法

（一）制定融入社会文化目标的旅游规划

旅游规划，是指在旅游开发时，根据当地的实际情况制订出旅游开发的范围、步骤和措施等方面的计划。按照可持续旅游发展的思想，要求在旅游

规划中除从经济可行性和保护物质环境的角度考虑外，还应把旅游对社会文化的影响这个因素考虑进去，将社会文化目标融入旅游规划中。

由世界旅游组织推荐的《国家和区域旅游规划：方法与实例分析》，提出了如何建立具有社会文化综合目标的旅游总体规划的步骤和方法（见表2-1）。

表2-1　民族文化融入社会文化目标的旅游总体规划

规划阶段	社会文化领域	方法
研究和分析	国家的社会文化特征	（1）多角度调查现有的特征 （2）列出旅游资源情况
旅游开发政策	积极的社会文化作用	（1）从全局角度进行成本—收益分析 （2）确定社会文化目标
互补性服务方案	确定旅游企业服务人员需求量	（1）预测 （2）使用标准系数法，确定对员工的要求
旅游主体规划	保护社会文化资源	确定保护资源的可行性研究
实施战略	尊重人们对社会文化方面的利益要求、行动方案（如职业培训、弘扬当地文化的计划）	（1）协作 （2）立法
评估旅游开发规划的作用	评估旅游开发规划在每个优先发展地区所起的作用	（1）从本地区或国家的角度进行成本—收益分析 （2）重复第二阶段的工作
控制措施	目标与结果协调一致	（1）对影响的研究 （2）纠正性措施

从表2-1可看出，在研究和分析阶段，要调查分析挖掘目的地的社会文化特征，罗列出文化旅游资源；制定旅游开发政策时，要进行旅游对社会文化的可行性分析，确定社会文化目标；制定旅游主体规划之前，应确定旅游开发后服务人员的需求量，进而计算出可以吸纳当地劳动力的数量，为当地居民提供就业机会；制定旅游主体规划时，须制定出保护社会文化资源的措施；在实施战略阶段，要尊重当地居民对社会文化方面的利益要求；在评估旅游开发规划的作用阶段，要重点评估旅游开发所带来的三个目标的实现情况；在控制阶段，要保证目标与结果的一致性，并为此而应采取的措施。

（二）社区居民参与

参与式发展理论是发展人类学的核心理论。提倡社区居民参与也是规划开发的一个重要原则，其意义是使整个社区参与到旅游业中，使当地居民了解旅游业，参与旅游业的决策过程并从旅游业开发中得到好处，从而达到增强积极影响、减弱消极影响的目的。社区居民参与是指把社区居民作为旅游发展的主体介入旅游规划、旅游开发等涉及旅游发展重大事宜的决策、执行体系中。旅游目的地居民的态度直接决定旅游规划的实施和旅游地的生命周期，社区居民参与的旅游发展是旅游可持续发展的一项重要内容和评判依据，可持续发展理论意味着代代平等、人人平等。因此，在制定旅游规划时，充分考虑目的地居民的期望，给他们提供对未来社区风貌发表意见的机会。

发展旅游业必须循序渐进，使当地居民有充分的时间适应这一发展，同时，为保证社区居民的真正参与，还应有一定的政治制度来保障，政府部门、国家旅游管理机构和行业组织可以采取以下措施来保障社区居民参与旅游业的权利：

（1）在旅游规划开发前，应与社区居民讨论旅游业的发展趋势。

（2）在调查、搜集社会文化旅游资源时应广泛征求社区居民的看法。

（3）保证本地人对旅游的参与与其社会和文化相适宜。

（4）保证当地居民参与旅游的管理。

（5）保证当地居民利益收益的合理性，协调好各个部门的利益关系。

（6）保证当地居民都能够得到培训和晋升的机会。

（7）与公司和教育部门一起开发适宜的培训项目。

通过以上措施，尽可能得到旅游目的地居民的广泛支持，使旅游对社会文化的负面影响最小化。

（三）制定社会文化规划

对于一些正在开发中的旅游地，制定一套社会文化规划，有步骤地利用发展旅游业来保证当地的文化传承与发展不失为一条有效的路子。

总之，旅游开发对旅游地的社会文化的负面影响主要表现在民族文化的同化、庸俗化、商品化以及传统文化的丧失等几个方面，对于这些负面影响，旅游开发地尤其是那些尚处于初步开发阶段的旅游地应有清醒的认识，应及早采取调控方法——制定融入社会文化目标的旅游规划、社区居民参与及制定社会文化规划等方法（见图 2-1）。

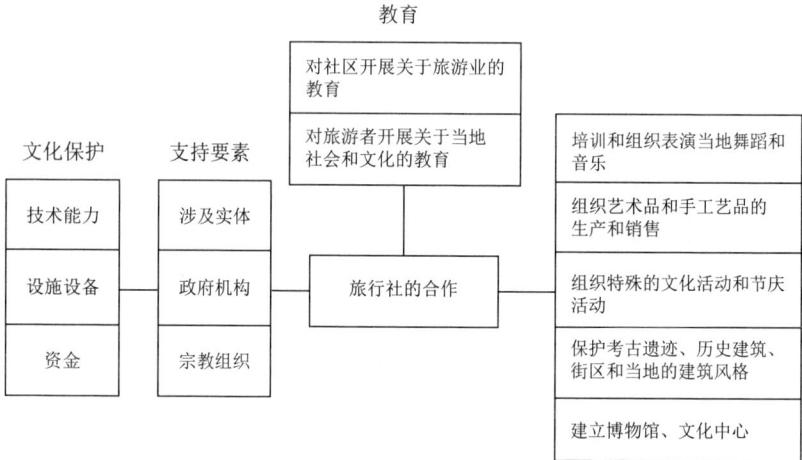

教育

对社区开展关于旅游业的教育

对旅游者开展关于当地社会和文化的教育

文化保护	支持要素
技术能力	涉及实体
设施设备	政府机构
资金	宗教组织

旅行社的合作

培训和组织表演当地舞蹈和音乐

组织艺术品和手工艺品的生产和销售

组织特殊的文化活动和节庆活动

保护考古遗迹、历史建筑、街区和当地的建筑风格

建立博物馆、文化中心

图 2-1　降低民族文化旅游开发负面影响的机制及措施

第三章
民族文化旅游研究理论基础

第一节 民族文化旅游研究的基本方法与路径

民族文化旅游是我国旅游的重要组成部分，也是我国旅游研究的重要领域。与非民族文化旅游相比，它的研究除了涉及旅游的基本问题和常规问题外，还涉及民族团结、民族文化保护、民族宗教信仰等民族地区社会文化敏感问题，这些问题不是借助先进完善的科学技术就可解决的，这就是它的特殊性所在。研究民族文化旅游的方法和途径很多，但民族文化旅游的特殊性决定了它的研究方法、路径与其他旅游有所不同。中国民族文化旅游研究可通过三种基本方法和两条基本路径来进行。

一、三种基本方法

民族文化旅游研究的基本方法是调查法、跨文化研究法、理论分析与实证研究相结合的方法，这三种基本方法由浅入深、由表及里、层次递进，理论与实践相结合，从基础研究到理论研究再到应用研究，重点反映和体现了旅游本质的应用性特点以及需要多学科介入的研究方法与路径。

（一）调查法

调查法是绝大多数学科运用的一种基本方法，也是民族文化旅游研究的基础方法和立足点。"没有调查，就没有发言权"，没有调查，就没有切合实际的行动方案。民族文化的民族性、文化性、多样性和社会性特点，使其发展涉及特殊的人—人关系（社会关系）、人—地关系（人与自然关系）[特殊性表现在民族文化越浓郁越有特色的地区，经济就相对欠发达，但社会关系就越相对和谐（体现在民风淳朴、热情好客、商业意识淡薄）等方面]，而旅游开发则会对当地社会结构和关系，人与自然关系等产生一系列的正负面影响。因此，民族文化旅游的特殊性需要多学科介入，对其资源开发、旅游影响的各种现象和问题进行深入调查，尤其是需要运用人类学、民族学、社会学、旅游学、环境学等相关学科的多元化调查方法进行调查。可利用问卷、访谈、参与观察、遥感技术等手段，通过长期调查与短期调查相结合、整体调查与专题调查相结合、田野调查与通信调查相结合开展调查研究，以便得出更为可信的、客观的结论，从而为民族文化旅游开发、建设、发展、管理以及调整各种相关利益者关系和社区居民与自然关系、保护传承民族文化等具体实际工作提供基础与科学合理的依据。

（二）跨文化研究法

跨文化研究法是文化学、民族学、人类学和社会学最重要的研究方法之一，也是民族文化旅游研究的理论层面的研究方法。"文化是旅游的灵魂"，不同的民族拥有不同的文化，不同地域的游客以及入境游客因文化差异而显示出消费差异，对哪些文化才是本民族的特色文化、哪些文化是具有差异性的，民族文化旅游开发的主题文化是什么，如何开发出适合不同层次、文化背景的游客需求的产品等文化筛选、文化内涵与本质问题，需借助交叉学科和多学科从跨文化角度进行比较研究。有比较才能寻找出地方民族特色和优势，有比较才能清楚自己的竞争位置、自己的劣势，才能认清态势，得出更为切合实际的结论。同时，民族文化旅游发展过程的旅游产品设计、形象设计与传播、客源市场、主客关系、旅游影响等实际问题也都需要进行跨文化研究，才能找出更符合市场需求、社会发展的产品与方案。辩证观点认为事物总是发展变化的，旅游也是一个不断发展变化的产业，民族文化旅游发展过程所形成的各种社会文化现象和文化图像，也需要借助人类学、社会学、文化学、民族学等学科的成熟理论进行理论的诠释与解读，归结和寻找出相关的规律、定律，揭示现象和本质，将其上升到理论层面，构建带有普遍指导意义的民族文化旅游理论体系，才能指导更为广泛的实践。

（三）理论分析与实证研究相结合的方法

理论分析与实证研究相结合的方法是社会科学研究中最重要的方法之一，在民族文化旅游研究中属于应用层面的研究方法。"理论来源于实践，又指导实践，实践是检验理论的唯一标准"。旅游学科是应用性很强的学科，其涉及面的广泛性决定了需要从不同学科理论对其进行多维视角的个案与共性研究，从而吸收相关学科的理论优点，形成自身的理论特色，并指导实践。旅游的实践是丰富多彩的，尤其是对于民族文化旅游而言更是如此。民族文化旅游除了需要旅游学理论的指导外，还需要根据其独特性结合实践中的案例进行研究，运用民族学、社会学、经济学、人类学、环境学等相关成熟理论将实践中的新现象、新情况、新问题、新关系、新变化进行概括、总结，上升为理论层面，然后再回到实践中加以检验，用以指导更广泛的实际工作。此外，从理论到实践，从实践上升到理论需要有一个载体作为转换平台，理论分析与实证相结合的研究法中对个案与共性的研究则为其提供了一个很好的转换平台，充分体现了旅游作为应用性学科的特点，避免了理论宽泛或者空洞无物以及实践的盲目性、短视性。

当然，理论分析与实证研究中需要注意两点：一是切忌纸上谈兵，只重视理论分析，忽视应用性探讨；二是应避免不分主次的缺乏实际意义的或者不具有典范意义的个案研究的累积。两者需要有机结合起来，用辩证方法和发展观点、正确的逻辑思维进行贯通研究。

二、两条基本路径

正确科学的研究方法固然重要，但如果没有好的便捷的研究路径，也会造成不必要的重复研究或者人力、物力、财力的耗费，因此，寻求研究路径也十分重要。

（一）一个视角：跳出旅游研究旅游

任何一个学科的可持续发展都不能把自己的思维束缚在本学科的视野之内，需要借助其他学科理论与方法来反思、审视本学科，为学科发展注入新的血液，推动学科理论的完善和可持续发展。旅游研究也如此，正所谓"当局者迷，旁观者清"。受学科背景和知识结构的影响，研究者往往局限于自身专业去研究旅游。目前，从事民族文化旅游研究学者多为民族学、人类学、社会学、历史学、文化学专业，视角较为单一，受学科专业研究方法、手段、路径所牵制，当研究达到一定阶段后很难突破固有思维的束缚，使研究更进一层。因此，需要"跳出旅游看旅游、跳出旅游谈旅游、从另类的视角研究旅游"，这样才可能加快完善民族文化旅游理论体系的构建。旅游的发展涉及众多学科，从相关学科的视角来研究旅游，用他者的眼光审视旅游，也许能够得出新的观点、新的思维、新的结论。

然而，并非要说研究民族文化旅游完全需要脱离实际和自身专业知识背景，而是说在自身专业知识背景的基础上，换另一种思维、视角，善于学习其他学科的优点，博采众长，为我所用。不仅如此，也要学会借鉴和运用国外已有的优秀理论成果和成熟的先进的研究方法、手段，结合我国实际，进行研究，以实现利用"他者"的视角探讨和发展我国民族文化旅游之目的。

（二）一个平台：实践与交流对话

目前，我国民族文化旅游研究人员主要由实践派（从事旅游一线工作的旅游行政部分、旅游公司、旅游企业等）和理论派（高等院校、政府研究机构等）构成（包括海归派，海归派也有实践派和理论派之分）。对于实践派而言，他们长期从事旅游实业工作，实践经验丰富，但由于工作忙、空闲时间少等影响，大多数人没有认真总结实践经验、现象，将其上升到理论高度，以指导更广泛的实践，一般属于"拿来主义"和"实用主义"，是我国旅游研究中理论滞后于实践的一个重要原因。他们的优势是对现实把握很准，能够产生直接的明显的效益，劣势是由于理论欠缺，往往对旅游发展态势把握不准，对实践的本质认识不够，在实践中往往容易造成旅游负面影响。而对于理论派而言，大多数人的空闲时间相对较多，受学术氛围、教育等背景的影响，其知识相对丰富，对未来事物发展态势具有较强的敏锐性和可预视性，对事物本质剖析清晰，但由于实践经验少，大多数人对实践认识不够，往往导致理论脱节于实践，或者造成理论过于宽泛、空洞，"理想主义"色彩较浓。针对实践派和理论派的优劣势，民族文化旅游研究者可采取回归实践的做法，建立一个对话与交流的平台，实现优劣互补、相互促进、共同提高。

一是对理论派而言，"实践出真知"，可经常深入实际、调查研究，条件允许的话单位可鼓励和支持他们到旅游一线挂职工作，挂职期间工作量以及相关报酬可酌情计算，消除挂职人员的后顾之忧。或者与旅游一线企业、景区、旅游实体等建立长期的合作关系，设立研究观察点，跟踪研究。二是建立对话交流平台。通过各种途径参加由专业机构、学术界、旅游企业实体、政府部门等联合举办的各种各样的旅游学术研讨会、旅游论坛、旅游峰会、旅游交易会等对话交流平台，互通有无。三是凭借现代传媒，广泛涉猎旅游及相关的资讯和学术动态，了解旅游发展态势，提高业务和理论水平。

总之，民族文化的特殊性和独特性需要研究者运用正确的、恰当的研究方法、手段、技术去研究，才有可能得出更好的成果。当然，在民族文化旅游实际研究中还应特别注意两点：一是寻找问题比解答问题更为重要；二是着力于分析问题而非做出判断（下死结论）。寻找问题不仅是研究的起点，而且对于青年研究者来说锻炼洞察事物发展变化的能力对今后的研究工作的开展至关重要，是培养创造性能力最坚实的基础。旅游是一个发展变化着的动态产业，对于"民族文化旅游"的研究，重要的是对发展运动中各种关系及作用与变化的分析，而非轻率地做出判断（下死结论），避免"盲人摸象"现象的产生。

第二节　民族文化旅游综合体实践模式的理论思考

民族文化旅游综合体以其强大的土地综合开发能力以及多产业功能盈利模式而受到业界推崇，作为近年来业界探索的一种崭新的产业融合发展模式，旅游综合体开发被各地寄予厚望，正在多个城市和旅游景区轰轰烈烈地展开。小尺度的如度假村和中尺度的如旅游景区将旅游综合体视为自身复兴和提档升级的法宝，大尺度的如旅游城市将旅游综合体作为推动旅游业转型升级的重要载体。杭州更是提出将整个城市视为一个大型旅游综合体，以实现从"旅游城市"向"城市旅游"的转变。然而，我们也清醒地看到，一些借助旅游综合体而变相开发旅游地产的项目，因缺乏理论支撑和依据，在项目立项、战略定位、产业定位、主题定位以及运营管理等方面遇到了诸多的困难，因此，及时跟进理论研究更显得迫切与重要。

一、研究缘起与意义

（一）研究缘起

文化与旅游密切相关，文化是旅游的灵魂和创意源泉，旅游是文化大发展大繁荣和保护传承的重要路径，如何依托我国文化资源和旅游资源优势建设文化强国、世界旅游强国，并探索文化产业与旅游产业融合发展模式，一直是业界和学界努力探求的重要命题。在我国全面建成小康社会的关键时期和深化改革开放、加快转变经济发展方式的攻坚时期，国家密集出台了一系列大力发展文化产业和旅游产业的重要文件，并将这两大新兴产业分别定位为国民经济支柱性产业和战略性支柱产业，积极引导文化产业与旅游产业融合发展。在这些利好政策的指引下，业界积极探索了文化产业与旅游产业融合发展的崭新业态——民族文化旅游综合体。民族文化旅游综合体以其创造性的商业运作新模式及对土地、资源的高度综合开发而取得巨大成功，是继我国主题公园和文化演艺旅游建设热潮之后，新一轮的文化旅游建设高潮，自 2008 年杭州开始实施建设南宋御前街等旅游综合体以来，迅速在全国变得炙手可热，一些地方政府、开发商和规划机构更是将其视为文化旅游发展的最高指向和终极业态。

然而，目前学术界对"民族文化旅游综合体"并没有明确的定义，尚未形成独立的理论体系，国内外对此亦未有深入系统的研究，只有城市综合体理论以及主题公园理论值得提供研究借鉴。各地的规划也是鱼龙混杂，已有研究成果多是从土地价值链或土地综合开发的角度做出阐释。学术界对业界热衷的民族文化旅游综合体给予的学术关注尚未得到足够的重视，导致实践过程中，出现了诸多困境甚至偏离综合体发展方向。因此，若不及时加强理论研究，采取有效措施对其加以合理引导和科学管理，极易导致新一轮变相的大规模旅游地产开发，导致文化综合体像 20 世纪末 21 世纪初主题公园一样，由于理论研究滞后实践发展，而惨遭巨大失败。

（二）研究意义

近年来，国内探索性地实践了一些具有典型意义的个案，包括失败的典型个案，如广州"世界大观"、海南中华民族文化村，也涌现了一些初见成效的实践模式，如桂林《印象·刘三姐》创造的"演艺＋山水旅游观光＋度假酒店群＋商业地产＋人力资源培养"模式，深圳华侨城创造的"主题园＋旅游地产＋娱乐休闲＋文化艺术"模式、上海新天地的"休闲＋旅游＋国际时尚文化"的模式、杭州南宋御前街的"历史街区城市改造＋历史文化＋休闲＋景观地产"的模式、云南楚雄彝人古镇的"文化产业＋商业＋特色社区＋旅游产业"的模式、曲江新区"主题园＋演艺＋商业＋景区＋文化创意＋文化研究机构"模式等，积累了初步的经验。以这些典型作为案例，深入研究文化产业与旅游产业高度融合的崭新产业业态——民族文化旅游综合体形成机制，梳理并提炼实践中的不同发展模式类型及特点，以不断完善这些发展模式，并将实践模式升华为理论模型，对民族文化旅游综合体的进一步完善发展，避免重蹈我国主题公园发展的老路，为之提供理论指导和实践借鉴，无疑具有重要的理论价值和实践意义。

（三）研究方法

民族文化旅游综合体是近年来业界实践探索的文化产业与旅游产业融合发展的崭新业态，涉及国家战略政策、文化传承保护、土地综合利用、产业经济、旅游、休闲、商业、生态环境等多方面内容，是一个崭新的研究领域，需要坚持运用多学科交叉渗透的方法，既分门别类地进行分析、研究，又进行系统的综合与概括。

二、民族文化旅游综合体的实践模式演变分析

民族文化旅游综合体是一个逐渐发展的过程，并不是一蹴而就的。在发展过程中，会经历多个阶段，每个阶段都会有不同的发展重心，最终才能形成一定的集聚与规模效应，演变成旅游综合体。

我国文化旅游发展实践模式经历了从低级到高级，从原生态到创意，从单一功能到综合功能，从单一产业到多产业，从产业结合到产业融合的演变过程。从理论视角梳理，则从原生态实体模式到主题公园模式突破，从主题

公园到生态博物馆突破，再到实景演艺模式突破。随着我国将文化产业和旅游产业定位为国民经济发展的支柱性产业和国民经济发展的战略性支柱产业，文化与旅游实现了更大的产业融合，探索了从文化演艺产业到民族文化旅游综合体的跨越式发展突破，每个阶段突破均有标志性的实践案例作为引领，总结我国文化旅游实践模式的演变历程，有利于理解民族文化旅游综合体实践模式理论及其内涵。

（一）原生态实体模式（1978—1989 年）

原生态实体实践模式发展阶段，我国旅游还处于精英旅游阶段，旅游作为身份和地位的象征，只有少数人有机会出游，对于大多数市民来说，旅游是奢侈品。同时，这一阶段我国的旅游主要功能是创汇，因此，这一阶段的文化旅游主要是直接依托历史文化积淀深厚、文物古迹遗址众多的北京、西安、桂林、洛阳、南京等历史文化名城文化旅游资源，吸引入境旅游者，开发的模式主要是以博物馆、原生态遗址遗迹、文物古迹等实体进行展示，特点是投入少、原生态、主题模糊、无创意、产业单一。

（二）主题公园模式（1990—2004 年）

伴随着我国改革开放力度的加大和休假制度改革，人民生活水平逐步提高，闲暇时间逐步增多，我国出现了国内旅游大众化发展趋势。在产业定位上，国家开始将旅游业定位为国民经济发展的新的经济增长点加以扶持发展。同时，入境旅游也进一步增强，游客对文化的需求不再局限于传统的历史文化古迹。经济发达地区市民对文化的需求逐步旺盛，于是，以市场需求为导向，在我国经济发达地区开始探索文化旅游发展新模式。以 1989 年 11 月深圳锦绣中华主题园建成开放为标志，我国经济发达地区文化旅游进入了主题时代，全国先后建设的主题公园多达 2500 多个，成功的却屈指可数。这一阶段的主要特点是投入大、主题多、生命周期短、产业比较单一、盲目跟风、运作模式克隆严重、文化真实性不强等。最终，2004 年 10 月著名的广州东方乐园停业标志着中国主题公园建设热潮退去，开始探索新的实践模式。

主题公园主要适合在经济发展的沿海地区和大城市，不适合经济欠发达的民族文化富集区，因此，业界探索了另外一种实践模式——生态博物馆。以 1995 年中国和挪威两国政府联合在贵州六枝特区梭戛乡建立中国乃至亚洲第一个生态博物馆，即梭嘎苗族生态博物馆为标志，我国探索了主题公园和生态博物馆并存发展的两种最具有创新价值的文化旅游实践模式。生态博物馆对于民族文化传承保护和文化旅游发展起到了积极的推动作用，是一种适合我国国情的可持续发展道路，因此，得到政府部门的积极响应。但它所具有的产业脆弱、创意不强、经济功能不明显、产业特征不明显、过于注重强调文化原真性等多重弱点，导致企业回应不积极而没有使得生态博物馆所具有的商业价值体现出来。

（三）实景演艺模式（2004—2007年）

以2004年桂林阳朔推出的全球第一个山水实景演艺《印象·刘三姐》为标志，我国的文化旅游开始真正步入文化与旅游融合并呈现产业化发展阶段。这一阶段的特点是产业化逐步明显、创意强、主题鲜明、文化与旅游融合明显，以演艺为核心，创造性地探索了多产业的逐步融合发展模式，得到了业界的热切响应，全国旋即掀起了实景演艺建设高潮。以《印象·刘三姐》为例，继2004年推出《印象·刘三姐》演艺之后，投资公司先后开发了白天实景项目——鼓楼大乐、壮族的迪士尼——东街（文化商业街）、锦龙酒店、张艺谋艺术学校、旅游景观地产以及旅游商品等，形成了以演艺为核心，衍生山水观光景区、商业街、酒店群、艺术学校（人力资源输出）、景区管理咨询、旅游地产等产业链，为我国探索更大的文化旅游产业实践模式——民族文化旅游综合体积淀了实践经验。

（四）民族文化旅游综合体模式（2008年至今）

30年前的旅游主要是满足游客消费需求，30年后的旅游不仅要满足游客需要，还要同时满足市民的需要，成为人民群众更加满意的现代服务业。因此，在国家大力发展文化产业和旅游产业的利好政策背景下，业界开始探索同时满足市民和游客消费的文化旅游实践模式——民族文化旅游综合体。以2008年杭州推出多个旅游综合体（包括民族文化旅游综合体）建设为标志，我国开始进入了文化旅游产业融合和产业集群发展阶段。主要特点是文化创意强、管理运营高度创新、土地的综合利用、功能多元、多产业融合并形成产业集群。

三、民族文化旅游综合体实践模式的定义与主要内涵

（一）概念定义

民族文化旅游综合体的蓬勃发展是顺应时代发展的产物。长期以来，大部分文化旅游项目开发规模小、档次低、重复性建设、缺乏高质规划、布局凌乱，严重制约了旅游目的地的发展。在文化产业和旅游业纳入国家发展战略后，各地对文化旅游的投资热情再一次被激发，民族文化旅游综合体既契合了政府为改善投资环境、提升城市形象、提高居民生活品质和发展文化旅游产业的需要，又符合旅游消费升级后旅游供给必须相应升级和创新的需要，于是民族文化旅游综合体开发迅速从杭州向全国蔓延开来。

然而，民族文化旅游综合体的发展虽有时代的需要和历史的必然性，但对于企业和学界来说，民族文化旅游综合体是一个崭新的事物，需要不断摸索、学习和创新。笔者在借鉴城市综合体和主题园概念的基础上，参考国内外城市综合体、主题公园和产业集群的理论与实践，总结民族文化旅游综合体实践模式所体现出的基本特征，再综合近些年来关于旅游综合体的课题研究和规划的实践经验，认为民族文化旅游综合体就是文化旅游发展到产业化阶段后，与多重要素相融合，以一定的空间集聚为中心，以文化为核心、以旅游休闲为导向，以商业为盈利点，以生态为保障，以土地的综合开发为目标，综合各种功能与特征，整合文化产业与旅游产业要素而形成的旅游产业集群和产业融合的产业综合体。

（二）主要内涵

1.文化旅游发展到产业化阶段是文化旅游综合产生的背景

诚如前文所述，我国文化旅游是从单一产业功能逐步转变到综合产业功能的。当前，我国正处在全面建成小康社会的关键时期和深化改革开放、加快转变经济发展方式的攻坚时期，文化越来越成为民族凝聚力和创造力的重要源泉，越来越成为综合国力竞争的重要因素，越来越成为经济社会发展的重要支撑；而旅游越来越成为人民群众丰富精神文化生活的重要组成部分和主要领域。文化与旅游密切相关，旅游需求本质上属于精神文化需求；旅游活动客观上是人们认知社会、感受自然的文化交流；文化和旅游产业均是资

源消耗低、带动系数大、就业机会多，社会、经济、文化和生态综合效益好的国家支柱产业。在此背景下，国家鼓励和支持创造性地探索文化产业和旅游产业相互促进、融合发展的思路、模式和方法，在此背景下，民族文化旅游综合体应运而生。实践中，《印象·刘三姐》从最初的实景演艺逐步转型为集合"演艺＋山水旅游观光＋度假酒店群＋商业地产＋人力资源培养输出＋景区咨询管理输出"为一体的产业实体，就是适应产业化发展而不断拉长产业链，形成产业集群的结合。

2. 主要本质是与多重要素相融合

民族文化旅游综合体是在一个特定的空间形态里，拥有各种功能和设施，能够同时满足市民休闲和游客消费的各种业态综合体。它必须建立在一定的自然生态条件、社会经济条件和良好的社会治安之上，并具有鲜明的自身特色。与区域发展战略相一致、与国家政策相符合、与经济发展规模相匹配、与多行业投资相嫁接、与市场客源相互动、与市民生活水平相协调的具有旅游价值的区域经济系统，是休闲度假时代文化旅游产业发展的最高目标和复合形象体现方式。

3. 空间集聚是民族文化旅游综合体形成的基础

任何民族文化旅游综合体必须在一定的空间集聚中形成，不具备空间集聚条件的文化旅游难以形成产业融合，这就要求民族文化旅游综合体在开发过程中，综合运用马歇尔的工业区位及外部性理论、韦伯的工业区位论、增长极理论、波特竞争优势理论、新产业区理论以及克鲁格曼的内生发展模式等理论，充分论证选址的可行性和空间集聚的条件是否成熟，是否能够满足产业有机融合需求。如果选址失误，则会导致投资的灾难性的失败，最著名的事件是 1998 年倒闭的耗资 10 亿元的位于江苏省苏州市吴江区的福禄贝尔主题公园。而深圳华侨城无论是在选址上还是在投资区位、产业选择上，均具备了空间集聚功能，从最初的锦绣中华，到后来先后建成了世界之窗、中华民俗村、欢乐谷四个颇具特色和影响力的主题公园，都集中在华侨城内，形成了功能互补、产业共生融合的空间集聚模式。

4. 文化是核心

文化是民族的重要特征，是民族生命力、凝聚力和创造力的重要源泉，是国家综合国力软实力的重要表现，也是旅游创意的源泉，是形成竞争力和差异性的核心。民族文化旅游综合体核心竞争力和差异性就是文化元素，越是世界的，就越是民族的。因此，在打造民族文化旅游综合体的时候，在文化选择上，必须兼容并包、中西交融，在突出和彰显本土文化和民族文化特色的基础上，融入国际文化元素，避免单纯的文化本土化，同时，要在对已有的文化资源传承保护的基础上创新发展。国内所有的民族文化旅游综合体无一例外地都选择了国际文化元素和本土文化、民族文化有机融入这一战略途径。如杭州在建设南宋御前街时，在文化选择上，就明确将文化定位为"展示都城风采、恢复城市记忆、重塑空间机理、再现市井生活、交融中西文化，打造宜居、宜商、宜游、宜文的南宋御街国际旅游综合体，让老年人在这里追忆历史、青年人在这里体验时尚、外国人在这里感受中国、中国人在这里品味世界"这一理念。

5. 旅游休闲为导向

旅游业是国民经济发展的战略性支柱产业和人民群众更加满意的现代服务业，具有强大的辐射带动和产业集群、产业融合功能，它具有"食、住、行、游、购、娱"六大产业要素，每一个要素都可以单独形成一个产业乃至产业链。《中共中央关于深化文化体制改革推动社会主义文化大发展大繁荣若干重大问题的决定》（2011）指出"要推动文化产业与旅游、体育、信息、物流、建筑等产业融合发展"；提出"要积极发展文化旅游，发挥旅游对文化消费的作用"，这对以旅游产业发展促进文化产业发展提出了明确要求。旅游产业和文化产业同属于精神消费，在形式和内容上互相支撑，有很强的互补性和广阔的发展前景。因此，民族文化旅游综合体不仅要满足游客需要，而且要满足市民的休闲和文化休闲消费需要，这些内涵和功能要求民族文化旅游综合体在建设开发过程中，需要以旅游休闲作为导向，以市民和游客休闲为理念，整合和融合各产业要素，形成真正的产业集群。西安曲江新区在开发建设过程中，就是以旅游休闲为导向，先后整合开发大唐芙蓉园、大雁塔、大唐不夜城、创意文化街、大唐文化广场、演艺、商业休闲区等，将曲江新区打造成了旅游产业研究、旅游项目策划、景区投资运营管理、旅游商品开发、购物、休闲、娱乐、商业等为一体的多功能多产业链条的文化旅游产业集群，成为中国西部最具创新性、发展速度最快的民族文化旅游综合体品牌。

6. 商业为盈利点

文化旅游是投资额大、投资回收期长、风险大的产业，而民族文化旅游综合体作为一个综合性的产业集群，一般投资额都在10亿元以上，追求的是大创意、大产业、大规模、大品牌。追求利润和资金的快速回笼是企业投资的主要目标，国内现有的民族文化旅游综合体运作绝大多数是"政府主导、企业运作"模式，企业作为投资主体，需要有快速增值或投资回报商业盈利点。因此，民族文化旅游综合体在规划设计过程中，需要充分考量企业的投资回报点，既要考虑项目的公益性，又要考虑到项目的盈利性，建立"文化、旅游、商业"三位一体的商业运作模式。深圳东部华侨城就是典型的"文化＋旅游＋地产"商业运作模式，通过地产快速回笼建设资金，以旅游促进文化发展、以文化增强旅游和地产的附加值和竞争力，实现以商养文、以文促旅、以文促商的文旅商一体化盈利模式，成为全国大多数民族文化旅游综合体投资借鉴的典范。

7. 生态为保障

生态化规划设计是民族文化旅游综合体成功的保障，营造良好的人居环境，追求低碳文化生活方式和旅游休闲方式，是民族文化旅游综合体设计的核心理念和重要原则。已有成功的民族文化旅游综合体在生态化规划设计方面，往往非常注重内部文化生态环境和外部旅游生态环境规划设计，从生态学的理念出发，在生态环境设计、文化景观特征、综合体内部的自我调节功能、功能的互利共生、生态环保、低碳生活、洁净能源等各个系统中进行系统化规划设计。深圳东部华侨城坐落于中国深圳大梅沙，占地近9平方公里，由华侨城集团斥资35亿元精心打造，是国内首个集休闲度假、观光旅游、户外运动、科普教育、生态探险等主题于一体的大型综合性国家生态旅游示范区，主要包括大峡谷生态公园、茶溪谷休闲公园、云海谷体育公园、华兴寺、主题酒店群落、天麓大宅六大板块，体现了人与自然的和谐共处生态化设计理念，一举成为生态化民族文化旅游综合体开发的成功榜样。

8. 土地的综合开发是目标

对一个人口大国来说，我国的土地资源越来越成为稀缺资源，尤其是城市可供用地资源更是稀缺，这就要求提高单位面积土地的利用率和综合开发能力。受土地资源制约，民族文化旅游综合体实际上根本就是以旅游休闲为导向的土地综合开发利用的一种手段，其目标是通过综合开发，进行多功能、多业态的集聚，以旅游休闲发展提升土地价值、推动衍生产业发展、多元文化互动，最终实现开发回报的最优化。如黄山市徽州文化艺术长廊项目，规划用地面积 2700 亩，由三大板块六个组团 26 个项目组成，以徽州文化的传承体验、聚集展示和创意利用为主线，按照"政府主导、高端规划、市场运作、地域特色、统一开发"的思路，探索了"旅游、文化、生态"三位一体发展模式，形成了包括传统文化生产展销、现代文化创意设计、观光游览参与体验、休闲娱乐度假、生态地产等在内的文化产业体系，建成了可观赏、感受、学习、消费、体验、居住的徽派山水园林展示区、徽文化传承大观园、现代服务业发展示范区，实现了土地综合开发的最优化发展战略目标。

9. 综合功能是保障

民族文化旅游综合体内必含有文化旅游产业集群，但特定空间内的文化旅游产业集群却未必能形成民族文化旅游综合体。民族文化旅游综合体内部配置了演艺、主题园、文化娱乐、商业、度假、会展、观光等多种功能空间，这些功能系统间紧密联系、综合互补，形成较为完整的产业链，不仅聚集了食、住、行、游、购、娱、文化创意、文化艺术等文化旅游需求的服务要素，更是将文化旅游产业发展所需的资本要素、人才要素、管理要素等多种运营要素集为一体，从而构成一个土地综合开发、产业综合发展、功能综合配置、目标综合打造的民族文化旅游综合体实践模式，保障了项目的成功。如云南楚雄彝人古镇，位于楚雄市经济技术开发区旁，占地约 1740 亩，总建筑面积 100 万平方米，总投资 25 亿元，以古建筑为平台、彝文化为"灵魂"，是集商业、居住和文化旅游为一体的民族文化旅游综合体，功能定位为"城市特色功能区、旅游休闲新地标、城市文化名片"，产业定位为可旅游、可商住、可经营、可买可卖、可赚钱的综合体。2006 年建成开发至今，迅速成为云南文化旅游产业的典范和标杆。

四、民族文化旅游综合体实践模式主要实现路径

民族文化旅游综合体的构建，是一个复杂的系统工程，在规划与实践过程中，首要的是要以打造综合性的旅游目的地的要求来规划和建设，寻找可行的成功路径。

（一）转变发展观念是关键

在发展观念上，要有大思路、大产业、大市场的观念，实现三大观念突破：一是要在认识上破除文化旅游是纯粹的部门产业的想法，要树立起大旅游大发展的观念，真正意识到文化旅游产业是国民经济的支柱产业；二是要在发展思路上破除搞旅游轻环境重设施、轻区域重区划的观念，树立起环境本身就是旅游空间，区域联合能保持旅游业完整性的观念；三是打破在市场经济下发展文化旅游产业是否仍然政府起主导作用的疑虑，培育多元化市场主体，创新旅游投融资机制，利用市场敏锐的嗅觉和丰富的经验来助推文化旅游产业发展。如杭州市率先在全国推进民族文化旅游综合体建设，实现了从"旅游城市向城市旅游"发展观念的转变，使杭州旅游实现了转型升级和跨越式发展。

（二）综合性高规划是保障

民族文化旅游综合体具有极强的空间集聚性、资源共享性、有机综合性、用地集约性、功能复合性、协同竞争性、集群共生性和业态创新性，涉及的学科领域非常多，只有坚持高起点谋划、高标准规划、高质量策划、高品位开发才能发挥出更大的土地综合利用效益、经济效益和社会效益，释放出强大的带动效应和品牌效应，确保项目成功。深圳东部华侨城在投资开发前，聘请了世界一流的建筑规划、城市规划、文化规划、景观规划、生态规划、市场营销、管理咨询等多学科科研机构、咨询规划设计公司等进行充分的论证，仅仅前期研究和规划设计经费就耗资 1 亿多元，从而使东部华侨城成为我国著名的"文化＋旅游＋地产＋生态"为一体的文化综合体经典之作。

（三）RMTIE 理论模型是其指导思想

在对国内民族文化旅游综合体实践模式深入研究的基础上，笔者认为，RMTIE 理论模型是其实践的指导思想，即民族文化旅游综合体要以满足综合

体开发的土地、文化、生态、社会等综合性的资源（Resources，简写为 R）
为基础，以同时满足市民和游客消费市场及引领最时尚消费市场（Market，
简写为 M）为导向，以"国际化、民族性、本土化"共融共生主题（Theme，
简写为 T）为灵魂，以具有多功能、多目标、多产业融合的互利共生产业
（Industry，简写为 I）集聚为实体，以良好的社会环境、投资环境、政策环境
和生态化设计的人居环境（Environment，简写为 E）为保障。同时满足这些
条件，才可能构建一个真正意义上的民族文化旅游综合体。如上海新天地、
深圳华侨城和曲江新区就是 RMTIE 理论模型的典范实证个案。

（四）综合运营一体化是核心

规划搭骨架，策划找灵魂，设计增血肉，运营是关键。民族文化旅游综
合体是从单一产业模式向产业关联拓展和综合产业体系发展、从产品的单一
布局态势向集聚发展、运营模式从门票经济向综合经济发展的必然要求，也
是运营管理从单一景区管理向产业园区管理的必然结果。由于民族文化旅游
综合体内项目分属不同的所有者经营管理，为了自身利益价值的最大化，不
同企业会分别采取对自身经营最有力的措施，如果缺乏统一的协调与整体运
营，常会造成内部的竞争耗损过大。而民族文化旅游综合体是一种事前整合
过的产业集聚空间，通过充分的市场分析和整体的一体化运营管理设计，有
计划地确定内部物业类型及要素聚集规模，统一地运作其后的设计、开发、
市场定位、租赁及物业管理等步骤，才能确保项目运营成功。

（五）创新商业模式是前提

民族文化旅游综合体的综合性以及产业高度融合的特性，既具有营利性
一面，又有公益性的一面，既有封闭性经营管理的一面，又具有开放性公共
城市空间的一面，决定了民族文化旅游综合体必须不断地创新商业模式，以
适应不同的业态发展，实现直接的年度综合收益的同时，使土地和不动产持
续增值。上海新天地在这方面进行了一些探索，它的商业模式是管理者与经
营者分离，上海新天地只租不卖，管理者与经营者相分离，这样的模式与国
际 Mall 运营模式同步，使上海新天地一夜成名。

民族文化旅游综合体是我国市场经济发展到产业化阶段的必然结果，是
文化产业和旅游产业高度融合的崭新业态，它的内部必含有文化旅游产业集

群，但特定空间内的文化旅游产业集群却未必能形成民族文化旅游综合体。鉴于民族文化旅游综合体具有复杂性、系统性，其发展具有周期性以及投资的巨大性，其开发成功与否，不论是对于投资商、景区、目的地，还是城市发展来说都有较大的影响。因此，从项目的市场定位、选址、规划设计、融资、建设到后期的运营管理甚至未来的升级都需要慎重对待。

民族文化旅游综合体对于促进地方文化旅游产业发展发挥着重要作用，地方政府应依据自身需要制定规划，企业要根据自身实力理性投资，切不可操之过急。

第三节　民族文化旅游综合体开发的理论模型实证研究

一、研究背景

（一）问题提出

2008年杭州市委十届四次全会明确提出修建100个城市综合体的战略规划，首次推出了多个以旅游为主题的综合体，其中国际旅游综合体或与旅游业相关联的综合体达到30多个，主要有南宋御街、湘湖、西溪、运河、杭州大厦、杭氧杭锅、千岛湖、超山、西湖湖滨、千岛湖进贤湾等国际旅游综合体及海潮旅游综合体、"大美丽洲"良渚民族文化旅游综合体、径山禅茶民族文化旅游综合体、杭州奥体博览城、龙坞旅游综合体、萧山中国水博览园综合体、之江国家旅游度假区旅游综合体等。"旅游综合体"应运而生，并在全国范围内变得炙手可热，成为地方政府、开发商和规划咨询机构关注的亮点和卖点。继杭州之后，2010年济南市规划建设的16个城市综合体内也含有多个对现代服务业发展起带头效应的旅游综合体项目；宁波市在"十二五"规划提出全市在四级城镇体系中开发布局90个不同层次的城市综合体，其中包括东钱湖、溪口、象山港、江北洪塘等地规划修建的多个休闲型旅游综合体项目。同年，福州市以建设一批上规模、上档次的大型温泉旅游综合体项目作为推动温泉旅游产业的突破口。除大城市建设旅游综合体外，部分二三线城市也将综合体建设作为带动城市整体建设、城市旅游功能档次晋级的一条捷径。据不完全统计，国内已有杭州、深圳、福州、成都、南宁、海口、三亚、黄山、北京、贵阳、楚雄等 145 个城市推出了旅游综合体项目。其中，最热衷旅游综合体投资的主要是房地产业，投资兴建以旅游地产为核心的各类综合体，由此催生了一系列的旅游综合体建设高潮。

此外，令人鼓舞的是，国务院出台了《关于加快发展旅游业的意见》（国发〔2009〕41 号），首次为旅游业赋予了战略支柱性产业的高调定位，并明确了今后一段时间旅游业发展的目标和主要任务。同时还进一步颁布了国发〔2009〕24 号、国发〔2009〕33 号、国发〔2009〕42 号、国发〔2009〕44 号等一系列重要文件，这都深刻表明，一方面旅游业已经融入国家战略体系，在推进区域经济发展、促进民生改善等方面发挥着越来越重要的作用，全国旅游发展热潮暗流涌动；另一方面国家亦大力鼓励推动社会主义文化大发展大繁荣战略实施，积极推进文化与旅游相结合。出台的一系列重要文件，包括《中共中央关于深化文化体制改革推动社会主义文化大发展大繁荣若干重大问题的决定》（2011 年 10 月 18 日中国共产党第十七届中央委员会第六次全体会议通过）；《国务院关于进一步繁荣发展少数民族文化事业的若干意见》（国发〔2009〕29 号）、《国家旅游局关于进一步加快发展旅游业促进社会主义文化大发展大繁荣的指导意见》（旅发〔2011〕61 号）、《文化部 国家旅游局关于促进文化与旅游结合发展的指导意见》（2009 年）等，积极探索文化旅游发展的创新模式、途径和机制等。

然而，与业界的建设热潮和国家发展战略的热切回应相比，对具有中国原创创新模式的民族文化旅游综合体开发的理论研究相当少，且缺少明确定义，致使"民族文化旅游综合体"概念模糊不清，难以形成系统的理论体系，理论研究远远滞后实践需要。如何从学术角度积极回应实践当中的重大问题、回应民族文化旅游综合体的建设中遇到的困境，以指导我国民族文化旅游综合体的健康发展，避免重蹈我国主题公园发展的老路。

（二）文献分析

对旅游综合体的研究，学界有一个逐步认识的过程，在中国地理学会 2002 年学术年会上，吴承照首次提出了旅游综合体概念，但他所提的概念不是真正意义上的旅游综合体,而是探讨古村落——社区旅游综合体规划,即生态村规划问题。之后平文艺(2004)在《创建"西部旅游综合体"的理论思考》一文中,明确提出旅游综合体概念,但文中所提的旅游综合体实际上是旅游区域合作问题。真正提出旅游综合体概念内涵的是周少雄(2006),他认为旅游综合体是在一个特定的旅游空间里,拥有各种旅游功能和旅游设施,能够满足游客各种需求,并且提供全方位服务的旅游要素组合体。随后,国内从事旅游规划实务的专家提出了不同的旅游综合体概念,至今,旅游综合体尚未得到学界认可的比较权威的概念。在研究内容上,现有成果研究多是从实务操作的角度对旅游综合体的空间定位、开发思想和理念、开发策略、发展模式、发展战略以及对城市、酒店的影响等方面的研究。也有研究者以具体的个案为实证,从产业集群视角,探讨了杭州国际旅游综合体实践理论模式。此外,秦岩、王衍用、代志鹏(2011)则从生态学视角探讨了旅游综合体的本质问题。甚至有学者在旅游综合体研究尚未成熟的时候,提出了泛旅游综合体概念。当然,对于业界蓬勃发展的旅游综合体,也有学者提出了谨慎开发的观点。

纵观已有的研究成果,绝大部分是近三年的研究,表明旅游综合体是一个新的旅游研究领域,而且现有成果主要集中于旅游综合体的应用研究,目前还相当缺乏关于旅游综合体一般理论的、专门的、系统的论述,尤其对民族文化旅游综合体的基础理论研究更显得不足。因此,本书以旅游综合体当中研究难度较大的部分——民族文化旅游综合体展开基础性研究,探求民族文化旅游综合体开发的基本理论框架,旨在为旅游综合体的成功实践提供一定的参考借鉴。

(三)研究方法

本书采取网络调查与实证相结合的方法进行研究。

一是对网络数据检索,目的是检验对研究对象的关注度;数据检索分4次完成,数据大多数是新闻信息,其中包括部分重复内容,但从中可以窥见一斑,旅游综合体正在迅速地成为业界关注的热点。2012年1月16日在中国知网以题名输入关键词"旅游综合体"进行跨库检索(以"模糊"为匹配、时间跨列为"1979—2011年"),获得信息48条,其中中国期刊全文数据库4条,中国重要报纸全文数据库43条,中国重要会议全文数据库1条;以关

键词 "tourism complex" 在 Science Direct 和百度中检索，检索结果为 18263 篇和 740000 条，抽样分析这些检索结果，没有检索到相关的旅游综合体的文献，全部是酒店介绍或者介绍中国的旅游综合体开发简介，没有学术论文。

二是对民族文化旅游综合体的实践个案进行实地调查，2010 年和 2011 年，笔者主持了广西润松集团委托的"桂林国际健康养生城综合体项目研究及规划"、广西昌林实业发展有限公司委托的"广西来宾市金龟岛文化旅游综合开发前期理论研究与规划"，以项目负责人身份参与了广西宾阳城投集团委托的"广西宾阳炮龙民族文化旅游综合体"和"广西东湖休闲农业示范园产业综合体研究与规划"项目。为高水平完成课题研究及规划，课题组先后于 2010 年 4 月和 7 月、2011 年 5 月和 8 月重点对云南楚雄彝人古镇、深圳华侨城、西安曲江新区、上海新天地、杭州南宋御前街、西溪天堂、锦绣漓江·刘三姐歌圩等国内一些典型的民族文化旅游综合体案例进行了实地考察，对这些个案运营企业的领导及政府相关部门主管领导进行了访谈，收集了个案相关规划文本、策划方案、政府批复文件以及部分项目讨论的会议纪要。通过访谈和文献分析研究，对我国的民族文化旅游综合体有了较深的认识，在研究个案和文献分析的基础上，借鉴主题公园及产业集群、产业融合理论，对民族文化旅游综合体这一崭新业态模式进行理论分析。

二. 理论模型推导

基于对民族文化旅游综合体实践模式的深入考察以及前期基础理论研究，借鉴城市综合体和主题公园理论方法，引入产业集聚、产业集群和产业整合理论，从多维视角通过比较研究和演绎归纳的实证研究方法，总结并提炼民族文化旅游综合体模式的概念、本质内涵、基本经验、类型及其特点，以此为前提，将民族文化旅游综合体开发的理论升华为 ALLTICCE（八大要素）理论模型。即民族文化旅游综合体开发以吸引物（Attraction，简写为 A）为基础，以土地（Land，简写为 L）提升为手段，以定位（Locate，简写为 L）为核心，以旅游（Tourism，简写为 T）为导向，以文化（Culture，简写为 C）为灵魂，以整合（Integrate，简写为 I）为路径，以综合（Complex，简写为 C）为实体，以环境（Environment，简写为 E）为保障的开发理论模型（见图 3-1）。

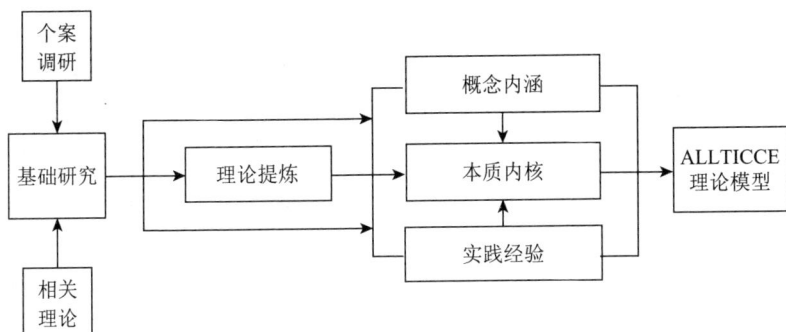

图 3-1　民族文化旅游综合体开发的理论推导模型

大量的实践案例及前期研究表明，民族文化旅游综合体开发是以文化和吸引物为基础，以旅游为导向的、文化产业与旅游产业综合共生以及整合融合的结果，具有综合性、复杂性、交叉系统性以及投资大、整合和运营难度大等特点。它的成功与否，取决于正确的具有前瞻性的定位，并以土地为手段，整合和创造独特的吸引物，以杰出的环境为保障，形成具有可操作性的、差异性的产业集聚和产业集群综合体，这就是本文研究的民族文化旅游综合体开发的基本理论框架（见图 3-2）。

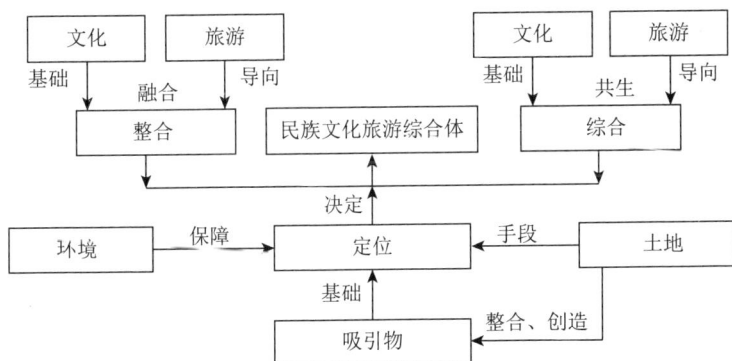

图 3-2　以定位为核心的民族文化旅游综合体开发基本理论框架

> **案例：定位是西溪天堂国际旅游综合体成功的关键**
>
> 西溪天堂国际旅游综合体从 2004 年至 2008 年进行项目前期研究与规划，2008 年完成总平图，最后定稿的项目由酒店集群、文化配套、商业配套、旅游公共服务设施配套、房产物业五部分组成。2009 年开业后，得到市场的一致认可，成为杭州最有商业潜力和活力的民族文化旅游综合体。杭州西溪投资发展有限公司副总裁曹鸣认为，民族文化旅游综合体开发关键包括以下内容：
>
> 1. 正确的定位是一切成功的前提；
>
> 2. 多种功能的有机融合和商业的定位是难题；
>
> 3. 以统一而明确的原则来控制设计；
>
> 4. 动静分区要周到，交通设计要落到细处；
>
> 5. 分期开发的节奏控制要结合自身的资金管理特点；
>
> 6. 工程管理中的统一和分组各有利弊，而最终的分组策略胜过统一策略；
>
> 7. 合理组织，分期开发是能否取得施工和运营双赢的途径；
>
> 8. 综合体运作的整合，从产品定位阶段就开始；
>
> 9. 最重要的是整合，整合是旅游综合体开发的关键因素。

三、理论模型分析

（一）正确的定位是关键

民族文化旅游综合体成功的关键与否是定位，定位包括宏观战略定位与中微观主题定位、产品定位、市场定位以及企业定位、运营模式、商业模式定位。

民族文化旅游综合体本质上是文化产业与旅游产业有机整合融合的结果。宏观尺度上，要与国家产业发展战略定位、区域经济社会发展战略相一致，与国家政策相符合。中微观尺度上，要与地方经济发展规模相匹配、与多行业投资相嫁接、与市场客源相互动、与市民生活水平相协调。诸如在文化和旅游产业宏观定位上，国务院在《关于加快发展旅游业的意见》（国发〔2009〕41号）中明确将旅游产业定位为"国民经济的战略性支柱产业和人民群众更加满意的现代服务业"，而中共中央《关于深化文化体制改革推动社会主义文化大发展大繁荣若干重大问题的决定》（2011）中，将文化产业定位为"国民经济支柱性产业"。国家战略层面对这两大产业的定位，为文化旅游产业的投资开发奠定了政策导向，所有的民族文化旅游综合体开发只有深入研究国家产业定位政策，深刻领会和理解国家政策、地方的发展战略，才能准确地把握民族文化旅游综合体开发的定位内涵，才能容易获得政府支持和获取开发土地资源。

　　一般而言，定位需在对国家和地方政府产业定位、产业政策、城市定位和国内外同类项目比较研究的前提下，对吸引物主题创意以及市场选择导向进行研究，以确定宏观尺度和中观尺度战略规划，作为民族文化旅游综合体开发总的纲领和灵魂，编制概念性规划和策划方案，确定发展方向和目标。在战略定位的统领和指导下，邀请多学科专家对文化资源、旅游资源、社会资源、吸引物和旅游市场进行全面而细致的调查研究。资源的调查对于把握主题文脉提供有力的支持，同时要深入进行客源市场的调研，准确把握市场脉搏，为进一步提炼主题文脉、确定旅游开发主题提供技术前提。资源调研与定位是主题创意的基础和前提，而市场调查和市场定位则是进一步提炼主题定位的科学依据和技术前提。在初步筛选主题的前提下，需要从不同的角度对主题进行论证，多学科专家论证有利于从学科的角度论证产品开发的可行性，而企业精英论证有利于确保市场和商业运作的可行性。同时需要听取社会不同的声音，特别是社区代表的声音，允许他们参与论证，以保证主题定位项目的可操作性和利益的均衡性，保证开发定位的可持续发展。在准确把握文脉、合理分析客源市场、充分论证主题定位的基础上，对文化综合体微观定位诸如企业定位、综合体功能定位、综合产业定位进行全方位的策划，并设计与定位相吻的产品和商业运作模式，在经营管理过程中动态性地不断对各类定位进行评估，以便及时修正定位和进行定位的更新换代，实现全方位的可持续发展（见图3-3）。

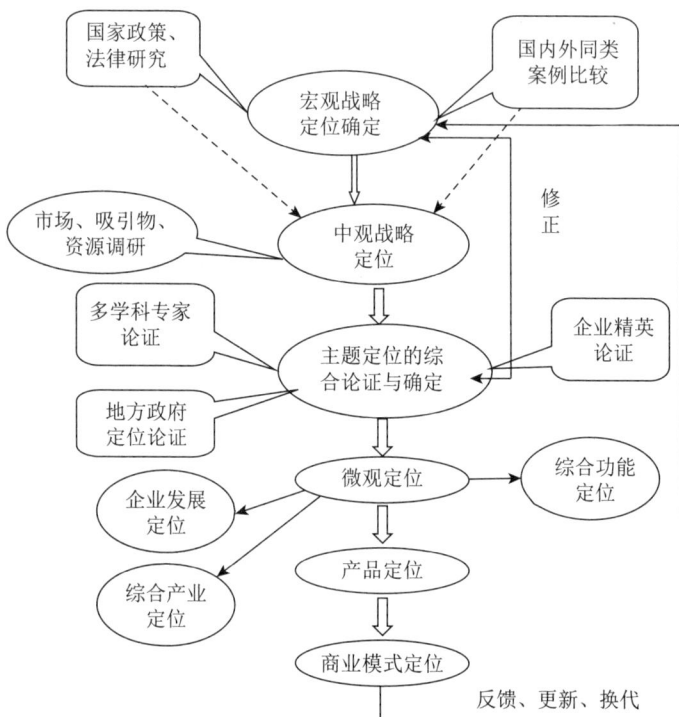

图3-3　定位确定的一般流程

案例：杭州南宋御前街国际旅游综合体定位

2010年5月，国务院正式批准实施《长江三角洲地区区域规划》，提出打造长三角"亚太地区重要的国际门户、全球重要的现代服务业和先进制造业中心、具有较强国际竞争力的世界级城市群"战略定位，长三角区域面临着新一轮产业分工和因产业分工带来的区域互补性协作。《长江三角洲地区区域规划》同时将杭州定位为"国际重要的旅游休闲中心"。配合国家产业战略规划及区域经济社会战略规划以及杭州市城市旅游定位，杭州南宋御前街总体定位为"展示都城风采、恢复城市记忆、重塑空间肌理、再现市井生活、交融中西文化，打造宜居、宜商、宜游、宜文的南宋御街国际旅游综合体，让老年人在这里追忆历史、青年人在这里体验时尚、外国人在这里感受中国、中国人在这里品味世界"。在功能上，要将其打造为宜居、宜商、宜游、宜文的"中国生活品质第一街"。2011年开街以来，游人如织，大大地提升了杭州的总体形象。

（二）土地综合开发是手段

民族文化旅游综合体开发实际上根本就是以旅游为导向的土地综合开发利用的一种手段，其目标是通过综合开发，进行多功能、多业态的集聚，以旅游发展提升土地价值，推动衍生产业发展、多元文化互动，最终实现开发回报的最优化。

在土地综合利用中，土地的规模化、节约化开发是根基，无论是中国的华侨城集团还是美国的迪士尼乐园集团，在所有的项目开发当中，都充分利用国家的土地政策进行综合化开发，并集合国家土地政策进行土地储备，为未来发展提供发展空间。因此，如何合理合法地利用土地流转的政策以及未利用地（未利用地是指由于各种原因未使用或尚不能使用的土地，如裸岩、石砾地、陡坡地、塌陷地、盐碱地、沙荒地、沼泽地、废窑等闲置用地）政策，以民族文化旅游综合体开发模式盘活土地资源，不失为一条重要的土地综合开发手段。

在中国土地使用制度重大变革的大趋势下，必须采用合理合法的方式，依托土地资源，通过与多产业的联动、综合性资源组合以及相关的政策支持共同打造具有引领及示范效应的民族文化旅游综合体。而"土地变性"或"转权让利"是获得土地的重要途径。目前建设用地的主要流转渠道是：通过农业用地流转—收归国有、土地变性—"招拍挂"—农用地置换占补平衡；农村建设用地—转权让利—"招拍挂"。以上两种土地整理流转的核心思路是通过农业用地及集体建设用地的整合出现一部分节余。这种节余在整个土地大调整、大平衡、大发展过程中，是一个很好的缓冲空间。

总而言之，充分考虑各地的利用政策以及土地总体规划，根据土地功能研究配置民族文化旅游综合体功能、产业，是民族文化旅游综合体实现落地运营的重要手段。

案例：广西东湖乡村旅游综合体土地利用模式

广西东湖乡村旅游综合体位于广西宾阳县王灵镇，占地15000亩，距离核心大城市南宁、柳州、玉林以及北部湾城市群、珠三角城市群车程在1~3小时，并且距离南广高铁黎塘站和桂海高速公路宾阳入口处均为3公里，具有非常卓越的区位和市场优势。在笔者主持的项目规划中，充分考量了国家的农村土地流转政策和未利用地政策，通过规划，将规划区内的 5 个村庄进行全部拆除统一安置，以农民宅居地置换占补平衡途径腾出 402 亩建设用地，同时，利用 1750 亩的未利用荒地作为高端活性水态养生区建设用地，这样，通过土地占补政策以及国家鼓励对未利用地开发的政策，取得了 2000 多亩建设用地，为打造集"文化产业、现代农业、休闲农业、现代旅游、高端景观房产"为一体的民族文化旅游综合体奠定了开发基础。

（三）旅游与文化综合共生是增长点

在"大旅游、大文化、大市场、大产业、大发展、大繁荣"时代背景下，民族文化旅游综合体必须以旅游为导向，借助旅游的消费能力、产业带动辐射功能以及产业融合功能。借助旅游打造灵魂，即指导旅游综合体个性文化与特色意境的构建，是非常重要也极具难度的一个环节，以实现土地的综合开发、功能的综合配置、产业的综合发展以及目标的综合打造。

文化是旅游的灵魂，任何一个具有极强个性和竞争生命的民族文化旅游综合体都离不开文化的创意打造、包装设计以及文化融入，文化是民族文化旅游综合体构建的基础，也是文化产业创意的基础，民族文化旅游综合体的开发必须融入文化创意元素，并且所遴选的文化符号和文化内容同时具有国际化、民族性和本土化三大要素。在民族文化选择上，不拘泥于原生态的民族文化元素，而应在保持民族文化内核的真实性前提下，对民族文化的外延和表现形式进行创新发展。

文化和旅游具有融合共生的基础，文化产业与旅游产业同属国民经济中第三产业的支柱产业，其中旅游产业是一种文化性很强的经济产业，同时也是一种经济性很强的文化产业。文化是旅游的灵魂。旅游产品和旅游产业的经济性、文化性是统一的，旅游的文化本质特征必然要求在旅游业发展过程中优先发展旅游文化，用先进文化引领旅游业的可持续发展。因此，民族文化旅游综合体不是文化和旅游在空间上的简单叠加，而是通过良好的组织管理模式或基于供应链、产业链、消费链、价值链、知识链分工的综合互利共生，真正实现一体化、形成规模经济。这就是民族文化旅游综合体的综合性特质表现。

案例：楚雄彝人古镇的文旅综合共生开发模式

彝人古镇位于楚雄经济技术开发区旁，占地约 1740 亩，总建筑面积 100 万平方米，总投资 25 亿元，是集商业、生态、文化、居住和旅游为一体的民族文化旅游综合体，是可旅游、可商住、可经营、可买可卖、可赚钱、可体验的综合开发区。彝人古镇以古建筑为平台、彝文化为"灵魂"、旅游为导向，采取的是以旅促商、以商养文、以文带商旅的"文旅商"一体化开发策略，多产业在这里得到融合共生。

（四）文化产业与旅游产业的整合融合是难点

文化产业与旅游产业具有高度融合性，它们互相依存、互相促进、相互融合，通过旅游的导向功能和辐射功能，引致文化产业发展，以文化产业渗透功能促进旅游产业往更深层次与更高竞争层面发展，这是实现文化产业和旅游产业整合的基础，也是构成民族文化旅游综合体的核心内容（见图 3-4）。

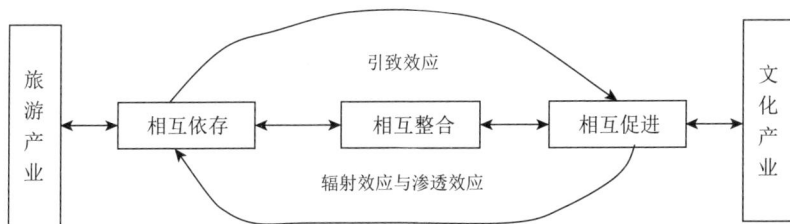

图 3-4 文化产业与旅游产业整合路径

为充分挖掘出两大产业的潜力并通过整合创新创造出新的经济增长点，需要对产业运作模式、市场运营机制、思想理念的统一等方面进行深入的探索与实践，从较高层面对两大产业进行整合创新。为此，提出体制观念整合引导市场整合，进而促进要素整合发展路径，最终打造真正的民族文化旅游综合体融合发展的战略目标（见图 3-5）。

图 3-5　民族文化旅游综合体要素整合路径

要素整合是民族文化旅游综合体最难的一环，也是极其重要的一环。它的整合是一个复杂过程，首先是在整合的基础上才能实现融合发展，达到互利共生目的，这就要求对其商业模式、市场要素、产业要素、功能要素、资源要素等各种要素禀赋进行整合，包括外部空间线路、产业互动、市场营销、产品互补以及内部空间结构、管理运营、品牌建设、产业组织等的整合，形成消费需求的有效聚集和大规模释放。

案例：曲江新区民族文化旅游综合体的整合融合发展模式

为了实现从"单一景区向跨景区、跨文化、跨行业的综合性旅游集团"的转变，打造"全产业链旅游综合体"，曲江文旅集团已经构建形成了集团化发展的业务构架，即以收费式景区运营为核心业务的大唐芙蓉园景区管理分公司，以开放式园区运营为核心业务的大雁塔景区管理公司，以旅游酒店、餐饮项目投资与运营为核心业务的曲江国际酒店管理公司，以曲江国际旅行社为龙头的曲江国际旅行社联盟，以创意文化旅游商品研发与营销为核心业务的唐艺坊文化传播公司，以文化旅游研究、战略发展研究和旅游项目孵化为核心职能的曲江文化旅游研究院。从而通过业务板块整合，逐步形成发展统筹、客源互通、信息共享、交通共网、市场同体、联合促销、协调发展的有机格局，逐步形成西部最具影响力的文化旅游产业平台。

（五）构建独特的吸引物是重点

民族文化旅游综合体的吸引物有两层含义：一是充分利用已有的自然和人文资源经过筛选出具有竞争力和差异性的资源作为吸引物，这是传统旅游中的旅游资源观，也是传统旅游开发的原始观点；二是创造对市民和游客具有吸引力的有形、无形要素均成为民族文化旅游综合体的吸引物。这部分吸引物实质上就是民族文化旅游综合体的项目实体和产业实体，对这部分吸引物需要不断创新并打造核心吸引物，以具有视觉冲击力和环境感召力的核心吸引物为景观核，达到景观吸引人、设施留住人的目的。对资源观的改善和提升进一步拓宽了旅游业的产业构成要素。

研究表明：民族文化旅游综合体的吸引物均是由基础吸引物、核心吸引物和延伸吸引物三部分构成的。

基础吸引物是挖掘本土特色和民族特色主题，形成具有本土化和地方性知识产品的基础。

核心吸引物需要打造。打造核心吸引物，需要面向市场需求，从国际化视角、本土化思维理念出发，创新整合开发核心资源，目的是创造一个或多个独特的核心吸引物，这是吸引人流、提升土地价值的关键所在，需要对旅游产品有着深入地了解，并具有创新能力，才能实现。

创造延伸吸引物。主要是创造延伸发展地产业（利润主要来源）、泛旅游产业、现代服务业、文化创意产业等相关产业，这是获取土地开发巨大收益的重中之重。对于民族文化旅游综合体，核心吸引物与延伸吸引物是关键所在，也是经营的主要依托，这两部分的成功开发将极大地提升土地价值与品牌价值，也能够创造可持续的现金流。但是，要真正获得土地开发上的巨大回报，必须进行延伸发展，主要是休闲地产社区、会议会展和文化创意产业的开发，以及现代农业、现代服务业的开发等，最终形成一个泛旅游产业的发展构架（见图3-6）。

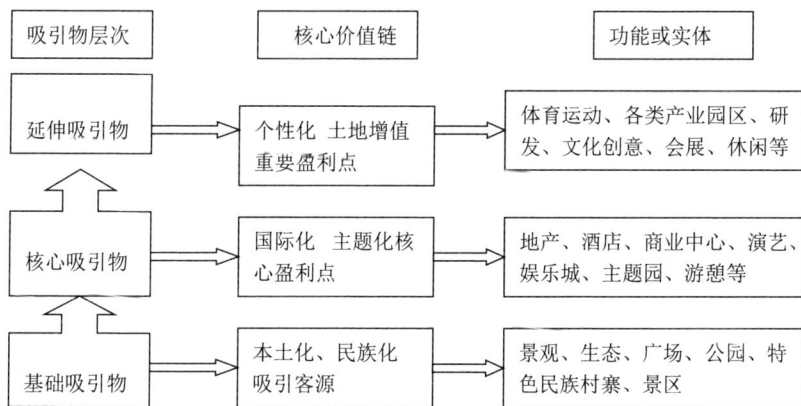

图3-6 民族文化旅游综合体的吸引物层次

案例：桂林锦绣漓江·刘三姐歌圩民族文化旅游综合体吸引物构建层次解析

锦绣漓江·刘三姐歌圩原来为阳朔刘三姐水上公园，占地约2平方公里，以漓江山水以及刘三姐文化作为基础吸引物吸引客源，主要景点是电影《刘三姐》拍摄场地：书童山、碧莲峰、大榕树等阳朔漓江山水。2004年打造全球第一个山水实景演艺《印象·刘三姐》作为核心吸引物，以其独特的实景演艺模式以及借助"名人——壮族著名民间传说歌仙刘三姐、文化名人张艺谋，名山名水——漓江山水，名城——国际著名旅游城市桂林"作为营销手段而一举名扬天下，由此创造了中国创造的文化旅游精品——印象系列演艺产品。在打造核心吸引物之外，锦绣漓江·刘三姐歌圩综合体延伸创造了书童山国际苑旅游地产、锦龙酒店、唐人街酒店、碧莲峰酒店、东街商业街、阳朔啤酒鱼美食街、鼓楼大乐等延伸产业，形成了一个完整的民族文化旅游综合体，大大地提高了投资商和政府收益。

（六）生态化的环境设计是保障

生态化的环境设计是民族文化旅游综合体开发成功的保障。休闲养生时代，人类更加注重人居环境和游憩环境，这是城市化和城镇化发展的必然结果。生态化的环境设计主要涉及功能布局、绿色景观、公共游憩空间、园林景观、能源、交通、建筑密度、垃圾处理、排污处理等。根据生态原理，不同的生物群落都有与之相匹配的自然环境、特征及其对外识别性，像外来物种的入侵最终会损害当地生物多样性一样，民族文化旅游综合体也应该形成具有竞争力的本地特色，防止过度西方化、城市化而引发的本土文化和本土建筑形式的消退（本书前述所指的国际化不是倡导西化、城市化，而更多的是指在服务、品质、管理、产品市场等方面具有国际化特征，因此，与防止过度西化、城市化观点不冲突）。换句话说，民族文化旅游综合体以本土民族文化和地方性知识文化为主要特质，既是一个景观、一片经济空间，也是一个生活中心、一个社区环境。更具体说，是一种气氛，一种特征，一个灵魂。因此，在规划设计民族文化旅游综合体过程中，要融入生态学的物物相关、相生相克、能流物复、负载定额、协调稳定、时空有宜、互利共生等原理，从而创造出一个具有独特竞争力的民族文化旅游综合体。

案例：首个"国家生态旅游示范基地"——深圳东部华侨城

深圳东部华侨城由华侨城集团投资35亿元以生态学原理设计而成，占地近9平方公里，设计体现中西文化交融并兼有"茶、禅、花、竹、森林、阳光、大地、河流、太空"等生态元素，是以"让都市人回归自然"为宗旨、以文化旅游为特色、以人与自然的和谐共处为理念，规划营造了一个全方位自然体验的生态之旅，同时以寓教于乐的方式向游客推广环保知识，启发游客热爱、保护大自然的意识，实现了生态、经济、社会效益的和谐统一。集两个主题公园、三座旅游小镇、四家度假酒店、两座36洞山地球场、大华兴寺和天麓地产等项目于一体，体现了人与自然的和谐共处，成为首个国家生态旅游示范区。

民族文化旅游综合体是我国继"实景演艺"之后，又一个中国创造的文化旅游开发创造模式，它是国家将文化产业和旅游产业纳入国家发展战略后，在休闲度假时代，"旅游消费模式升级（从单一观光旅游到综合休闲度假）、景区发展模式升级（从单一开发到综合开发）、地产开发模式升级（从传统住宅地产到综合休闲地产）"三大升级共同作用的结果。民族文化旅游综合体开发既契合了政府为改善投资环境、提升城市形象和发展旅游业的需要，也符合旅游消费升级后旅游供给必须相应升级和创新的需要，但对于政府、企业来说，民族文化旅游综合体是一个全新的事物，需要不断摸索、学习和创新，需要不断对实践模式和个案进行理论总结与理论升华，不可盲目投资，重蹈我国主题公园发展的老路。

参考文献

［1］国务院.关于加快发展旅游业的意见［EB/OL］. http://www.gov.cn/ zwgk/2009-12/03/ content_1479523.htm，2009-12-03.

［2］中共中央.关于深化文化体制改革推动社会主义文化大发展大繁荣若干重大问题的决定［EB/OL］. http://www.gov.cn/jrzg/2011-10/25/ content_1978123.htm，2011-10-25.

［3］国家旅游局.关于进一步加快发展旅游业促进社会主义文化大发展大繁荣的指导意见［EB/OL］.http://www.gov.cn/gzdt/2011-11/30/content_2007093.htm，2011-11-30.

［4］文化部，国家旅游局.关于促进文化与旅游结合发展的指导意见［EB/OL］.http://

www.gov.cn/zwgk/2009-09/15/content_1418269.htm, 2009-9-15.

[5] 许豫宏, 李玲. 从土地价值链看区域旅游综合体的开发策略 (一) [N]. 中国旅游报, 2009-04-08 (11).

[6] 罗红宝, 林峰. 让 "旅游综合体" 成为旅游综合改革创新的战略抓手 (上) [N]. 中国旅游报, 2010-12-17 (11).

[7] 孙晓静. 构建乡村休闲旅游综合体的实践与理论思考 [N]. 大众日报, 2011-09-26.

[8] 秦岩, 王衍用, 代志鹏. 以生态学视角审视旅游综合体 [N]. 中国旅游报, 2011-05-11 (2).

[9] 杨宏浩. 旅游综合体开发不可操之过急 [N]. 中国旅游报, 2011-05-13 (2).

[10] 王文君. 旅游综合体发展模式研究 [D]. 浙江工商大学, 2010.

[11] 陈雯婷, 金权杰, 程澄. 基于城市化背景下的旅游综合体研究 [J]. 现代城市, 2011 (2): 27-28.

[12] 卞显红. 基于自组织理论的旅游产业集群演化阶段与机制研究——以杭州国际旅游综合体为例 [J]. 经济地理, 2011 (2).

[13] Jackson J, Murphy P. Clusters in Regional Tourism: An Australian Case [J]. Annals of Tourism Research, 2006, 33 (4): 1018-1035.

[14] Novelli M, Schmitz B, Spencer T. Networks, Clusters and Innovation in Tourism: A UK Experience [J]. Tourism Management, 2006 (27): 1141-1152.

[15] 城市综合体: 市域网络化大都市的加速器 [EB/OL]. http://hzdaily.hangzhou.com.cn/hzrb/html/2010-06/22/content_889677.htm, 2010-06-22 (A12).

[16] 吴承照. 古村落——社区旅游综合体规划研究 [A]. 地理教育与学科发展——中国地理学会 2002 年学术年会论文摘要集, 2002.

[17] 平文艺. 创建 "西部旅游综合体" 的理论思考 [N]. 经理日报, 2004-10-25.

[18] 叶向挺. 杭州可能将成为中国首个 "国际旅游城" [N]. http://www.china.com.cn/travel/txt/2010-09/15/content_20932563.htm, 2010-09-15.

[19] 谢雯. 旅游综合体的概念界定和规划要点 (上) [N]. 中国旅游报, 2010-10-26 (11).

[20] 谢雯. 旅游综合体的概念界定和规划要点 (下) [N]. 中国旅游报, 2010-11-02 (11).

[21] 黎筱筱. 旅游综合体项目运作初探 (上) [N]. 中国旅游报, 2010-11-22 (7).

[22] 黎筱筱. 旅游综合体项目运作初探 (下) [N]. 中国旅游报, 2010-11-29 (7).

[23] 王国平. 加快推进 "1+6" 工程全力打造南宋御街国际旅游综合体 [J]. 杭州通讯 (下半月), 2009, (6): 5-7.

[24] 许豫宏. "旅游综合体" 的两点双线论 [EB/OL]. www.toptour.cn, 2011-05-14.

[24] Zhang Minjie. Mid-range hotel development strategy Background tourism complex [J]. China Business& Trade, 2011, (4): 62-63. 张敏婕. 旅游综合体背景下中档酒店的

发展策略［J］.中国商贸，2011，（4）：62-63.

［25］Wang Cong. Study Background tourism complex development Hotel construction of middle and low［J］. THE guide of science & education, 2010, （1）：144-146. 汪聪. 旅游综合体发展背景下中低档酒店建设研究［J］.科教导刊，2010，（1）：144-146.

［26］Zhao Hongzhong. To create high-quality international tourism complex in Nanshan Road Lake［J］. Hangzhou Communications（second half）, 2009, （4）：15-16. 赵弘中. 打造高品质的湖滨南山路国际旅游综合体［J］.杭州通讯（下半月），2009，（4）：15-16.

［27］Qian Renzan. Hangzhou tourism west into and to break through the road Jiande in tourism complex times-On Meicheng • qililong tourism complex to locate and build［N］. China Tourism News, 2010-05-17（06）. 钱仁赞. 杭州旅游西进和旅游综合体时代的建德旅游突围之路——兼谈梅城·七里泷旅游综合体的定位和打造［N］.中国旅游报，2010-05-17（6）.

［28］Bian Xianhong. The Evolvement Steps and Mechanisms of Tourism Industrial Closter Based on the Self-organization Theory: Taking the Example of International Tourism Integrated Development Districts in Hangzhou City［J］.Economic Geography, 2011, （2）：327-332. 卞显红. 基于自组织理论的旅游产业集群演化阶段与机制研究——以杭州国际旅游综合体为例［J］.经济地理，2011，（2）：327-332.

［29］Bian Xianhong. Analysis on the network structures and their spatial mutual function mechanisms of tourism industrials cluster: taking the example of international tourism integrated development districts in Hangzhou city［J］.Economic Geography, 2011, （4）：332-346. 卞显红. 旅游产业集群网络结构及其空间相互作用机制研究—以杭州国际旅游综合体为例［J］.经济地理，2011，（4）：332-346.

［30］Zhang Jianchun. Research on Hangzhou tourism complex construction and urban development［J］. china science & technology, 2010（23）：74-75.［张建春. 杭州旅游综合体建设与城市发展研究［J］.中国科技纵横，2010，（23）：74-75.

［31］Qin Yan, Wang Yanyong, Dai Zhipeng.From Ecological perspective to examine the tourism complex［N］. China Tourism News, 2011-05-11（2）.秦岩，王衍用，代志鹏.以生态学视角审视旅游综合体［N］.中国旅游报，2011-05-11（2）.

［32］Luo Hongbao, Lin Feng. From the "tourist complex" nature to Understanding its planning key［N］.China Tourism News, 2011-05-20（7）.罗红宝，林峰.从"旅游综合体"本质看其规划咨询的关键［N］.中国旅游报，2011-05-20（7）.

［32］贾云峰.泛旅游综合体在组群式城市的创新实践［N］.中国旅游报，2011-09-05（11）.

［33］张海燕，王忠云．旅游产业与文化产业融合发展研究［J］．资源开发与市场，2010
（4）：322-326.

第四章
民族文化旅游主题式开发的理论诠释

第一节　基本理论概述

一、研究的缘起

"主题"旅游是以某个特色鲜明、个性突出的主题如"红色旅游""主题公园"来吸引旅游者的旅游产品。随着潜在旅游者的闲暇时间和可自由支配收入的增多，大众旅游已不能全方位满足游客追求个性化和体验化的多层次需求了，旅游者对个性鲜明的"主题旅游"需求越来越突出。近10年来为了满足市场的需求变化，以主题式开发的民族文化旅游发展迅速，远远超出了现有的理论体系，从网络关注度中可见一斑。关注度分析的目的是了解研究对象的影响力、重要度、发展前景以及研究意义。本书以著名的互联网检索网站谷歌和百度上的检索结果为依据，并结合其他相关资料，分析民族文化旅游主题式开发的网络关注度。

选取主题词"主题旅游"检索，结果显示：在百度网站的第一次检索结果是82800个网页，第二次检索结果为179000个网页，第二次检索结果比第一次多出了53.74%。而谷歌网站搜索的结果也一样，呈快速增长态势，第一检索结果为1480000个网页，第二次检索结果为1720000个网页，第二次比第一次高出13.95%。说明无论是国外还是国内，对主题旅游的关注度是很高的，以百度网站的第二次检索结果为例，对主题词"旅游"进行检索，结果为8670000个网页，"主题旅游"占"旅游"的2.1%，表明"主题旅游"已经成为旅游中的一分子。从百度搜索的结果来看，"主题旅游"的关注度正在快速增长，事隔103天在同一网站（百度网站）上的搜索结果比第一次增长了119.8%。从上述增长数据可以看出，主题旅游受到了高度的关注。

文化是旅游的灵魂，没有文化的旅游是不长久的，民族文化旅游在旅游开发中占有重要的地位，因此，全国各地尤其是拥有而原生态民族文化的西部民族地区更加重视民族文化旅游的开发。为了检验本研究课题的现实意义，同时选取关键词"民族文化旅游"和"主题式旅游"进行抽样检索，结果表明："主题式旅游"在谷歌上第一次搜索结果是179000个网页，"民族文化旅游"结果为73500个网页，事隔14天后键入相同的关键词，结果大幅度增长，搜索结果分别为：291000和89600，增长幅度分别为38.49%和17.97%。而在百度中搜索，第一次为："主题式旅游"289个网页，"民族文化旅游"250000个网页。第二次检索的结果是："主题式旅游"232个网页，"民族文化旅游"306000个网页。从检索的结果来看，无论是在谷歌搜索网站还是在百度搜索网站，对课题的关键词"主题式旅游"和"民族文化旅游"的关注度和重要度都很高。搜索数据还表明，"主题式旅游"在"民族文化旅游"的关注度上高达4.97%。随着中国主题旅游的快速发展，民族文化主题式开发引起了政府、媒体以及学术界的较高度关注。

同时，在中国学术期刊网和维普中文期刊网上以主题旅游、主题或旅游等论文的关键词进行检索，统计发现，1989.1~2004.12中国学术期刊上发表与主题旅游有关的学术论文只有12篇，而研究民族文化旅游资源开发的主题研究仅有1篇。关键词为"主题园或主题公园"的学术论文为56篇，优秀博硕论文为3篇，其中在59篇"主题园或主题公园"文献中专门研究主题式旅游的学术论文一篇都没有。这更表明在这个领域理论滞后于实践是显而易见的，这与我国的民族文化旅游主题式开发的现状和趋势很不一致，因此，对其提供及时的理论指导显得很有必要。

二、民族文化旅游主题发展回顾

　　长期以来，我国旅游发展中理论一直滞后于实践，理论跟不上旅游实践的发展，使我国的旅游开发走了不少弯路。民族文化旅游开发也不例外。纵观我国民族文化旅游发展史得知，我国民族文化旅游发展较晚，但发展势头快，经历了三个明显的发展阶段。

　　附庸补充发展阶段（1978—1991）。这一时期民族文化旅游开发主要是在一些风景名胜区内，作为风景名胜区自然观光旅游产品的附庸或补充，特点是规模小、主题不突出、以历史遗址遗迹和民俗风情表演为主要载体，保持了原汁原味，能最大限度地保持民族文化的真实性。这一阶段民族文化旅游开发没有引起国内学界的注意与重视，研究成果凤毛麟角。

　　民族文化主题园大开发时期（1992—2000）。该时期以 1992 年深圳中华民族文化村开业为标志，我国的民族文化旅游进入了主题开发时期。由于我国大众旅游的兴起，为了满足游客近距离对民族文化体验的需求，在深圳中华民族文化村取得巨大成功的效应推动与刺激下，在经济发达的沿海地区大量建造了以民族文化为载体的民族文化主题园、民族文化模拟旅游村、民族文化博物馆等民族文化主题旅游产品。10 年间，全国建设的主题园就达 2500 多个。这一时期的特点是数量多、主题重复严重、成功少失败多、旅游对民族文化造成的负面影响大、民族文化失真严重。基于民族文化旅游开发的泛滥以及没有理论指导而造成的惨重损失，引起了学界的高度重视，学界开始投入大量精力对民族文化旅游开发进行研究，取得了大量的成果。然而，对民族文化旅游的主题开发成果却相当贫乏。针对民族文化旅游开发的阶段现状，以民族文化真实性为吸引物的实地民族文化旅游村开始出现。

　　民族文化旅游主题全面开发时期（2001—）。进入 21 世纪的民族文化旅游经过 20 世纪摸索发展后开始走上更为理智的发展道路。学界在对 1992—2000 年我国民族文化旅游开发实践研究的基础上，提供了一些行之有效的理论支持。从 2001 年开始，我国民族文化旅游开发根据实际以民族博物馆、民族文化主题园、模拟民族文化村、实地民族文化村、民族文化旅游节庆等不同的主题开发模式来发展旅游，民族文化旅游主题得以全面开发。这一时期的特点是主题较为鲜明、主题开发模式多样化、注重民族文化的真实性、注重主题环境和氛围的营造。

我国民族文化历史悠久，赋存丰厚，从改革开放以来特别是 1992 年后以主题形式开发以来，出现了蓬勃发展的良好势头。然而，这一时期在发展过程中也走了不少弯路。这些都源于理论滞后于旅游实践发展速度，制约了民族文化旅游的健康持续发展，造成了惨重的代价。针对这一现状，学术界从不同的学科角度对民族文化旅游的开发与保护、开发模式、旅游对民族文化的影响进行了大量的理论和实证研究，取得了一些理论成果，在一定程度上为我国民族文化旅游健康持续发展提供了智力支持。但同时也要看到，我国从 20 世纪 90 年代初民族文化旅游就以主题形式开发了，而专门研究总结民族文化旅游主题开发的理论性文献却寥寥无几，从多学科系统的角度总结研究民族文化旅游主题开发的主题与资源、市场、旅游产品之间关系以及相关理论的文献几乎是空白。

基于民族文化旅游主题开发的理论滞后于开发实践现状，基于民族文化旅游主题开发需要从大量开发实践中提炼升华为理论以指导实践之需要，并结合笔者近年来在民族文化地区所做的实地调研以及理论学习和所做的 23 个旅游规划实践，在前人研究的基础上对民族文化旅游主题开发做进一步的理论总结研究，提出了"民族文化旅游主题式开发"的新观点。

三、民族文化旅游主题式开发的概念范畴

（一）概念的内涵

在总结民族文化主题公园、民族文化旅游村、民族文化博物馆等现有主题实践模式的基础上，结合未来旅游的发展趋势，本书以可持续发展思想为指导，以市场为导向，致力于深入挖掘民族文化，将民族文化旅游主题式开发提炼与升华为理论，将这种开发模式定义为：民族文化旅游主题式开发是指旅游发展到一定阶段后为了满足旅游者多元化需求而集中一个或几个民族的特色文化，以主题旅游的形式，在原生态民族文化地区或客源地的专门旅游场所进行集中展示，产生可持续发展效益的一种旅游开发形态。

（二）概念的内涵

1. 旅游发展的阶段产物

民族文化旅游主题式开发是我国旅游由"卖方市场"转化为"买方市场"，旅游市场出现高度细分化，旅游者追求审美需求和方式多样化的产物。而主题式旅游追求的是一种特色鲜明、个性突出、差异强烈的旅游新境界。要在白热化竞争中赢得市场，必须在旅游产品设计、旅游环境的营造、旅游服务的表现、旅游市场的开拓等方面紧紧围绕着主题做文章。在此背景下民族文化旅游主题式开发应运而生。

2. 本质是特色文化

主题之所以成为时代发展的潮流，在于它的本质是特色文化，不同的事物有不同的内涵，对不同内涵的凝练和升华，就形成了主题。寻找主题、挖掘主题、设计主题、制作主题最根本、最关键、最费时的就是在丰厚杂乱的民族文化中寻找、挖掘、筛选、设计、制作独特的文化内核，即主题特色文化，文化主题选点成功了就等于开发成功了一半。

3. 场地环境的约束性和限制性

民族文化旅游主题式开发最大的特点之一就是存在场地环境的约束性和限制性。主要表现在：一是地理环境的约束性——民族文化主题式开发必须以一定的场景环境作为依托，地理环境的选择与区域社会、文化、经济、可进入性程度、自然环境等地理环境因素有着密切的关联性，地理环境决定了主题的选择模式。比如，在深圳不能开发真实的民族文化旅游村而在云南西双版纳却可以建实地民族文化旅游村；二是民族文化的限制性。民族文化所在的地理环境对民族文化的形成有着至关重要的影响，不同的地域所形成的民族文化是不同的，即使同一地域内所形成的民族文化也是有差异的。民族文化的限制性决定了民族文化开发的主题选择。如深圳只能以虚拟的民族文化主题园来满足游客对民族文化的需求，而泸沽湖却可以多种主题形式进行开发，或是实地民族文化旅游村，或是建设民族文化生态旅游村甚至是实地民族文化主题园；三是目标市场。市场目标群体是根据地域和旅游者的消费群体来划分的，不同的目标群体的客源对产品的需求不同，目标群体的差异化决定了主题定位的差异性。针对不同的场地环境下的约束性和限制性条件，必须用独特的创意和创新手段来消解民族文化开发的种种难题。

4. 主题是核心

面对中国旅游需求的多样化和市场竞争的白热化，中国民族文化旅游开发最迫切、最根本的课题就是创新，使产品呈现差异化。创新是为了更好地满足旅游者的需求和期望，其本质是文化创新，表现形式则是针对高度细分的目标市场的创新。而创立主题的根本目的是避免或减少重叠性的市场竞争，实现有序和细致的市场分割。

5. 目标是可持续发展

民族文化旅游主题式开发可持续发展应具有三层含义：一是通过经济杠杆，使民族文化的主人认识到本民族传统文化的价值，从而增强他们的民族文化自豪感与文化自觉，促使社区居民主动去维护本民族传统文化，保持文化的持续发展；二是经济的持续发展，主题式开发容易适应市场风云变化，具有巨大的竞争潜力，而且随着市场的变化而不断地更新主题，使其具有很强的抗风险能力；三是生态环境的持续发展，民族文化旅游主题式开发不能以破坏环境和践踏文化为代价，而应强调在营造或保持生态环境质量不下降的前提下开展一切活动。所有的旅游项目和服务项目都必须符合环保要求。

四、民族文化旅游主题式开发的现有模式评析

（一）现有模式分类

我国已开发了不少民族文化主题旅游项目，有必要对其进行分类与归纳，以利于掌握其开发的条件、开发的趋势、开发的主题、规律、特征以及功能价值，为研究和发展提供支持。

按照文化内涵和开发的主题划分，主要有民族文化主题园、民族文化旅游村寨、民族文化旅游节庆三类。这是一种最基本和最常见的分法，其目的是一般性的认识研究，针对具体明确的大背景主题，在大主题下还可以分为若干个小主题，直接为旅游服务。

按照主题主导功能和民族文化功能可以分为：主题酒店、主题线路、主题购物、主题园、主题节庆、主题村寨、主题旅游、主题集市、主题旅游年九种，这种分类比较广泛，有利于认识和发挥不同主题的功能作用，主题较

为鲜明。

按照民族文化开发的主题形态可分为：原生型村寨、提高浓缩型人造景观、集市型、节庆型四种。这种分法主要是针对民族文化的开发的形态或是开发模式划分，有利于更好地针对目标市场和民族文化的存在形态以产品的形式表现主题。

（二）典型模式评析

1. 民族文化主题公园（村）

民族文化主题公园是一种以民族文化为载体的、以自然环境或人造环境为依托的具有特定主题的能够满足旅游者多样化休闲娱乐与审美愉悦需求的文化旅游形态，其最大的特点在于能够集中展示民族文化，满足旅游者对民族文化的需求，具有娱乐性、参与性、体验性、商业性等特征。1992年10月落成的深圳中华民族文化村是我国第一座民族文化旅游主题园，也是我国第一个以主题形式开发民族文化旅游资源的典范，在我国民族文化旅游开发史上具有里程碑意义。从已有的民族文化旅游开发项目来看，民族文化主题式开发主要集中表现在全国各地的民族文化村寨、民俗风情园、民族（俗）文化主题园、民族博物馆等方面，以表现民族建筑及居住文化、服饰文化、饮食文化、社会风情等为主题。

20世纪90年代以来是我国民族文化旅游主题公园的大发展时期，其间，在取得一定成功的同时，也出现了大量的问题，如研究不足，选址不当，缺乏新意，题材雷同，缺乏市场调研，缺乏对产品的周密规划、设计、开发，规划设计与经营管理脱轨，规划设计时硬件与软件投入不当，经营模式单一，资本程度低。此外，还存在设计不够精致、文化挖掘不够深刻、内容不够协调、主题不够集中、意境不够隽永等缺点，极大地影响了民族文化主题旅游的发展。以主题公园为例，据统计，近十年国内对主题公园投资约2500个，将近1500亿元的巨资投入或沉淀在主题公园上（也有统计说是3000多亿元），其中70%以上处于亏损状态，20%勉强持平，盈利者不足10%，约有90%难以收回投资。

中国民族文化旅游主题旅游产品大多失败的根本原因是对主题的选择雷同严重，缺乏个性化，对市场把握不准，挖掘地方民族文化的特色不够。据初步统计，从 1991 年 10 月到 2000 年，全国各地兴建的民族文化风情主题园就达 31 个，民族文化模拟村 19 个。截至 2005 年 10 月，全国各地尤其是少数民族地区，都建立了民族文化园或民族文化村，加剧了民族文化旅游开发的泛滥程度，而且主题基本相同，造成了资源的浪费。

2. 主题旅游年

个性化的、专业化的主题旅游将逐渐成为一项重要的旅游产品。随着旅游的不断完善，旅游者变得越来越理智和个性化，为了满足不同人群的不同需求，需要针对不同的客源群体设计特色鲜明、个性突出的主题旅游。国家旅游局从 1992 年开始逐年推出以特定文化为主题的系列旅游年以来，中国的民族文化主题旅游开始出现了多元化发展趋势，总的来说，成功的少，失败的多（见表 4-1）。近 14 年来，中国以民族文化为主题的旅游主题年占 50%，高出以自然观光为主题年的 35.72%，位于各类旅游主题年的首位。

表 4-1　中国历年旅游主题及宣传口号

年份	旅游主题	宣传口号
1992	友好观光年	"游中国，交朋友"
1993	中国山水风光游	"锦绣河山遍中华，名山胜水任君游"
1994	文物古迹游	"保护文物古迹，促进旅游发展"
1995	民俗风情游	"众多的民族，各异的风情"；"中国——56 个民族的家"；"探访中华民族风情，难忘神奇经历"
1996	休闲度假游	"96'中国——崭新的度假天地"
1997	中国旅游年	"十二亿人喜迎 97 中国旅游年"；"游中国——全新的感受"
1998	98'华夏城乡游	"中国改革开放二十年，现代城乡多彩生活"
1999	99'生态环境游	"走向自然、认识自然、保护自然"
2000	神州世纪游	"迎接新世纪、欢庆千禧年"
2001	中国体育健身游	"体育健身游——新世纪的选择"；"游遍山川，强健体魄"；"游遍华夏健体魄，饱览山川冶情操"；"踏遍千山人未老，风景这边独好"

年份	旅游主题	宣传口号
2002	中国民间艺术游	"悠久的文明古国，神奇的民间艺术"；"民间艺术，华夏瑰宝"；"展现民间艺术风采，促进旅游事业发展""旅游——民间艺术走向世界的桥梁"
2003	中国烹饪王国游	"集华夏美食，飨四方宾朋"；"传播烹饪艺术，弘扬中华文化"；"中国饮食文化——人类文化的瑰宝"；"品尝美食、学习烹饪艺术——了解中华文化的轻松之路"；"游历中华胜地，品尝天堂美食"
2004	中国百姓生活游	暂无
2005	红色旅游年	暂无

　　民族文化的差异性，即使在同一个主题下，不同地域文化的差异下所开发的民族文化旅游产品也存在着差异。因此，国家旅游局自从推出主题旅游年以来，全国各地每年都围绕着国家旅游局所定的大主题纷纷结合本地民族文化旅游资源包装设计出具有地方特色、彰显个性、主题鲜明的差异性旅游产品。由于每年的主题不一样，这就在较大程度上避免了产品的重复开发，促进了旅游产品的更新换代。主题的变换也使民族文化得到了不断地挖掘、包装、开发，满足了国内外游客的不同需求，使中国的旅游实现了持续发展。实践证明：主题旅游年是成功的，是避免产品重复开发、提高产品竞争力的有效途径。

　　3. 主题旅游节庆

　　民族文化旅游节庆是指以民族的某一文化为主题，通过民族服饰、音乐、歌舞、体育、宗教信仰、民间工艺以及民俗来表现主题，烘托主题。民族文化旅游节庆凝聚着一个地区或民族的民俗风情精华，是该地区民族文化的集中展现，旅游者参与其中，不仅能便捷地了解和考察异域的民族文化，而且在狂欢中受到感染和熏陶，获得情感的共鸣、交流，身心的愉悦。因此，近年来全国各地都大力举办各种各样的民族文化旅游节。归结起来，主要有以下几类（见表4-2）：

表4-2　民族文化旅游节一览表

序号	类型	案例
1	民俗风情文化类	西双版纳泼水节、奉节鬼城民族文化节、壮族"三月三"歌圩
2	宗教文化类	北京地坛文化庙会、上海城隍庙会、陕西法门寺庙会
3	历史文化类	平遥古城文化节、丝绸之路文化节
4	传统康体文化类	岳阳国际龙舟节、中国山海关长城文化暨体育健身旅游节
5	艺术文化类	山东潍坊风筝节、北京民间艺术节
6	商品文化类	上海国际茶文化节、杭州西湖酒文化节、江西樟树药材节
7	竞技娱乐文化类	河北吴桥国际杂技艺术节、深圳鼓文化节
8	地方古文化类	湖北荆州楚文化节、河南开封宋都文化节
9	民间文学类	南宁国际民歌艺术节

（根据李国平（2002）:《地方旅游节庆策划研究》和巴兆祥（2002）:《中国民俗旅游》综合整理）

　　这些民族文化旅游节大多数是政府操办的，有些成功有些失败，总的来说，举办民族文化旅游节庆对于提高地方知名度、改善投资环境、推动地方文化交流等方面起了重要的作用，因此，全国各地都大张旗鼓地举办各种各样的旅游节庆。民族文化旅游节庆以其主题的鲜明性、内容的丰富性、场地的灵活性、参与的广泛性以及产品的文化性而赢得市场，许多具有文化内涵，主题突出，注重民族文化挖掘，具有鲜明地方特色的民族文化节庆都能举办得很好，影响力也越来越大，如潍坊的国际风筝节。

　　然而，也有许多旅游节庆因为策划不到位、主题凌乱、文化包装粗糙、没有鲜明的特色、市场运作不灵等原因而告终。

　　近年来，由于世界经济持续发展及全球经济文化一体化的趋势，产品的文化价值深刻地影响着人们的生产和消费，尤其是旅游产品的生产和消费。这是因为，文化是旅游发展的灵魂，旅游是文化发展的依托。旅游产品的竞争力最终体现的是文化的竞争。随着人们的文化素质不断提高，消费观念也日益更新，旅游活动不再是满足于"浮光掠影""走马观花""蜻蜓点水"式的观光和休息、消遣、娱乐等简单生理方面的需求，而是希望在旅游活动中增加更多的文化内容，寻求深层次的文化欣赏，获得提高认识能力和审美情趣的更高层次的心理欲望的满足。要满足游客的这种心理诉求，需要从民族文化旅游开发的主题着手，全方位多视野地对现有的民族文化旅游实践进行总结研究，为民族文化旅游进一步健康持续发展提供理论的支持。

注释

［1］检索网站为：http://www.GOOGLE.com/、http://www.BAIDU.com/ 检索时间分别为 2005.10. 2 20：16：12~28 和 2005.10.2 20：25：36~46.

［2］邵明翔.民族文化旅游主题公园开发研究——以重庆市"老重庆主题公园"为例［R］.重庆师范大学 2003 届硕士研究生学位论文，2003.

［3］邵明翔.民族文化旅游主题公园开发研究——以重庆市"老重庆旅游主题公园"为例［R］.重庆师范大学硕士研究生学位论文，2003：10-11.

［4］洪基军.从"大规模阵地战"转入"游击战"——刍议国内主题公园的出路［EB/OL］.http:// www.pioneerplan.com/zhendizhan.htm.

［5］巴兆祥.中国民俗旅游［M］.福州：福建人民出版社，2002：305.

［6］李国平.地方旅游节庆策划研究［R］.云南师范大学 2002 届硕士研究生学位论文，2002.

第二节　主题：民族文化旅游开发的切入点

在中国古代文论中，没有"主题"这个专门术语，但在大多数文论当中都具"主题"之意。"主题"这个术语是 20 世纪初由外国的文论中引进来的，是德语 Theme［teima］的意译。Theme 最初是音乐术语，指的是主旋律，它表现一个完整的音乐思想，是乐曲的核心。后来，"主题被移植到文艺创作和文章的写作中来，成为具有核心意义的专门术语。"而在《现代汉语词典》中，"主题"的含义是指文学、艺术作品中所表现的中心思想，是作品思想内容的核心。应该说它不是抽象思想，而是与具体的题材和艺术形象密不可分地结合在一起的，并随着作品的完成而最终完成的。

正如一部优秀的文艺作品一样，步入 21 世纪的民族文化旅游开发也必须要创造一个鲜明、独特的主题，民族文化资源的筛选与确定、市场的调研与营销、产品的设计与供给、形象的设计与传播、旅游环境气氛的营造与炒作等都必须紧密地围绕主题、烘托主题，从而形成特色鲜明、个性突出的旅游整体，这样才能在"白热化"的旅游市场竞争中脱颖而出，立于不败之地。

一、主题：旅游发展的必然结果

主题引入旅游界的标志是主题园（Theme Park）的成功建设：世界上第一个主题园是 1955 年在加利福尼亚州的阿纳海姆建成的迪士尼乐园（Disney land），它主题鲜明，用主题情节贯穿各个游乐项目，赋予其强烈的个性（甚至是不可模仿的独特性）和普遍的适宜性（活动内容丰富多彩，能够吸引不同年龄、不同层次的游客）而获得了巨大的成功。世界许多国家纷纷仿效。1989 年 9 月，随着深圳"锦绣中华"的成功开业，标志着中国主题公园的诞生。此后，中国民族文化旅游以主题的形式开发获得了巨大的发展。

针对未来旅游市场的多元化和旅游者追求体验的个性化，可以得知，民族文化旅游主题式开发将会是发展趋势，主要是基于以下几点：

（一）市场竞争，需要主题

中国的旅游市场已经从"卖方市场"转化为"买方市场"，旅游市场发育走向高度细分化，主要体现为需求的个性化和旅游产品的定制化，发达国家正在朝这个方面转化。我国现在大体处于大众化旅游阶段，市场发育程度还远远不够，商家在重复的市场上推销重复的产品，拉重复的客户，竞争激烈，市场混乱。要想从多变的市场中取胜，推出的旅游产品必须具有特色，特色永远是旅游产品的生命。特色从何而来？在旅游产品开发中主题的选择和运用至关重要。好的主题，赋予富有特色的产品，就抓住了相应的市场，从而在激烈的市场竞争中立于不败之地。同时，为将来的市场细分化奠定必要的基础。

（二）需求差异，呼唤主题

旅游过程是一种审美愉悦和审美情趣变化的心理消费过程，也是一种生理满足的需求。它所满足的是一种心理和生理需要，也是一定社会培育出来的旨在满足某种特殊人群社会需要的活动，这些需要可能包括像群属、交际、沟通、学习、自我补充和自我扩张，自立、自理、自尊和他尊、自我实现、利他、奉献等范畴，在马斯洛看来，这些需要可分为五个层次，从低到高的层次分别是生理的需要、安全的需要、社交的需要、自尊的需要、自我实现的需要。在马斯洛的人类需求层次结构中，旅游产品的消费需求属于高层次。20世纪90年代以来，随着社会生活的不断变化和社会分层的愈加明显，旅游者消费观念逐渐成熟，出游更多的是满足其高层次的社交、自尊甚至是自我实现的需要。从游客角度考虑，游客的年龄、职业、民族、生活习惯、文化水平、兴趣爱好、经济收入等诸多方面存在明显差异，导致其心理及生理需求均有明显不同，也就有不同的旅游产品需求，从而呼唤相应的主题问世，以满足个性化发展的多元需要。

（三）丰厚文化，蕴涵主题

文化差异是产生旅游流的重要元素，文化差异越大产生的吸引力就越大，我国拥有56个民族，就存在56种不同形态的民族文化，与周边国家以及世界各国的民族文化都存在着较大的差异。即使是在国内，不同地域之间文化也存在差异。按照国际旅游业发展的经验，人均GDP达到1000美元国内旅游就兴旺发达起来，到3000美元时，就会出现到周边国家旅游的热潮。随着中国—东盟自由贸易区的逐步建立和中国加入WTO后更加开放的政策，吸引着更多的国际游客，国内潜在游客市场空间也很大。如何设计出多样化的旅游产品满足如此大的市场需求确实是一个值得深入研究的课题。而丰厚的民族文化旅游资源给民族文化旅游产品的开发提供了充足的灵感，注重文化的挖掘，很容易提炼出多种多样的主题，也很容易满足不同层次的游客需求，增强竞争力。

主题的本质是文化，不同的事物有其不同的内涵，对不同内涵的凝练和升华，就形成了主题。无论是民族文化村还是民族文化生态博物馆，或是民族文化主题园的发展，未来必须朝着主题化发展这个方向前进。

二、民族文化旅游主题式开发的主题定位

（一）主题定位的基本流程

主题定位过程首先是做好前期的基础工作——调研。邀请多学科专家对

民族文化、旅游资源和旅游市场进行调查与研究。民族文化、资源的调查对于把握主题文脉提供有力的支持，同时要深入进行客源市场的调研，准确把握市场脉搏，为进一步提炼主题文脉、确定旅游开发主题提供技术前提。市场调查和市场定位是提炼旅游地文脉、确定旅游开发主题的科学基础和技术前提。在初步筛选和确定主题的前提下，需要从不同的角度对主题进行论证，多学科专家论证有利于从学科的角度论证产品开发的可行性，而企业精英有利于主题旅游开发经营管理的可行性，同时需要听取社会的不同声音，特别是社区代表的声音，允许他们参与论证，以保证主题项目的可操作性和利益的均衡性，保证主题开发的可持续发展。在准确把握文脉、合理分析客源市场、充分论证旅游开发主题的基础上，对主题进行全方位的策划并实施经营管理，在经营管理过程中动态性地不断地对主题进行评估，以便修正主题和进行主题的更新换代，实现全方位的可持续发展（见图 4-1）。

（二）主题的筛选

主题是民族文化旅游开发的个性和特色的象征，统领着民族文化旅游的整个过程，在旅游景点建设成功与失败的案例都存在的今天，主题选择和确定的重要性日益凸现，准确地把握和分析一个地域的文脉的旅游吸引力，从而确定开发主题，再对主题进行深化，挑选适当的项目加以组装，是旅游开发的一条重要思路。中国的民族文化丰富多彩、历史悠久、林林总总，并非所有的民族文化都反映地方的文脉，在一个地域上的文脉一般有多条，有主有次，有强有弱，民族文化旅游开发的主题应当尽量反映最强的文脉，因此，主题的选择是决定民族文化旅游开发的关键。

传统的理论以市场需求为重点，通过对市场定位和目标细分确定主题。而民族文化主题式旅游开发则偏重于以地域民族文化为大背景，以市场需求为导向，以服务经营为基础，以空间有无竞争合作为判断标准对主题进行筛选（见图 4-2）。

图 4-1 中各要素构成的流程图：

民族文化专项调研

旅游资源调查

主题文脉诊断

修正

旅游市场调研

主题筛选与确定

多学科专家论证

企业精英论证

主题综合论证

社区居民代表论证

主题环境策划

旅游市场策划

主题策划

旅游产品策划

主题经营管理

主题评估

反馈、更新、换代

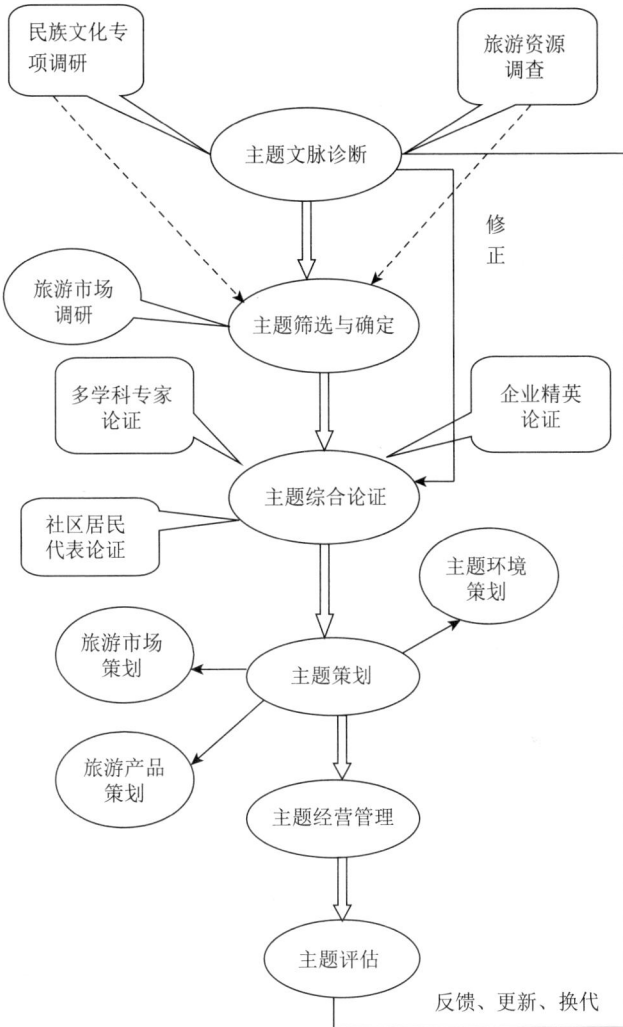

图 4-1　主题开发的一般流程

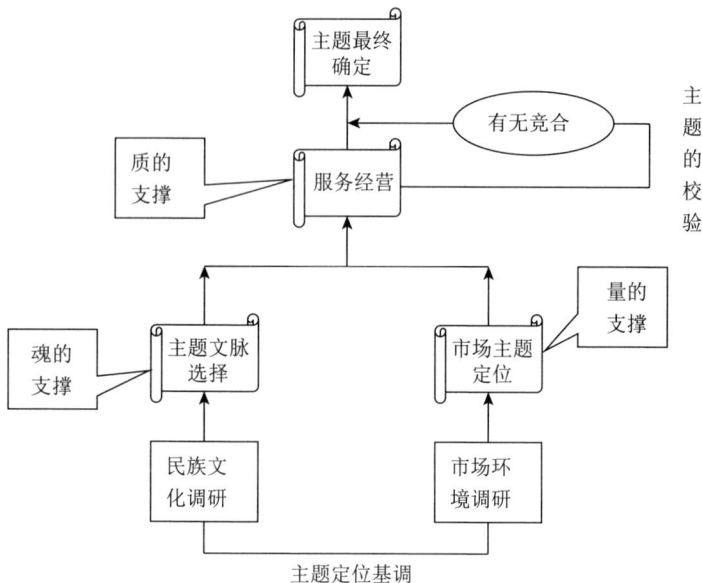

图 4-2　主题确定的结构分析

1. 主题文脉选择

　　文脉是主题的灵魂，没有文脉的主题是没有生命力和竞争力的，文脉是主题的物质和精神载体，挖掘文脉、寻找文脉、提炼和升华文脉的目的就是为主题注入鲜活的灵魂和持久的生命力。文脉与主题开发之间存在密不分的关系，主题文脉的筛选是建立在民族文化调查研究的基础上的，对民族文化的调研需要从宏观大文化背景、微观的民间文化背景和历史时间背景着手进行。

　　当然，选择主题文脉需要采取灵活的选择方法，要从散乱无序的众多的文脉当中，梳理和把握地方最重要的文脉，要认真分析和研究所在地的"文脉"内涵和体系，准确把握其"文脉"特征，在此基础上，采取灵活的主题选择方法：一是可以顺应"文脉"，追求同一性，从"文脉"的特征中提炼主题，升华主题认同感；二是可以突破"文脉"的框架，出奇制胜，构架差异化的主题，形成具有鲜明个性的主题特色；三是可以采取协调与突破相结合的原则，创新性地确立主题，体现特别的构思特征。对文脉进行细致的分析和提炼挑选，其目的在于识别出可供选择的相关素材和资源。

在选定主题选择方法后，需要对主题进行提炼。由于区域的差异性造就了民族文化主题文脉的独特性，这种独特的本土文脉成为当地文化旅游资源最深层的内涵和最本质的特征，是区域旅游形象设计的基础和依据，在区域旅游开发中起着举足轻重的作用，所以需要对其进行艰苦、深入、细致的反复的提炼。通过对区域的本土民族文化核心内容进行高度概括和表述来确定文脉主题，文脉主题既可以是旅游资源所固有的，也可以是人为提炼、设计的，它是民族文化旅游景区的建设灵魂。在既定文化主题的统领下，组织合理有序的文化旅游内容，将资源的文化内涵通过"物化"和"活化"外显出来。在项目设置上要与景区形象呼应，景区形象以当地的地文、人文内涵和特色为基础，通过项目设置凸显出来，而项目设计则必须紧扣当地地脉和文脉，适当强化和突出，不能偏离、淹没其主流特色，从而完成对民族文化文脉主题的提炼。

2. 市场主题定位

从民族文化角度筛选主题只不过是整个开发主题的一个部分而已，文脉最好能反映地域文化脉络，如果没有足够的客源市场为支撑终归也不能成为一个好的开发主题，所以主题的选择必须围绕目标客源的需求进行，脱离需求的理想化主题或许能实现标新立异的目的，但因其缺乏雄厚的客源基础而无法在市场上长期站稳脚跟。基于此，在对市场主题定位时，应进行扎实的市场调研。在多元消费时代，旅游者的需求也呈现多样化特质。但并不是每一种个性需求都可以成为主题选择的源泉，主题选择时还要考虑现实市场需求量的问题，没有足够的量的支持，这类市场的有效力也将大为削弱。市场主题定位还应分析客人需求的持续性和稳定性。因为现代旅游者在旅游消费过程中表现出强烈的喜新厌旧、见异思迁的特征，其消费行为缺乏稳定性，又由于社会的文化风俗习惯，特别是审美观念的发展变化带来的人们的多层次、多类型的文化需求，产品开发中的文脉突破必须根据自身文化特色、资源条件以及区位优势和经济背景，针对某一层次、类型或多个层次、类型的市场需求进行主题的定位与更新。

市场定位的任务在于以客源地的旅游需求为出发点，探讨这种需求的各个要素、需求本身的特点及其需求的模式，研究这种需求的动机和行为，从而确定旅游市场的本质特性及消费层次等，目的是从复杂多样的主题素材中确定能被市场所接受、顾客感兴趣的主题市场。同时，在研究制定某地民族文化主题开发时，还要考虑该地的政治、经济、文化等的发展水平及趋势，对旅游需求产生哪些影响、最终导致什么样的旅游动机、产生什么样的旅游行为。由此分析旅游市场的范围、结构、层次等。在研究了顾客需求和地方的政治、经济、文化等要素的基础上对目标市场进行细分，寻找竞争优势，筛选满足市场需求的主题资源，实现主题的准确定位。

3. 服务经营

文脉主题定位和市场主题定位是民族文化旅游开发主题定位的基础。由它们定位出来的主题能否实施还要看是否适合服务经营，一个主题定得再好，如果无法服务经营的话也不是一个好主题。服务经营是主题确定过程中的质量保证，在提供服务经营前需要对所选的主题进行校验，以进一步缜密论证，确保每开发一个就成功一个。更重要的是主题开发需要形成一种主题服务经营文化。在服务经营的过程中、服务形式上、服务细节上、服务标准的设计上、服务语言的运用上、服饰的选择上、活动项目的组织策划上，均贯穿鲜明的主题，在景区内培植主题文化。以导游员为例，除了掌握基本的导游服务之道外，还应通晓与主题旅游有关的文化、经营背景常识，也就是说，服务人员本身就应是主题的化身，应是主题文化的重要载体，是主题文化的体现者和传播者。

相比于传统民族文化旅游开发那种千篇一律的设施设备和单一且模式化的服务经营，主题旅游具有不可比拟的优势。随着人们生活水平的提高，游客已不满足于单纯的观光旅游需要，在观光游览过程中会追求丰富的精神享受。包括对主题景区产生的深刻印象、全新感受、美好回忆和不平凡经历以及其他从未有过的体验。印象、感受、回忆、经历也是体验的过程和结果。未来学家阿尔文·托夫勒在《未来冲击》一书中断言：服务经济的下一步是走向体验经济。旅游是一种服务行业，是一种服务经济，所以民族文化旅游主题开发更多的是体现在服务经营上，未来的旅游会更多地走向体验，民族文化旅游因其具有很强的参与性而获得很强的体验性。

4. 有无竞争合作

有无竞争合作是校验主题定位的最后一道关卡。在一定的地域空间内如果客源市场和项目地域都相差很远即使民族文化主题相同（尤其是指民族文化主题公园）也不会存在合作和竞争关系，如北京的民族大观园和深圳中华民族文化村都是以中华民族文化为主题的项目，但却不存在竞争与合作关系。而如果一定的地域空间内客源市场和主题项目地域很相近或相邻则会产生合作和竞争关系。对于前者，可以经过文脉和市场以及服务经营定位后直接进入最终主题定位，对于后者则须做进一步的探讨。

目前，整个旅游市场已经进入买方市场，由于主题具有可替代性、克隆性，不同地域之间开发民族文化旅游存在着激烈的客源市场竞争，表现为地域空间上的竞争。主题地域空间竞争主要存在三种类型：（1）主题相同但目标客源市场不同的民族文化旅游开发之间；（2）主题与客源市场都相同的主题旅游之间；（3）不同主题、相同客源市场的主题旅游之间。除了客源竞争外，同类主题之间的民族文化旅游开发存在着三种可能的市场竞争关系：一是分割，二是吞并，三是共享。前者为彼此都无特色，雷同程度很高的情况，其分割所得的市场地域范围大小主要取决于对外交通便捷度；吞并则出现于一方有特色和优势，另一方无特色和优势的情况。无特色和优势的景区除了本地市场的少数游客外，市场几乎丧失殆尽，难以生存；共享则出现在两个景区虽然主题雷同，但是设计手法大相径庭，各具特色和优势的情况。针对竞争的存在，为了生存，对不同的主题竞争采取不同的消解方式。

对于在两个文脉主题雷同、近距离并存的竞争，其竞争优势主要取决于三个方面：一是区位条件，具体包括所在城市的对外交通、景区具体选址的交通便利性、当地人口规模及消费水平；二是设计手法；三是项目在本城市景点中的地位。在开发决策中，要取得竞争优势，首先是规划设计特色化；其次是尽量在交通、区位、名称上占据优势，第三是尽量立足本地市场控制投资额。通过三大策略寻求胜利之本。以客家文化为例，在广东，梅州、河源、惠州、肇庆等地都有客家人分布，同属客家文化区。建设"客家民族文化村"这一主题项目自然以被誉为"世界客都"的梅州最有资格，但是，梅州仅对潮汕地区较占区位优势，相对珠江三角客源市场，肇庆、河源、惠州在区位条件上比梅州更优，也可建设这一项目。当然，应尽量利用现有客家围屋或村落进行改造充实，不宜专门新建。

对于主题相同与客源市场相同的民族文化旅游开发（如，黔东南侗族文化旅游区、广西三江龙胜侗族文化旅游区、湖南通道城步侗族文化旅游区三者在地域空间上连为一体，客源市场也相同或相似）要实现多赢目标，必须置于大主题（侗族文化）大区域的整体发展框架中，通过协调、合作，联手打造具有强势竞争力的区域旅游共同体，使参与合作的各个主题旅游地获得更强的竞争力。

三、主题的延伸和创新

市场是个变化过程，文脉也是个动态的过程，和其他商品一样，民族文化主题旅游的产品也有自己的生命周期。换句话说，主题有它的生命周期。一般认为，随着市场的变化，主题旅游的主题也需随之延伸和更新，以使优势持续。延伸就是对原有的主题内容的扩展补充，挖掘新的空间，也就是对主题旅游产品进行深度开发。任何一种旅游产品的生命周期都是从开发到成熟最后逐渐走向衰落的，其活力的长短取决于其吸引力的持续程度。因此，旅游产品要不断出新才能保持活力。主题的延伸就是因为原有的旅游产品发展到一定程度后吸引力开始下降，但原有的主题还具有很大的发挥价值，只不过是产品的内涵与旅游者消费的需求出现了矛盾，为了适应市场的变化，而将原有旅游产品注入新血液，以继续提高其竞争力的一种手段。迪士尼乐园是主题延伸的典范。在迪士尼乐园，游客一直都可以看到米老鼠、唐老鸭等经典卡通形象，又会在最短时间看到新的花木兰、泰山等主题形象。在保留经典的同时不断给主题以新的生命力，保持对不同年龄游客的吸引力。

在主题延伸的过程中，对主题产品的深度开发时，应当"长着三只眼"。即：第一只眼是"游客的眼"，要善于以一名普通游客的眼光去欣赏，发现其吸引力和魅力所在，以期在主题产品延伸中给予张扬；第二只眼是"专家的眼"，从专业角度发现问题并找出问题的原因所在；第三只眼是"企业的眼"，提出的策划、规划、修改方案要能够实施，便于实施。

创新与延伸不同，创新是产品即使是延伸也不能满足或者跟不上市场变化的前提下旅游发展的必然产物。创新就是在主题资源不变的情况下，根据旅游产品生命周期理论的思想，随着市场形势的变化适时推出新的旅游产品内容，在动态中把握并引导旅游需求，充分依托市场，引领消费时尚……与内涵创新注重于原有内涵的挖掘相比，主题创新更倾向于选择新的主题。创新不是标新立异，不是无根据的创新，它是在主题资源不变但文脉和市场需求都完全改变的情况下发生的。创新追求的是一种创意，创意需要追求差异，差异产生特色，特色产生吸引力，吸引力提升竞争力。创新的本质是文化创新，表现形式则是针对高度细分目标市场的主题创新。民族文化是动态发展的过程。因此，文脉也不是停滞的，因为历史和文化是不断向前发展的，在其形成和发展的过程中，在特定的地域空间上不断沉积、融合，形成了自然文化与人文文化、旧文化与新文化、地区文化与外来文化的渗透混合，从而改变了原有的文脉，这时候，要保持主题具有持久的生命力和竞争力，就需要突破原有的主题文脉，原有的文脉既要保留又要发扬，只有向民族文化和精神世界深入，寻求本土文脉的合理突破，才能真正提炼出主题文化中的精髓，使其获得新生。民族文化主题旅游产品只有不断挖掘本土文化的时间和空间内涵，在开发中对本土主文脉进行合理突破，才能保持其活力，延长生命周期。同时，旅游市场也是变化的，随着人们生活水平的不断提高，我国已全面建成小康社会，潜在游客转化为现实的游客，游客的消费观念和消费需求也必将出现更多的多样性，旅游者的动机、需求、行为等更加倾向于个性化、多元化，所以民族文化主题旅游的主题创新也要伴随着旅游市场需求的变化而不断地创新变化。

制度、文化和人情的全面结合是未来主题旅游竞争的一种升华。"以变应变，以变制变，创新发展"是中国旅游业未来发展道路上的必然选择。民族文化主题旅游让游客在旅游消费过程中得到一种文化的享受，它将是中国未来民族文化发展的一个新方向。

然而，也要清醒地认识到，主题确实能给民族文化开发带来特色，带来个性，进而带来效益。而这个由"主题"带来的效益，从根本上来说，是由特色形成的投资优势。投资民族文化旅游主题，建成后产品投入市场，就创造了天然优势，因为带有这个主题的旅游产品本身在市场中无人或很少有人竞争，能给民族文化的经营带来一个较好的开端。然而，"主题"的天然优势是可以被模仿的，其投资壁垒并不高。"主题"不能成为民族文化旅游开发的核心竞争力，核心竞争力仍然是由品牌运作、市场运作、内部管理等常规方面组成。在投资和经营的过程中，要对这一点有清醒的认识，避免对"主题"过分看重和依赖，以致出现决策、管理的失误。

参考文献

［1］李素珍.主题界定新论［J］.韶关大学学报（社会科学版），1996，（3）：61.

［2］Maslow A.H. "Higher" and "Lower" needs.Journal of Psychology（1948, No 25: 433-436）.

［3］孟华.主题：旅游产品创新的切入点［J］.泰安师专学报，2001，（5）：52.

［4］尹贻梅.对旅游空间竞争与合作的思考［J］.桂林旅游高等专科学校学报，2003，（3）：58.

［5］陈南江.旅游开发的主题与文脉［DB/OL］.http://www.tourism-research.com/lyyj/research2.htm.

［6］［7］董观志.旅游主题公园管理原理与实务［M］.广州：广东旅游出版社，2000.

［8］陶犁.旅游地理学［M］.昆明：云南大学出版社，2003.

［9］陈南江.同类主题人造景观的竞争与发展策略［J］.特区理论与实践，1997，（5）：29.

［10］陈南江.同类主题人造景观的竞争与发展策略——以广州世界大观与深圳世界之窗为例［EB/OL］.http://www.tourism-research.com/ lyyj/research17.htm.

［11］陈南江.旅游开发的主题与文脉［EB/OL］.http://www.tourism-research.com/lyyj/research2.htm.

［12］崔凤军.中国传统旅游目的地创新与发展［M］.北京：中国旅游出版社，2002：115.

［13］王大悟.创新与联合——论21世纪中国旅游业发展的两大主题［J］.旅游科学，2000，（3）：2.

［14］张宏瑞.文脉在文化资源旅游开发中的主导作用［J］.资源开发与市场，2004，（2）：157.

第三节 民族文化旅游主题式开发 RMTP 理论

民族文化旅游主题式开发的核心是围绕着主题（Theme 简称 T，下同）的整合与创新进行的。主题是核心和灵魂，是其成功与否的关键。创立主题的根本目的就是避免或减少重叠性的市场竞争，实现有序的和细致的市场分割。民族文化旅游开发具有流动和移植的特殊性，资源（Resources 简称 R，下同）是主题开发立意的基础，无论是对资源评价或是产品转化都是为主题立意服务的，这种主题立意的核心点就是资源的特性和特色，包括未开发的原始资源和已开发的资源两部分；而市场（Market 简称 M，下文同）调研则是主题选择的导向，属于外部时空中对主题的凝练与升华，基于市场空间中的竞争合作空间与游客需求分析，是主题引领市场潮流的弹性产品和依据游客需求趋势设计的产品选择导向与依据；产品（Production 简称 P）是在充分分析资源的特性和市场主题的选择下，通过整合与创新旅游地的自然地理背景、历史文化传统、社会心理积淀、经济发展水平等内外环境因素，从多样的旅游对象中依据市场导向、充分考虑外部时空组合，划分具有针对性、独特性的形象和内容来具体围绕主题设计的旅游产品。（见图 4-3）。这就是本文研究的民族文化旅游主题式开发的 RMTP（昂特谱）基本理论框架。

RMTP（昂特谱）基本理论要义是民族文化旅游开发是以主题提炼为核心，进行民族文化资源分析（Resources analysis），筛选民族文化旅游资源的特性和特色，确立主题开发的创意，同时以旅游市场分析（Market analysis）为导向，选择民族文化旅游开发的主题。以此为基础进行旅游产品设计（Production design）。

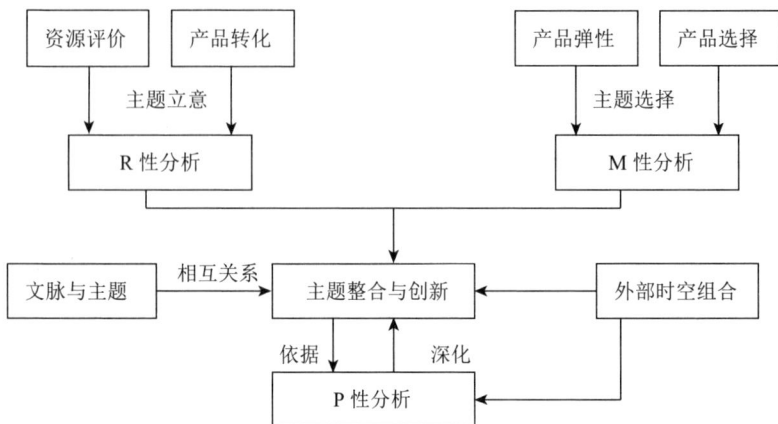

图 4-3　民族文化旅游主题开发的昂特谱（RMTP）基本理论框架

一、旅游资源（R）：主题立意的基础

（一）资源主题创意分析

民族文化的形成是在特定的地理环境之中，任何一种民族文化都是存在在一定地域空间中的，民族文化旅游开发需要在一定的地理环境空间中进行，离开了特定的文化生存或移植空间，所开发的民族文化旅游是没有多大吸引力的。因此，主题开发设计必须立足于民族文化资源分析的基础上，开发必须遵循真实性原则。包括对前台文化资源及其地理景观资源的分析和后台社区文化资源及其地理景观资源的分析。这种分析是主题开发设计创意的基础，主题开发创意需要放在文化所生存或移植的地理环境中去考虑、去筛选，需要与自然景观资源相衬托与协调。并不是所有的民族文化资源都可以用来进行主题创意开发的。由于区域的差异性造就了民族文化资源的独特性，只有那些具有"地方精神"（指体现地方特色和个性，并能增强地方社区认同感，自豪感和凝聚力的深层次精神内涵）其独特性与唯一性才是吸引游客的动力源泉。具有文化独特性并且其生存或移植空间也具有较高的开发价值的资源才能成为当地文化旅游资源最深层的内涵和最本质的特征，才能成为主题创意设计的基础和依据。

（二）资源主题层面划分

民族文化资源的独特性表现在民族文化资源的审美层面上，每个民族都有自己的审美情趣，其审美文化价值都是在特定的生存环境空间形成的，每个民族的审美文化是各异的。同时，不同区域，不同民族的旅游者的审美情趣是有区别的，他们在民族文化旅游活动中各自凭借自己的审美情趣对异质文化进行分析、评价和判断，选择行为取向并影响其心理效果，因此，需要研究民族文化资源差异，筛选出具有鲜明的民族特性品格、原始文化品格、生活属性品格、动态积累品格、历史传承品格和地域变异、阶级变异等多种品格的主题旅游资源，通过划分民族文化资源层次，来确定所开发的主题层面。

针对不同审美情趣将民族文化资源划分为三个主题层次：静态文化层、动态文化层和抽象文化层。每个层面的文化对应的主题审美层次以及其主题行为层次、主题旅游产品类型是有差异的。

1. 静态文化层

静态文化层资源属于实体民族文化，处于民族文化资源系统结构的最基础层，主题旅游资源以文化景观资源和民族文化旅游商品资源为主，开发的产品主要是观光旅游，在旅游审美中处于感知阶段，能满足游客对形态美、动态美、色彩美、结构美、音乐美等自然美的审美需求。

2. 动态文化层

民族文化系统结构的中间层（核心层）资源是参与性很强的民俗风情，也是动态文化或活文化，属于社会氛围民族文化，它是民族文化主题旅游能否在激烈的旅游市场竞争中立于不败之地的关键，这种资源具有鲜明的民族性、地域性以及强烈的文化感染力，是最能满足旅游者"求知、求新、求异、求美、求奇"的精神文化需要。

3. 抽象文化层

抽象文化层属于精神文化，它位于民族文化资源系统结构的最高层。它是民族文化差异的核心，是构成专项主题旅游产品的素材。抽象文化层面往往需要游客去读解、品味其艺术魅力，是与旅游者心智的交互，需要旅游者具备较高的文化素养以及一定的审美经验、审美态度。

（三）资源与主题关系分析

文脉是指一个国家、城市、风景区的文化氛围和文化脉络，以及社会人文背景。为了方便研究，在本文中引用文脉一词来代替"民族文化资源的独特性"。主题与文脉是密不可分，互动发展的，主题最大程度上反映了文脉的特性，具有独特性，而反映主题的民族文化资源需要具有丰富性和弹性，能够满足主题不断变化的需求。主题的文脉不是一成不变的，它是随着旅游市场和旅游者的需求变化而变化的，它是一种动态的变化过程，因此，在分析资源时需要深入挖掘那些具有丰富性和弹性的民族资源。同时，选择的主题文脉需要具有独特性，独特性是资源所具有的独特性。主题的独特性就是要充分反映民族文化资源中最具有"地方精神"的独特资源，以它为内核，确定主题创意。比如，桂林阳朔的《印象·刘三姐》民族文化旅游景观就是一个很好的例子。

当然，主题与民族文化资源之间是否挖掘深入，是否真正互为发展，在现实中是存在着不同的关系的。

在实际的民族文化旅游开发当中，旅游开发主题创意与民族文化资源存在着三种关系：

第一种是旅游开发主题创意反映了当地最强的文脉（如图4-4所示）；

第二种是旅游开发主题创意在一定程度上反映了当地的文脉，但偏离核心要素（如图4-5所示）；

第三种是旅游开发主题完全脱离了当地的文脉（如图4-6所示），天马行空，最终难逃失败的厄运。

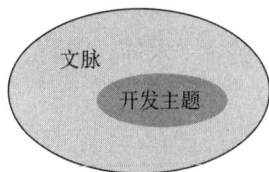

图4-4 文脉和旅游开发主题创意关系　　图4-5 文脉和旅游开发主题创意关系

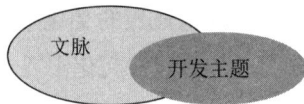

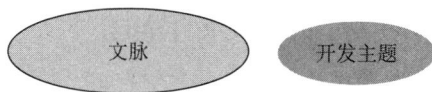

图 4-6　文脉和旅游开发主题创意关系

　　第一种，旅游开发主题创意反映了当地最强的文脉。在不同的地方做规划和设计时，会遇到截然不同的实际情况，作为规划和设计者，应该注意以当地最强的文脉为背景，挖掘地方最强的民族文化特色为主题创意：要么因地制宜选择顺应文脉的素材，挖掘地方特色，寻求地方鲜明个性的旅游资源，比如：龙胜龙脊梯田景区的金竹壮寨实地民族文化旅游村；要么出奇制胜选择突破文脉的素材，人为制造出与当地最强的文脉形成"互补"的旅游资源。如大多数民族文化主题园、模拟民族文化旅游村以及民族文化主题节庆等。具体地说，这些资源开发的主题创意能够反映当地最强的文脉，可以开发出两种具有竞争力的主题旅游产品：一种是正面地、直接地顺应当地最强的地脉和文脉，设计出极富本地特色的旅游项目来，以吸引外地游客为主。另外一种就是突破地脉或文脉，从对立面"互补式"地反映当地最强的文脉，与周围环境形成鲜明反差，出奇制胜。深圳中华民俗文化村的建造，就是基于后一个考虑而设计取得成功的。

　　第二种，旅游开发主题创意在一定程度上反映了当地的文脉，但又偏离核心，也就是说，主题创意没有经过深入挖掘、论证，主题创意的核心没有抓住反映"地方精神"的核心资源，对地方文化资源的独特性或唯一性或者特色挖掘不到位，这种旅游资源开发容易造成主题重复建设，造成资源的浪费。要真正摸清地方的资源特色，不仅需要对旅游地进行深入而又细致的资源调查工作，而且还需要事后进行全面的、透彻的分析和综合，才能寻找出鲜明的主题创意来。

　　第三种，旅游开发主题完全脱离了当地的文脉，天马行空，最终难逃失败的厄运。西方哲学家说，凡是存在的都是合理的。但在旅游规划中，未必存在的就是合理的。许多旅游项目惨淡经营，甚至濒临倒闭，就是佐证。究其原因，有多种可能，但其根本原因是缺乏深入实际的资源普查和市场调研，缺乏高水平的旅游规划及可行性研究，而是简单地抄袭主题创意，产品容易雷同。

二、旅游市场（M）：主题选择的导向

（一）市场调研

成功的主题定位是建立在深入细致的市场调研基础上的，它是在资源主题创意定位的基础上进行，主题的市场调研离不开资源主题创意，在资源主题创意的基础上以旅游者的消费趋势为导向，研究旅游者消费的偏好来细分市场，以此确定最终的开发主题。

民族文化主题开发中需要明确调研的主题，即对旅游市场环境、地域旅游行业状况、地域客源市场现状、客源市场需求、文脉的认同等进行调研。问卷调研主要面向游客，对游客进行人口统计数据调研以掌握游客的基本情况；对游客的需求进行调研，了解游客的真正需要以指导主题的确立和旅游产品设计；对文脉的旅游形象进行调研，了解筛选的文脉在游客心中以形成旅游形象指导形象建设和对文脉主题定位的进一步修正；了解游客对民族文化旅游产品的态度，指导未来的民族产品规划和项目设计。

有效的市场调研过程一般应包括 5 个基本环节，即确定调研目标、制定调研计划、进行市场资料的收集（包括文案调研、问卷调研和实地调研等）、市场资料的整理和分析、提出市场调研报告（市场调研结果、市场预测和市场建议等）。文案调研主要针对市场环境调研和旅游企业调研，问卷调研主要用于消费者调研，实地调研主要是针对旅游产品调研，德尔菲法主要是针对调查的结果对市场主题定位进行分析研究。对于调研资料的结果统计及分析，综合运用经济学、社会学、心理学等理论，在因素分析的定性分析基础上，采用驱动力模型、月季集中指数模型、线性回归模型等多种数学模型进行定量分析，并运用 Matlab 数值分析软件对市场前景进行预测，在此基础上形成调研市场报告。报告力求科学、准确，并能最大限度地反映真实的现状（见图 4-7）。

旅游市场是各种欲望、需要、情趣、爱好的混合体，又是各种欲望、需求、情趣、爱好的矛盾统一体。它是一种"异质市场"，旅游者需求有很大的差异性。因此，旅游市场主题开拓应建立在旅游市场调研以及对旅游需求发展趋势的准确把握的客观性评价的基础上。

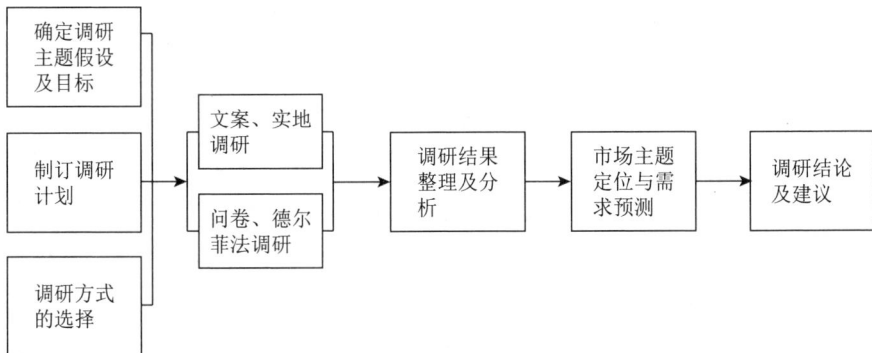

图 4-7　市场调研技术路线

（二）市场调研的具体内容

市场调研的内容很多，但随着调查目的的不同而内容的详略也不同。一般情况下为了从多方面了解主题的市场背景需要包括以下几个方面：

①旅游地市场环境调查

包括：政治环境、法律环境、经济环境、科技环境、社会文化环境、地理环境、人口学特征；

②旅游市场需求调查

包括：旅游者人口特征与构成、旅游者的态度与看法、客源类型、旅游动机、旅游行为、旅游者的消费能力；

③旅游市场供给调查

包括：旅游吸引物、旅游设施、可进入性、旅游服务、旅游企业形象、旅游容量、市场规模；

④旅游市场营销调查

包括：旅游市场的特点与趋势、旅游市场竞争状况、旅游产品、旅游价格、旅游分销渠道、旅游促销、顾客评价。

（三）市场前瞻与市场培育

最近 20 年是中国经济社会变化最快的时期，在这段时间里，有一个非常明显的现象就是消费的变化极快。规划者每当意识到需要适应需求的时候，可能已经落后于市场潮流了。因此，必须具有研判市场的前瞻性。市场前瞻是指市场主题应该具有适度的超前性，主题可引导市场前瞻，它本质上是引导潮流。具有市场前瞻性的主题往往容易成功，跟着别人屁股走的主题永远只能分得别人一杯羹。旅游消费有时尚，有趋势。追逐时尚，至多获利一时；把握趋势，可以财通三江。研究旅游业的发展趋势，需要首先研究地区经济和社会的发展，领先于群众的消费趋势并擅加运用于旅游主题开发。市场前瞻这个工作难度很大，首先要做好相应的预测，然后研究如何引导。

市场培育和市场前瞻是分不开的，市场是培育出来的，一个具有前瞻性的主题市场更是经过加倍努力才培育出来的。原来没有提供出来的主题产品，自然不可能有这方面的市场。要从市场前瞻的角度挖掘潜在的需求，研究现在提供什么样的主题产品来适应游客的需要。一方面，在被动地适应市场和主动地培育市场的关系中，存在着消长，在市场培育上，企业的主观能动性可以有更大程度的发挥。另一方面，很多市场热点也不能自动形成，要靠企业培育。因此，企业需要通过对市场的前瞻，来培育一个现实的市场。比如，1991年深圳锦绣中华民俗文化村，是中国第一个民族文化主题公园，在民族文化主题开发方面第一个推出了主题旅游产品，引领了当时的旅游潮流，取得了巨大的成功。在别人纷纷模仿它开发类似的主题园后，它又推出了"世界之窗"这样新的主题产品，主题被别人克隆后接着又推出了以欢乐为主题的"深圳欢乐谷"，不断地引领市场潮流，培育新的市场，从而永保自身优势。又比如，桂林阳朔《印象·刘三姐》以刘三姐山歌为总主题，打破了常规的表演方式，建立起世界上第一个最大的山水实景剧场，在市场上培育了一个全新概念的民族文化开发方式，从而一举取得了巨大的成功，后来又推出以刘三姐山歌为总主题的少数民族原生态音乐——鼓楼大乐，全新打造旅游听觉品牌，又再次取得了巨大的成功。

（四）市场的竞争与合作分析

目前，整个旅游市场已经进入买方市场，由于主题具有可替代性、克隆性，不同地域之间开发民族文化旅游存在着激烈的客源市场竞争，表现为地域空间上的竞争。主题地域空间竞争主要存在三种类型：

◆主题相同但目标客源市场不同的民族文化旅游开发之间；

◆主题与客源市场都相同的主题旅游之间；

◆不同主题、相同客源市场的主题旅游之间。

1. 主题相同但目标客源市场不同的民族文化旅游开发之间

这种关系往往表现在地理距离相差很远，不在同一个地域之内。这种主题开发之间不存在竞争与合作关系。如深圳的世界之窗与北京的世界公园同属一种主题，由于各自的目标客源市场不存在重叠，不构成对对方的威胁，所以双方都取得了成功。

2. 主题与客源市场都相同的主题旅游之间

这种关系存在着剧烈的市场竞争关系，合作的可能性不大。除了客源竞争外，还存在着三种可能的市场竞争关系：一是分割；二是吞并；三是共享。前者出现于彼此都无特色，雷同程度很高的情况，其分割所得的市场地域范围大小主要取决于对外交通的便捷度；吞并则出现于一方有特色和优势，另一方无特色和优势的情况下，无特色和优势的景区除了本地市场的少数游客外，市场几乎丧失殆尽，难以生存；共享则出现在两个景区虽然主题雷同，但是设计手法大相径庭，各具特色和优势的情况下。针对这个竞争的存在，为了生存，对不同的主题竞争采取不同的消解方式。

对于在两个主题雷同、近距离并存的竞争，其竞争优势主要取决于三个方面：一是区位条件，具体包括所在城市的对外交通、景区具体选址的交通便利性、当地人口规模及消费水平；二是设计手法；三是项目在本城市景点中的地位。在开发决策中，要取得竞争的胜利，"首先是规划设计特色化；其次是尽量在交通、区位、名称上占据优势，第三是尽量立足本地市场控制投资额。"通过三大策略寻求胜利之本。以客家文化为例，在广东，梅州、河源、惠州、肇庆等地都有客家人分布，同属客家文化区。建设"客家民俗文化村"这一主题项目自然以被誉为"世界客都"的梅州最有资格，但是，梅州仅对潮汕地区占有区位优势，相对珠三角客源市场，肇庆、河源、惠州在区位条件上比梅州更优，也可建设这一项目。当然，应尽量利用现有客家围屋或村落进行改造充实，不宜专门新建。

3. 不同主题、相同客源市场的主题旅游之间

这个关系存在着既竞争又合作的关系。在主题开发中需要对竞争者进行深入的调查，调查清楚竞争者的优劣势，分析自身的弱点，然后寻求合作，

实现双赢目的，避免两败俱伤的局面。如黔东南侗族文化旅游区、广西三江龙胜侗族文化旅游区、湖南通道城步侗族文化旅游区三者在地域空间上连为一体，客源市场也相同或相似，要实现多赢目标，必须置于大主题（侗族文化）大区域的整体发展框架中，通过协调、合作，联手打造具有强势竞争力的区域旅游共同体，使参与合作的各个主题旅游地获得更强的竞争力。最终实现大主题区域旅游的可持续发展。

但这类的竞争合作需要同时满足以下四个条件：

一是旅游资源条件：区域间有类似或互补的旅游资源，且吸引力均较强，具有吸引国内乃至国际旅游者的能力，整个区域范围要有一定规模，可同时容纳相当数量的旅游者。

二是旅游者对整个区域的认知程度：该区域的知名度较高，或者依托知名度较高的旅游区，并且已经作为一个鲜明的旅游目的地总体形象被游客认可。

三是基础设施条件：区域旅游基础设施已初步发展，配套较好，能基本解决旅游者吃、住、行等问题，尤其是区域的可达性和可进入性问题都得到了较好的解决。

四是旅游活动条件：区域内要有丰富多彩的旅游活动，日间和夜晚活动都能被旅游者广泛接受和参与，能够提供给旅游者质量较好、记忆深刻的旅游体验。实施竞合战略需要具备的以上几方面条件，可以简要概括为：有吸引—被认知—可进入—可活动。

针对主题的竞争，为了避免恶性竞争，增强自身竞争力，可采取主题合作互补的方式，即竞争—合作模式解决同主题竞争。旅游空间竞争与合作，要打破政府主导的局面，改为市场主导、政府推动，即政府调节宏观，市场调节微观。市场主导就是以市场需求为导向，从自身资源特色出发，进行保护性、协调性开发，平衡产业结构，提高整体效益；政府推动是指在发展旅游业的过程中，政府履行协调、立法、规划与投资等方面职能，抓好宏观调控、市场管理、社会服务与公共管理（见图4-8）。

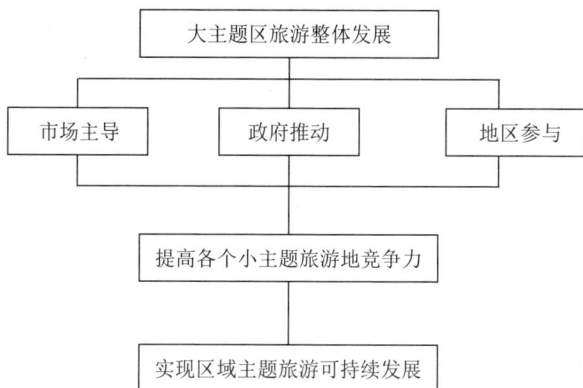

图 4-8　主题旅游空间竞争合作模式

三、主题确立（T）：主题开发的灵魂

（一）主题开发的基本流程

如前所述，主题确立是在对资源主题创意以及市场选择的导向下进行的。它的开发过程首先是做好前期的基础工作——调研。邀请多学科专家对民族文化、旅游资源和旅游市场进行调查与研究。民族文化资源调查对于把握主题文脉提供有力的支持，同时要深入进行客源市场的调研，准确把握市场脉搏，为进一步提炼主题文脉、确定旅游开发主题提供技术前提。资源调研与定位是主题创意的基础和前提，而市场调查和市场定位则是进一步提炼旅游资源文脉、确定主题的科学依据和技术前提。在初步筛选主题的前提下，需要从不同的角度对主题进行论证，多学科专家论证有利于从学科的角度论证产品开发的可行性，而企业精英的论证有利于主题旅游开发经营管理的可行性，同时需要听取社会中不同的声音，特别是社区代表的声音，允许他们参与论证，以保证主题项目的可操作性和利益的均衡性，保证主题开发的可持续发展。在准确把握文脉、合理分析客源市场、充分论证旅游开发主题的基础上，对主题进行全方位的策划，并进行经营管理，在经营管理过程中动态且持续地对主题进行评估，以便修正主题和进行主题的更新换代，实现全方位的可持续发展（见图 4-9）。

民族文化
专项调研

旅游资源
调查

主题文脉诊断

修
正

旅游市场
调研

主题筛选

多学科专家
论证

企业精英
论证

主题综合论证
与确定

社区居民
代表论证

主题环境
策划

旅游市场
策划

主题策划

旅游产品
策划

主题经营管理

主题评估

反馈、更新、换代

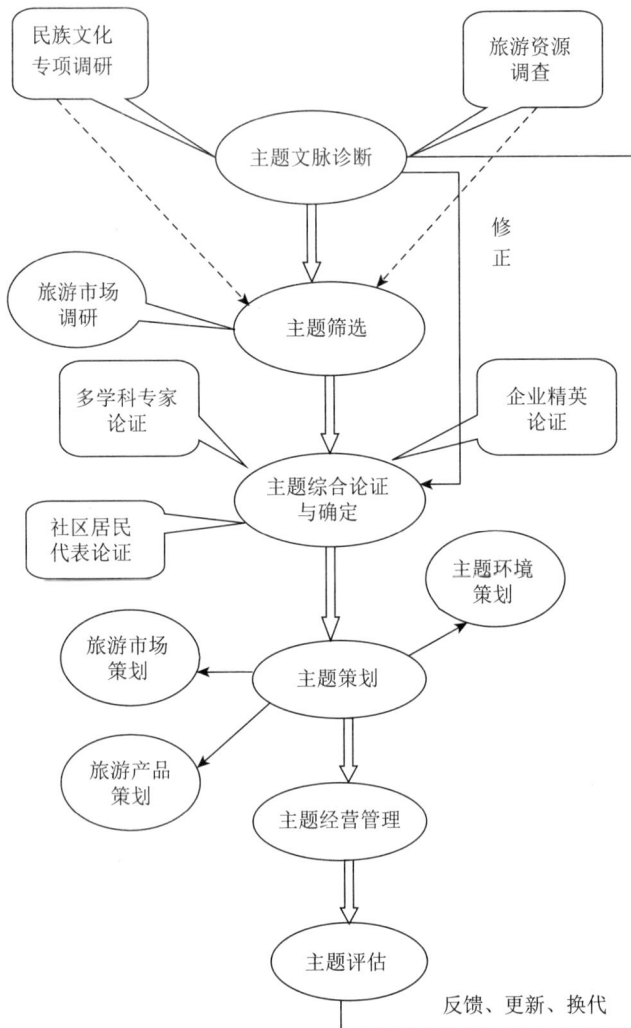

图 4-9　主题开发的一般流程

1. 主题创意的确立

民族文化资源的独特性（文脉）是主题创意的物质和精神载体，挖掘文脉、寻找文脉、提炼和升华文脉的目的就是为主题注入鲜活的灵魂和持久的生命力。如前文所述，文脉与主题开发之间存在密不可分的关系，主题文脉的筛选是建立在民族文化调查研究的基础上的，对民族文化的调研需要从宏观大文化背景、微观的民间文化背景和历史的时间背景着手进行的。当然，选择主题文脉需要采取灵活的选择方法，要从散乱无序的众多的文脉当中，梳理和把握地方最重要的文脉，要认真分析和研究所在地的"文脉"内涵和体系，准确把握其"文脉"特征，在此基础上，采取灵活的主题选择方法：一是可以顺应"文脉"，追求同一性，从"文脉"的特征中提炼主题，升华主题认同感；二是可以突破"文脉"的框架，出奇制胜，构架差异化的主题，形成具有鲜明个性的主题特色；三是可以采取协调与突破相结合的原则，创新性地确立主题，体现特别的构思特征。对文脉进行细致的分析和提炼挑选，其目的在于识别出可供选择的相关素材和资源。

在选定主题选择方法后，需要对主题创意进行提炼。由于区域的差异性造就了民族文化主题文脉的独特性，这种独特的本土文脉成为当地文化旅游资源最深层的内涵和最本质的特征，是主题创意设计的基础和依据，在民族文化旅游开发中起着举足轻重的作用，所以需要对其进行艰苦、深入、细致的反复提炼。通过对本土民族文化核心内容进行高度概括和表述来确定文脉主题，文脉主题既可以是旅游资源所固有的，也可以是人为提炼、设计的，它是民族文化旅游景区建设的灵魂。在既定文化主题的统领下，组织合理有序的文化旅游内容，将资源的文化内涵通过"物化"和"活化"外显出来。在项目设置上要与景区形象呼应，景区形象以当地的地文、人文内涵和特色为基础，通过项目设置更加凸现出来，而项目设计则必须紧扣当地地脉和文脉，适当强化和突出，不能偏离、淹没其主流特色，从而完成对民族文化文脉主题的提炼。

作为一种文化，主题文脉本身较为抽象，因此在开发实际过程中必须将主题文脉有形化、具体化、生动化并且要兼顾主题文脉的适度特色性，直接的手段是通过客人购买产品或服务的空间或场所来表现主题，场景不仅包括自然地理环境和人文环境，而且都要与主题创意的特征一致。

2. 市场主题确立

从民族文化角度筛选主题只不过是整个开发主题的一个部分而已，文脉最好能反映地域文化脉络，如果没有足够的客源市场为支撑终归也不能成为一个好的开发主题，所以主题的选择必须围绕目标客源的需求进行，脱离需求的理想化主题或许能实现标新立异的目的，但因其缺乏雄厚的客源基础而无法在市场上长期站稳脚跟。基于此，在对市场主题定位时，应进行扎实的市场调研。在多元化消费时代，旅游者的需求也呈现多样化特质。但并非每一种个性需求都可以成为主题选择的源泉，主题选择时还要考虑现实市场需求量的问题，没有足够的量的支持，这类市场的有效力也将大为削弱。市场主题定位还应分析客人需求的持续性和稳定性。因为现代旅游者在旅游消费过程中表现为强烈的喜新厌旧、见异思迁的特征，其消费行为缺乏相对的稳定性，又由于社会的文化风俗习惯，特别是审美观念的发展变化带来的人们的多层次、多类型的文化需求，产品开发中的文脉突破必须根据自身文化特色、资源条件以及区位优势和经济背景，针对某一层次、类型或多个层次、类型的市场需求进行主题的定位与更新。

市场定位的任务还在于以客源地的旅游需求为出发点，探讨这种需求的各个要素、需求本身的特点及其需求的模式，研究这种需求的动机和行为，从而确定旅游市场的本质特性及消费层次等，目的是从复杂多样的主题素材中确定能为市场所接受、顾客感兴趣的主题市场。同时，在研究制定某地民族文化主题开发时，还要考虑该地的政治、经济、文化等的发展水平及趋势，对旅游需求产生哪些影响、最终导致什么样的旅游动机、产生什么样的旅游行为。由此分析旅游市场的范围、结构、层次等。在研究了顾客需求和地方的政治、经济、文化等要素的基础上对目标市场进行细分，寻找竞争优势，筛选满足市场需求的主题资源，实现主题的准确定位。

3. 主题确立需要注意的问题

◆主题必须立足于资源，与景区资源相一致，反映民族文化资源的独特性和个性，并且需要与文化的地理环境景观、文化氛围相协调，或者所营造的人造生态环境景观、文化氛围反映文化原生态环境背景，为游客带来真实的、高质量的和鲜明的旅游场景。

◆从游客的需求立场出发确立主题。一个主题确立前，要针对目标市场调查分析消费者的所有需求，包括细微需求，从而确立理想的主题。决不能主观臆断，凭想当然、拍脑袋。

◆市场定位不要贪大求全。市场定位要准确，切不可贪大求全。市场定位越大，越难以形成主题，就难有稳定的客源群体。

◆主题要有差异性。主题切忌重复和随大流，要有特色，否则，会使特色走向反面，变成没有特色。

◆重视科技的投入。许多旅游产品之所以失败，就因为缺乏科技的投入。我国大量主题公园都是"公园"与"游乐"的简单相加，主题内容重复，游乐项目雷同，文化内涵浅薄，科技含量贫乏，无法对游人产生足够的吸引力。江苏常州的"中华恐龙园"，将具有很高科研价值的史前巨兽——恐龙作为主题，再以高科技的技术手段相配合，取得了巨大成功，营业仅百余天，游客超过30万人次，旅游收入达1500万元，与诸多主题公园的冷清形成了鲜明的对比。

◆贯彻可持续发展的思想。在主题的确立中，突出强调对生态环境和特色文化的保护，将可持续发展的思想贯彻始终。

（二）主题的真实性分析

社会学和文化人类学研究的成果表明，现代人旅游的目的在很大程度上是一个求"真"的过程，在此过程中享受到的由真实而带来的精神愉悦和满足。按照人类学的研究，这里所指的"真实性"包括后台（Back region）社区文化——即指原始的、存在于民族村寨的原生态，尤其指少数民族地区的文化的真实性和前台（front region）表演文化的真实性。前台表演文化的产生，源于旅游者的增长与保护后台社区文化的真实性免受破坏的考虑。无论是后台社区文化的真实性（如实地文化旅游村）或者前台表演文化真实性（如民族文化主题公园）开发能够成功的都是因其有着可靠真实的文化背景、真实的环境和真实的生活体验氛围，迎合了现代旅游者的求"真"需要结果。因此，在开发民族文化旅游主题旅游项目的过程中，需要对其进行正确的文脉定位，保存或营造逼真的真实旅游环境。实践证明，没有真实文化背景做依托，不切实际的建造假景假物并不是旅游开发的康庄大道。

美国著名的人类学家J·麦康纳认为，对"真实性"（authenticity）的追求为现代旅游业的主要动机一般认为，旅游者是为文化的真实而来旅游的。这种真实并非是指我们通常所说的"原汁原味"，在旅游开发中要做到"原汁原味"，那是不可能也是不现实的。本书同意这样的观点，旅游的真实性是一种真实性存在，具有两层意思：一是自身真实性（intra-personal authenticity），包括旅游者的身体感受和自我认同；一是人际真实性（inter-personal authenticity），指旅游者在旅游过程中通过与其他旅游者交流与分享快乐而获得的真实感受。存在性真实主要是从旅游者的行为角度出发，注重对旅游者真实体验的研究，认为旅游目的物的真实与否并非十分重要。旅游者并不关注旅游目的物的是否真实，他们只是通过这些活动或旅游目的物来寻求真实的自我。这就要求无论是前台表演文化的真实还是后台社区文化的文化真实在进行主题开发时都必须营造与主题相吻合的真实文化情景——不管这种环境是真实的、有历史原型的还是臆造的，为旅游者创造真实的气氛。

多方研究表明：前台表演文化的真实和后台社区文化的真实既有联系也有区别。在已经明确主题的前提下，至于是以前台表演文化还是后台社区文化为开发方式，具体要经过充分的论证才能下结论。一般情况下，在现阶段，如果具有良好的选址、充足的客源、便捷的交通、雄厚的经济基础等条件，但缺乏真实原生文化环境，建立前台表演文化——主要是民族文化主题公园、民族文化主题旅游节庆、模拟民族文化旅游村是符合现实需要的，这意味着对后台社区文化的保护，避免了大众旅游对后台社区文化的破坏。但如前所述，要取得持久的成功，前台表演文化一定要遵循"真实性"原则。如深圳中华民俗文化村，所有的建筑和表演都是对原来选取的民族文化的真实再现，比如，在中华民俗文化村的"民族居民"的表演者是从所选取的民族村寨中直接来到深圳，没有在其他地区工作过没有与园内其他民族成员过多接触……这种管理原则是为了真实再现中国边远地区少数民族生活的实际情况。所以，中华民俗文化村能够在众多的民族文化主题园中持续健康发展下来。然而旅游者的动机又恰是寻找文化的真实。旅游活动中文化的真实性与表演性对旅游者和社区居民带来直接影响，在一定因素下能够相互转换。从历史的角度看，社区真实文化本身是一个动态的适应与调整过程，所以旅游活动中文化的真实性也是一个动态运动过程。也就是说，旅游者的最大愿望就是寻求后台社区文化的真实性，如果在后台社区文化面前再开发前台表演文化的话，即使是拥有最逼真的情景和服务，主题多么的切题，拥有足够大的客源市场，也逃避不了失败的厄运。如云南民族文化村项目，该项目的失败原因并不在于主题，前往云南的旅游者绝大多数都想了解云南的民族风情。失败的原因在于开发的过程中没有考虑到前台文化和后台文化之间的关系。昆明位于少数民族集中分布区，失败的最大弊端就是在真迹（后台社区文化真实性）面前造"真迹"（前台表演文化真实性），对游客丧失了吸引力，而且投资很大。

因此，对于民族文化旅游主题式开发来说，在开发过程中除了定位好主题外还要处理前台表演文化和后台社区文化之间的关系，同时要深入调研到底在什么地方可以开发前台表演文化，那些地方适合开发后台社区文化，如何保持和营造逼真的文化真实性。

四、旅游产品（P）：主题开发的结晶

（一）主题旅游产品分析

旅游产品是一个复合概念，它在理论上指旅游者出游一次所获得的整个经历，也就是说，这个经历就是可以营销的旅游产品。在经济学家眼中，旅游产品是指旅游经营者凭借旅游吸引物、交通和旅游设施，向旅游者提供的用以满足其旅游活动需求的全部服务，是由多种成分组合而成的整体概念。由于不同的旅游者在某一个或多个方面的需求有着很大的差异，表现在地理来源、收入、文化、旅游态度和旅游行为等方面。其中任何一个差异都可能形成不同的旅游细分市场，因此，注定了主题旅游产品也必须是一种具有多元化的产品组合。从广义上来讲，主题旅游产品是由景观、设施和服务三类要素构成。其中景观是指自然实体和民族文化实体（包括文化氛围和传统吸引物）所组成的中心吸引物。它是吸引潜在旅游者产生旅游动机的关键；设施是指旅游者得以进入和满足基本生理需求、高层次生理需求的交通等基础设施和食住娱等服务设施；服务则是旅游者在体验景观和身处设施场所中接收到的物质或精神上的享受，通常是非物质形态的。借此定义，民族文化旅游主题产品以民族文化中独特的旅游资源为产品生产的基本原材料，但在产品形成的过程中，并非孤立地以民族文化独特性资源为其产品的构成要素，也包括民族文化旅游资源在产品转化过程中涉及的其他反映主题、为主题服务的要素和资源。此外，民族文化旅游产品不仅强调民族文化旅游资源在景观方面的物化，而且重视民族文化在旅游产品设施、服务等要素中的体现，

强调旅游者在旅游过程中形成的整体上的地域文化体验，以地域文化的整体优势和具体的民族文化景观及渗透在设施、服务中的民族文化审美来吸引旅游者。也就是说，主题旅游产品包括有形的主题景观、环境以及为主题服务、衬托主题的设施等实物产品和服务态度、服务技能等无形产品，它是一种提高层次的旅游产品。

民族文化旅游主题产品作为一个产品体系，是烘托主题，塑造主题，深化主题的生产服务过程。主题产品设计的关键就是产品的差异化，形成鲜明的独特性，以满足游客对产品内容不同需求的主题层面，从而形成主题产品的核心竞争力。依据主题的层次和差异性原则，将主题产品设计为四个层次的主题产品谱，即静态（static）景观旅游产品、动态（dynamic）参与旅游产品、生产生活（production & life）展示旅游产品，服务（service）体验旅游产品，简称 SDPSL 主题产品谱。

1. 静态景观旅游产品

静态景观旅游产品是主题产品谱中的基础层次，以具体、有形、可观、可用的静态物质与精神民族文化为主要内容，尤其是指民族建筑、民族文物等，这些是以一种静态的形式为游客提供旅游服务的；这种层次的产品类型主要有以下几种：

◆民族文化主题园

这类旅游产品以较小的比例再现民族文化景观，在实体景观的基础上考虑活文化的体现，从旅游的角度来说，民族文化旅游主题公园是民族文化主题式开发中主题最鲜明、最讲究主题选择与定位的一种模式。主题是旅游主题公园形成鲜明特色和独特个性的灵魂，也是旅游主题公园影响旅游者休闲娱乐选择方向的基本魅力。民族文化主题园也不例外，其最大的特点是以一个或几个民族文化为主题，运用人工方式在靠近市场的地方，荟萃各民族的民间艺术、民族风情和居民建筑于一园，从多角度反映各民族的民族文化，如深圳中华民族文化村，以"源于生活、高于生活、荟萃精华、有所取舍"为建园指导原则，很好地达到了弘扬民族文化的目的。

◆民族文化原生型村寨

这类村寨在主题开发中应具有典型主题特征并且要具有良好的生态环境，

主要是以民族建筑、生活生产场景为主题，具有原汁原味的文化真实性。包括实地民族文化村、民族文化生态博物馆、民族文化生态旅游村等。如龙胜龙脊梯田景区的平安白衣壮寨和金坑红衣瑶寨。

◆以民族文化内涵为灵魂形成的旅游商业活动街区

这类旅游产品强调民族文化氛围、景观实体与旅游餐饮、购物等活动的结合，以旅游商业街区为表象，渗透着浓郁的民族文化审美需求。如桂林阳朔西街。

2. 动态参与旅游产品

动态参与旅游产品是主题产品谱中的提高层次，以行为、动作为特征的可观赏、可参与的民族文化活动为主要内容，包括民间游戏、民间舞蹈、民俗技艺、庙会活动等，通过主题的动态展示，吸引游客消费向纵深发展。这类旅游产品包括以下类型：

◆大型活动与节庆旅游

大型活动与节庆旅游以民族节庆文化的展示为特色，将民族文化从潜在状态转变为可以销售给旅游者的产品状态。目前，这类旅游产品的开发往往在旅游景区内进行，以传统节日节期为基准，将节庆时间适当延长，以避免游客在时间上的过于集中造成不良后果，并能增加旅游收入。著名的"那达慕大会""三月街""泼水节"等都是这类旅游产品的代表。目前，各省区一些新兴的节庆旅游产品呈增长的趋向。

◆民族餐饮

以民族风味餐饮为主的民族饮食文化，成为旅游产品的又一形式。如旅游区内的民族文化美食城、餐馆等。

◆民族歌舞

民族歌舞在各民族文化展示中占有重要地位，它可以自成旅游产品，也可以成为其他旅游产品的重要组成要素。如纳西古乐、傈僳族四声部合唱、维吾尔族的赛乃姆、壮族歌圩盛会等都成为重要的旅游产品。

◆其他各类民俗活动

民族体育竞技，民族婚俗，民族服饰等都是重要的旅游开发内容。这些民俗活动一方面是构成节庆旅游等产品的要素，另一方面也可以单独作为主体要素形成旅游产品，如民族服饰展、体验型的民族体育竞技活动等。

3. 生产生活展示旅游产品

生产生活展示旅游产品是主题产品谱中的发展层次，以生产生活商品生产、加工、表演、演示、出售、文化交流、饮食为主要内容，旅游者可参与其中，亲身体验民族文化传递给他们的精神愉悦。

生产生活展示旅游产品包括富有浓郁地方特色的工艺品、旅游纪念品、旅游活动用品等。这些产品即可以亲身体验也可以出售或者用来表演。如壮族的壮锦、白族的大理石工艺品、纳西族的东巴木牌画等。这些旅游商品带着浓浓的民族味、重重的乡土情，文化意蕴丰富。

当然，三个层次的主题产品谱不是截然分开的，根据主题的需要可以单独开发也可以集中开发，每个层次的产品都具有鲜明的主题特色。

4. 服务体验旅游产品

服务旅游产品属于主题产品的附加产品，能够为主题带来附加价值。以提供解说、接待、人情等为主要内容。服务是主题确定过程中的质量保证，主题开发需要形成一种主题服务经营文化。在服务经营的过程中、服务形式上、服务细节上、服务标准的设计上、服务语言的运用上、服饰的选择上、活动项目的组织策划上，均贯穿鲜明的主题，在景区内培植主题文化。以导游员为例，除了掌握基本的导游服务之道外，还应通晓与主题旅游有关的文化、经营背景常识，也就是说，服务人员本身就应是主题的化身，应是主题文化的重要载体，是主题文化的体现者和传播者。

相比于传统的民族文化旅游开发那种单一的经营服务形式，千篇一律的设施设备和模式化的服务经营，主题旅游具有不可比拟的优势。它从主题入手得到了游客的信任与尊重。随着人们生活水平的提高，游客已不满足于单纯的观光旅游需要，在观光游览过程中会更多追求丰富的精神享受。包括在主题景区所产生的深刻印象、全新感受、美好回忆和不平凡经历以及其他从未有过的体验。印象、感受、回忆、经历就是体验的过程和结果。未来学家阿尔文·托夫勒在《未来冲击》一书中断言：服务经济的下一步是走向体验经济。旅游是一种服务行业，是一种服务经济，所以民族文化旅游主题开发更多的是体现在服务经营上，民族文化旅游以其具有很强的参与性而获得很强的体验性。美国约瑟夫·派恩与詹姆斯·吉尔摩在《体验经济》一书中指出："所谓体验就是指人们用一种从本质上说很个人化的方式来度过一段时间，并从中获得过程中呈现出的一系列可记忆事。"旅游者在民族文化主题旅游中的体验需求，从其心理需求上说，至少包括了娱乐体验需求、审美体验需求、寻求新奇的体验需求、获得学习的体验需求、追求时尚的体验需求和获得自尊心、尊贵感的满足的体验需求以及自我价值实现的体验需求等。为了满足游客获得各种体验的需求心理，扩大商机，必须把服务经营项目融入主题中去，以个性化的服务经营代替刻板的规范化服务模式，从而体现主题的竞争魅力。

（二）主题产品的延伸与创新

创新就是在主题资源不变的情况下，根据旅游产品生命周期理论，随着市场形势的变化适时推出新的旅游产品内容，在动态中把握并引导旅游需求，充分依托市场，引领消费时尚……与内涵创新注重于原有内涵的挖掘相比，主题创新更倾向于选择新的主题。创新不是标新立异，不是无根据的创新，它是在主题资源不变但文脉和市场需求都完全改变下而发生的。创新追求的是一种创意，创意需要追求差异，差异产生特色，特色产生吸引力，吸引力提升竞争力。创新的本质是文化创新，表现形式则是针对高度细分目标市场的主题创新。民族文化是动态发展的过程。而文脉也不是停滞的，因为历史和文化是不断向前发展的，在其形成和发展的过程中，在特定的地域空间上不断沉积、融合，形成了自然文化与人文文化、旧文化与新文化、地区文化与外来文化的渗透混合，从而改变了原有的文脉，这时候，要保持主题具有持久的生命力和竞争力，就需要突破原有的主题文脉，原有的文脉既要保留又要发扬，只有向民族文化和精神世界深入，寻求本土文脉的合理突破，才能真正提炼出主题文化中的精髓，使其获得新生。民族文化主题旅游产品只有不断挖掘本土文化的时间和空间内涵，在开发中对本土主文脉进行合理突破，才能保持其活力，延长生命周期。同时，旅游市场也是变化的，随着人们生活水平的不断提高，潜在游客转化为现实的游客，游客的消费观念和消费需求也必将更多样性，旅游者的动机、需求、行为等更加倾向于个性化、多元化，所以，民族文化主题旅游的主题创新也要伴随着旅游市场需求的变化而不断地创新变化。

制度、文化和人情的全面结合是未来主题旅游竞争的一种升华。"以变应变，以变制变，创新发展"是中国旅游业未来发展道路上的必然选择。民族文化主题旅游让游客在旅游消费过程中得到一种文化的享受，它将是中国未来民族文化发展的一个新方向。

然而，也要清醒地认识到，主题确实能给民族文化开发带来特色，带来个性，进而带来效益。而这个由"主题"带来的效益，从根本上来说，是由特色形成的投资优势。投资民族文化旅游主题，建成后产品投入市场就创造了天然优势，因为带有这个主题的旅游产品本身在市场中无人或很少人竞争，能给民族文化的经营一个较好的开端。然而，"主题"的天然优势是可以被模仿的，其投资壁垒并不高。"主题"不能成为民族文化旅游开发的核心竞争力，核心竞争力仍然是由品牌运作、市场运作、内部管理等常规方面所组成。在投资和经营的过程中，都要对这一点有清醒的认识，避免对"主题"过分看重和依赖，以致出现决策、管理的失误。

参考文献

［1］陆军，潘善环. 多维视野中的民族文化旅游开发［J］. 桂林旅游高等专科学校学报，2003（5）：61-62.

［2］龙胜各族自治县人民政府，桂林桂工旅游规划设计研究院，桂林市七颗星旅游规划咨询有限公司，龙胜各族自治县旅游发展总体规划市场调研与预测专题报告［D］. 2003.10.

［3］陈南江. 以新的旅游观指导旅游业发展［EB/OL］. http://www.tourism-research.com/ lyyj/ research37.htm.

［4］陈南江. 同类主题入造景观的竞争与发展策略——以广州世界大观与深圳世界之窗为例［EB/OL］. http://www.tourism-research.com/ lyyj/research17.htm.

［5］陈南江. 旅游开发的主题与文脉［EB/OL］. http://www. tourism-research.com/lyyj/ research2.htm.

［6］陶伟，戴光全. 区域旅游发展的"竞合模式"探索：以苏南三镇为例［J］. 人文地理，2002（4）：31.

［7］尹贻梅. 对旅游空间竞争与合作的思考［J］. 桂林旅游高等专科学校学报，2003（1）：57.

［8］董观志.旅游主题公园管理原理与实务［M］.广州：广东旅游出版社，2000：188.

［9］陶犁.旅游地理学［M］.云南大学出版社，2003：95.

［10］刘纬华.西部少数民族地区旅游发展初探［J］.北京第二外国语学院学报.2002（4）：67.

［11］Mac Cannell，D.：Staged Authenticity：Arrangement of social space in Tourist Settings Am.J social.79，1973：603.

［12］邹统钎，吴丽云.旅游体验的本质、类型和塑造原则［J］.旅游科学，2003（4）：8.

［13］蒂姆·欧克斯.主题公园式的村庄——中国旅游业的模仿及真实性［C］.吴晓萍.民族文化旅游的社会学研究［M］.贵阳：贵州民族出版社，2003：21.

［14］吴忠才.旅游活动中文化的真实性和表演性研究［J］.旅游科学，2002（2）：18.

［15］Medlik，S.Managing Tourism［M］.Butterworth-Heinemann Ltd，1991：105.

［16］杨寿川.云南民族文化旅游资源开发研究［M］.北京：中国社会科学出版社，2003：194.

［17］董观志.旅游主题公园管理原理与实务［M］.广州：广东旅游出版社，2000：17-18.

［18］中国酒店人才网.主题酒店在中国［EB/OL］.http://www.51HotelJobcom2004-9-19.

［19］崔凤军.中国传统旅游目的地创新与发展［M］.北京：中国旅游出版社，2002：115.

［20］崔凤军.中国传统旅游目的地创新与发展［M］.北京：中国旅游出版社，2002：116.

［21］王大悟.创新与联合——论21世纪中国旅游业发展的两大主题［J］.旅游科学.2000（3）：2.

［22］张宏瑞.文脉在文化资源旅游开发中的主导作用［J］.资源开发与市场，2004.（2）：157.

第四节　多维视野中的民族文化旅游开发理论

民族文化旅游的开发涉及民族信仰、民族文化保护等敏感的民族问题，涉及面广，开发的难度、复杂度大。因而，民族文化旅游开发的特殊性需要多学科介入，从多维视野中审视民族文化旅游开发将更有利于其可持续发展，减少各种矛盾，实现多赢。

本文试从旅游人类学的角度探索民族文化旅游开发的理论基础，应用民族学调查研究方法为民族文化旅游提供方法论，从旅游美学的视角审视民族文化旅游产品的开发。

一、理论先导：旅游人类学视野中的民族文化旅游

旅游人类学研究的核心是旅游文化层面，民族文化旅游资源中核心层面也是民族文化，因而，旅游人类学介入民族文化旅游为正确处理民族文化旅游开发中出现的各种矛盾以及怎样开发特色旅游项目提供了理论先导。

旅游人类学研究的重点是民族文化旅游（EthnicTourism）。民族文化旅游不仅只是一种"脱俗朝圣"的旅游活动，而且还是一种"特殊形式的族群关系"。它是"把古雅的土著习俗以及土著居民包装成旅游商品以满足旅游者的消费需求"。即是将土著民族（少数民族）传统文化有旅游价值的资源设计为旅游产品以满足旅游者的消费需求。在旅游人类学视野中，民族文化旅游实质上就是在尊重当地民族意愿的基础上将民族异质文化或异域风光通过"脱俗朝圣"的仪式展示给旅游者，满足旅游者的心灵需要。不同的民族文化具有多元性、差异性等特征。研究表明，文化的差异性越大，对游客的吸引力就越大，因此，伴随着旅游业人流、文化流、信息流、物资流的交往和渗透，民族文化尤其是弱势民族文化有被同化、冲淡、代替的可能。虽然这是旅游地与旅游者双向互动的动态交换过程，但一般来讲强势文化旅游者所带来的异域文化对弱势文化旅游地文化的冲击、影响可能要大些。基于此，旅游人类学介入民族文化旅游主要要务就是研究旅游业带来的各种社会文化现象的发生和发展变化，其重点体现在以下两个方面：一方面对旅游者及旅游本质自身的研究。另一方面旅游业的出现给东道国地区带来的社会、经济及文化的影响的研究。后者还包括了对主体和客体之间互动关系的研究。这种要务的要义即为正确处理民族文化旅游的开发与保护这一矛盾提供理论指导依据和素材。比如，有学者对云南民族文化旅游开发中的"族群"进行探讨，认为"民族文化旅游强化族群认同意识，推动了民族传统文化复兴，激发了民族文化的复制、再造和创新"。当然，从本质上说，旅游同许多社会现象一样，所引发的社会文化的后果是双重的，利弊是相互消长的。因而，在民族文化旅游开发的过程中，探寻采取什么样的方式，怎样保护、传承少数民族传统文化，寻求传统与现代的最佳结合点，维护民族文化的多样性和持续发展，促进民族地区获得经济发展的机遇，重新认识并提升本民族传统文化

的价值，旅游人类学介入民族文化旅游提供了一个很好的理论平台。

旅游人类学介入民族文化旅游还为拓宽民族文化旅游市场空间搭建了新的理论平台。从旅游人类学的视野来探视旅游者的旅游动机，能设计出更适合旅游者口味的民族文化旅游产品，为民族文化旅游市场的开拓提供更好的理论依据。

伴随着世界经济持续发展及全球经济文化一体化的趋势，旅游产品的文化价值深刻地影响着人们的生产和消费，尤其是旅游产品的生产和消费。这是因为，人们对物质的需求是有限的，物质需求满足以后，更多的是追求文化精神方面的享受，主要体现在旅游者的消费已开始走向理性化，中外广大旅游者不再满足于"浮光掠影""走马观花""蜻蜓点水"式的景观观光"客体"旅游，而是渴望通过参与体验式的"主客双位"旅游活动，获取知识，获得精神境界的感受。这种参与观察旅游的基本内涵包括了旅客在旅游过程中越来越注重人文生态，注重对人的价值观参照和修正，加重旅游中的个人体验的分量。参与体验式的"主客双位"旅游，从认知人类学的角度来看，是旅游者如同人类学家一样，在某个民族文化旅游区居住一段时间，通过对某一民族的独特文化或生活方式或奇异自然风光的参与、体验和观察，来实现其审美需求的过程。它是一种高层次的旅游行为，地方性知识系统在其中具有重要的作用，地方性知识系统保留、开发得越完整，对旅游者的吸引力也就越大。这种"参与观察"旅游是渐趋成熟的旅游者新的旅游动机，一旦这一旅游需求动机走向成熟，"参与观察"旅游必将成为21世纪旅游业发展的主流之一。

分析游客的旅游动机，目的是进一步对旅游者进行细分，以便更有针对性地开拓旅游市场空间，扩大旅游市场份额。旅游人类学家从人类学的角度对旅游者进行了细分。美国学者史密斯把旅游者分为5类：

（1）民族文化旅游者（Ethnic Tourists）。

（2）文化旅游者（Cultural Tourists）。

（3）历史旅游者（HistoricalTourists）。

（4）生态文化旅游者（EnvironmentTourists）。

（5）娱乐型的旅游者（RecreationalTourists）。

以色列著名旅游人类学家科恩也把旅客分为 5 类，但与史密斯的分类有很大的区别。

（1）现实性的游客（Existential Tourists）。

（2）实践性的游客（Experimental Tourists）。

（3）经验性的游客（Experi-enced Tourists）。

（4）娱乐性游客（RecreationalTourists）。

（5）转移性游客（Diversionary Tourists）。

旅游人类学家将游客细分的目的很明显是为了旅游市场的需求。但旅游者的旅游需求是一个动态的发展过程，需要旅游人类学家与时俱进，依据旅游需求态势对旅游者类型进行不断细分，以便更有针对性地进行旅游市场营销，推销和拓宽民族文化旅游市场。换句话说，旅游市场营销的最佳策略就是针对不同层次、不同旅游需求的旅游者进行宣传促销，这才会达到事半功倍的效果。旅游人类学家从人的本质出发，探讨旅游者的旅游动机，细分旅游者类型，为旅游部门开发民族文化旅游市场提供了更有说服力的理论依据。如有学者从文化人类学的角度研究了中日两国两种文化的异同，寻求旅游文化的文化动因，为中国开拓日本旅游市场分析游客的思维模式和文化背景，为中国民族文化旅游产品的市场运作选择最有效的渠道和方式，了解日本游客的风俗习惯和行为特性，为中国导游和宾馆饭店服务等提供技术性指导，以体现旅游过程中的人文关怀，吸引更多的回头客。对于国际旅游市场而言，只要了解某个市场多数人的需求，能够设计出适宜的旅游产品来满足他们的"差异性"需求，就会占领这个旅游市场，这是旅游人类学对旅游业的最终市场意义所在。

二、调查研究：民族学视野中的民族文化旅游资源调查研究方法

借鉴民族学的一些调查研究方法调查研究民族文化旅游资源有着重要的意义。

（一）实地调查法

实地调查是民族学家获取研究资源的最基本途径，是"民族志"（Ethnog

raphy）即"记述民族学"（De-scriptive Ethnology）的架构源泉。民族学的实地调查法应用于民族文化旅游开发的旅游资源调查研究，是指"运用一系列系统的调查方法和调查技术，有步骤地对民族文化旅游开发的各个组成部分进行考察，以便收集有利于开发的第一手资料，为开发的成功奠定坚实的基础"。调查的范围极其广泛，不仅包括对民族文化旅游自然环境的调查，也包括对其历史、现状及特色文化等多方面的调查。

1. 观察与参与观察法

民族学工作中特别注重观察，并以此为收集第一手资料的最基本方法。作为民族调查，它不是随便看看，也不是"走马观花"，而是有目的地细致观察。当地的自然地理、人文建筑等均要尽收眼底，这是对静态的物的观察。另一方面，对当地的日常活动、生活礼仪、人际交往等要留心，这是对动态的人的观察。观察要身临其境，所以通常称为"现场观察""直接观察"。

除了观察外，民族调查更强调"参与观察"（Partici-pant Observatio），这种方法又被称为"局内观察法"或"居住体验法"，是一个高层次的观察法。这种方法能更深入地了解发展民族文化旅游的方方面面，也为即将到来的"参与观察"旅游提供了一个范式。民族文化旅游开发中可应用这种方法来对民族文化旅游资源的"家底"进行深入系统的大普查，了解掌握其应用的广度和深度。

2. 个别访问

民族学调查强调"直接"性，即深入实地，面对面地接触调查对象。个别访问运用到民族文化旅游上，就是在民族文化旅游开发中能否尊重当地人的意愿，做好社区参与旅游开发、体现人文关怀以及融洽旅客与东道主人际关系的关键。只有充分了解旅游目的地居民对旅游的态度、心理反应等的基础上，才能营造出良好的旅游环境。

3. 调查会

开调查会是民族学调查的一种最常用的方法。调查会之前，应例行听取当地主要部门领导的介绍，一是熟悉当地情况，二是取得当地领导的支持。作为一个民族文化旅游规划者或研究者，开好调查会能节省很多时间，也能更全面地掌握第一手资料，为做好民族文化旅游资源的调查研究工作奠定基础。

4. 问卷法

问卷是社会学调查研究中观察研究所采用的一种由调查对象填写的表格。民族学采用社会学的问卷法，一方面用于抽样调查，另一方面也用在观察和访问中。所不同的是，大多数情况下，并不适用填写问卷表的办法，而是由调查者直接向调查对象进行口头提问。问卷法主要目的在于了解被调查对象对某一问题的关心程度、态度及心理状态。民族文化旅游中通过问卷调查法对游客及当地居民、政府、社团等各阶层所关心问题的程度、态度及心理状态进行调查，为更好地预测旅游发展趋势，定位旅游市场，策划旅游目的地旅游形象，客源市场分析等做参考依据。

5. 谱系调查法

这种方法又称谱牒分析法，指对被调查人的家谱、族谱和亲属制度的调查分析，对于调查家族制度、婚姻制度以及民族迁徙等都有价值。谱系调查由现今一家一户的姓氏和名称、亲属称谓、直系和旁系的姻亲关系为出发点，一代一代地上溯到不能记忆为止。

中国少数民族中有许多特殊的命名制度，如彝族的父子连名制、怒族的舅甥连名制等。这些民族所特有的社会旅游资源很有民族特色，旅游价值很高。如运用谱系调查法开发获得巨大成功的旅游区有云南泸沽湖摩梭人母系家庭和阿肖走婚习俗、闽南的惠安女不落夫家婚习等奇异的民族文化旅游区。运用谱系调查法能够挖掘民族社会旅游资源中深层次文化和具有本民族特质的人文旅游资源，包括已消失的或濒临灭绝的文化，如中国四川的三星堆文化，开发特色民族文化旅游项目。

6. 自传调查法

这种方法，以个人为对象，全面记录其生平经历，不仅可以反映出一个人全部的历史，而且反映出他们的家庭史、行业史以及民族史的某一侧面。如调查某位民族英雄，可以获取有关他的许多具体资料，或调查民族神话传说中的某个人，如云南的阿诗玛，广西的刘三姐等。调查研究民族中的神话传说人物或民族著名人物或民族英雄人物，挖掘民间人文文化资源，如广西打造刘三姐旅游品牌取得成功就是一个很好的典范。

7. 定点跟踪调查法

这种方法，有人称为"历史溯源法"。是指在某一社区建立固定的调查点，对于一个群体进行有间隔性且长期的持续不断的观察。以研究这一群体在总体上或局部上发生的演变。从中发现历史演变的特点、原因和规律。旅游是一个动态发展的产业，民族文化旅游发展有其发展的特点和规律，因而，在民族文化旅游区建立定点跟踪调查，是总结民族文化旅游发展特点及探究其规律，不断进行旅游产品更新，适应旅游发展的一种可取的研究方法。采用定点跟踪调查法也是监测旅游产品生命周期，获取旅游开发对旅游目的地影响有关参数，反馈旅游信息，了解旅游动态的重要研究方法。

8. 文物文献搜集法

少数民族文物与常规文物不同，它存在于少数民族的现实社会生活之中。只要有民族学研究和民族博物陈列价值，都可以视为民族文物。例如，一件正在使用的器物，一身正在穿的衣服，一尊正在供奉的神像等。

民族文物要有一定的代表性和类型性，要富有民族特点，如壮族的铜鼓等。做好文物文献的搜集，是不断充实民族文化旅游内涵的基础。

（二）跨文化比较研究法

民族学自产生之初就是以异质文化为研究对象的，以探讨人类文化的普遍性和多样性为目的的一门学科。因此，把所有的社会文化作为比较的对象是理所当然的，这里就引出了所谓的跨文化比较研究（Cross-Cultural Comparative Studies）。跨文化比较研究，是指对两种或两种以上的社会或文化所进行的比较研究。民族文化旅游中占主导地位的旅游资源是民俗旅游资源。民俗作为一种文化现象，渗透于从经济基础到上层建筑的各个领域，渗透于各个民族人民生活的各个角落之中，要将这些丰富多彩、纷繁芜杂的民俗事象及其载体区分出来，发掘出来，就需要导入跨文化的比较研究方法对它们加以分辨，找出各种民俗的特色及相互之间的联系，为民俗旅游活动的开发创造条件。

民族文化旅游导入跨文化比较研究的意义在于：研究不同地域不同民族之间的文化差异，筛选出具有鲜明的民族特性品格、原始文化品格、生活属性品格、动态积累品格、历史传承品格和地域变异、阶级变异等多种品格的特色旅游资源，吸引异国异地游客，避免民族文化旅游项目的雷同及重复建设，盲目浪费，以利于在激烈的旅游市场竞争中立于不败之地。同时，通过跨文化比较研究还能避免做出有损民族形象和有伤民族感情的事情。跨文化比较研究应用于民族文化旅游的成功范例有日本的明治村，斐济的古代文化村，中国云南丽江等。

（三）历史文献研究法

历史文献研究法主要是运用历史学的研究方法来研究民族学，是借用历史学作为解析民族学在田野工作中所观察到的各种现象的背景、注解和渊源。不过，民族学研究中，对历史文献的搜集和利用，往往与单纯的历史学研究法有所不同，主要在于民族学一般是运用历史溯源法，由今到古，逆时间的顺序而上，以解释现实社会中的某一问题、某一现象为出发点，找出这个问题或现象的历史渊源。也就是说，民族学研究利用历史文献，一般是为了利用历史文献解释现实社会而不是为了诠释历史本身。民族地区中的历史遗迹、考古发现、古建筑等旅游资源的开发，需要导入民族学的田野调查和历史文献研究方法以及其他学科的调查研究方法进行多学科交叉研究，唯有如此，才能开发出真正具有民族历史文化中深层内涵的旅游项目，正确规划好文物旅游资源的开发与保护。

三、理性产品：旅游审美视野中的民族文化旅游产品开发

现代旅游者出游动机追求的是一种非功利性的精神享受，所做的努力是为了体验旅游的愉悦，这种旅游的愉悦，就是旅游者在旅游中的审美过程。因而，可以说新概念旅游就是旅游主体追求旅游愉悦的审美活动，它体现了一种人文思想，在本质上"是一次集自然美、艺术美和社会美之大成的综合性审美实践活动"。难怪著名的美学家叶朗说："旅游，从本质上讲，就是一种审美活动，离开了审美，还谈什么旅游？旅游涉及的一切领域，又涉及审美的一切形态，旅游活动就是审美活动。"民族地区旅游资源所展示的不同的审美对象和内容能够极大地满足不同类型的旅游者的需求，实现着人们对美的欣赏与享受的愿望。正基于此，民族文化旅游产品的开发必须遵循一定的美学原则，要从审美的角度进行旅游项目开发。

　　不同区域,不同民族的旅游者的审美情趣是有区别的,他们在民族文化旅游活动中各自凭借自己的审美情趣对异质文化进行分析、评价和判断,选择行为取向并影响其心理效果,因此,了解和分析主要旅游客源的审美情趣,针对游客不同的审美情趣需求分类民族文化旅游产品,设计各具特色的旅游项目有着直接且现实的意义。依据民族文化旅游资源将其产品分类如下(见图4-10):

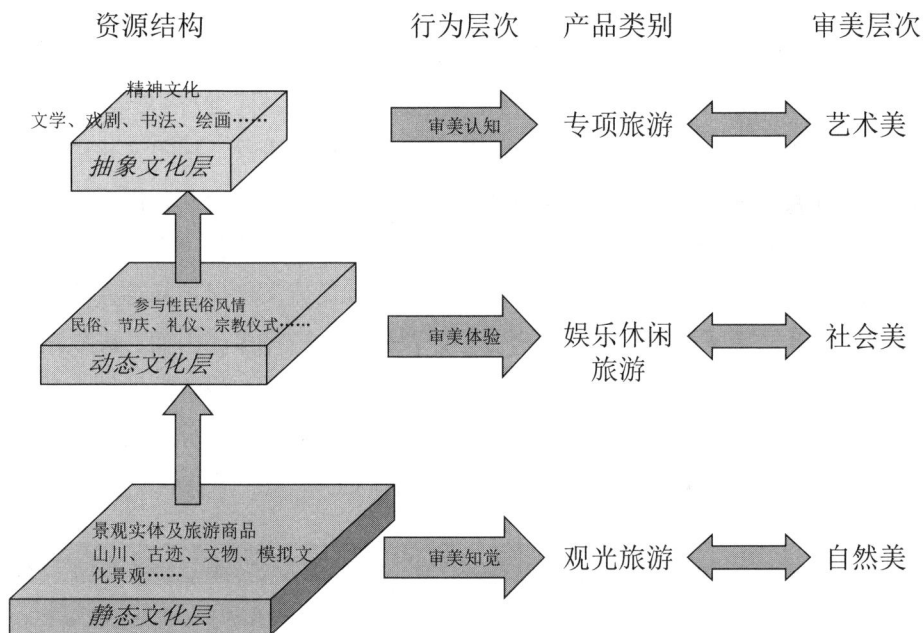

图 4-10　民族文化旅游产品系统结构

(一)静态文化层

　　静态文化层处于民族文化旅游产品系统结构的最基础层,包括山川、古迹、文物、人造景观、模拟文化园等静态旅游资源,以文化景观和民族文化旅游商品为主,开发的产品主要是观光旅游,在旅游审美中处于感知阶段,能满足游客对形态美、动态美、色彩美、结构美、音乐美等自然美的审美需求。

(二)动态文化层

　　民族文化旅游产品系统结构的中间层(核心层)是参与性很强的民俗风

情，包括民俗、节庆、礼仪、宗教活动等动态旅游资源，它属于动态文化或活文化，是民族文化旅游能否在激烈的旅游市场竞争中立于不败之地的优势所在，具有鲜明的民族性、地域性以及强烈的文化感染力。在旅游审美中处于体验阶段，最能满足旅游者"求知、求新、求异、求美、求奇"的精神文化需要。

（三）抽象文化层

抽象文化层属于精神文化，它位于民族文化旅游产品系统结构的最高层。它是民族文化差异的核心，是构成专项旅游产品的素材。包括文学、戏剧、书法、绘画等抽象旅游资源。在旅游审美中处于认知阶段。抽象文化层面往往需要游客去读解、品位其艺术魅力，是和旅游者心智的交互，需要旅游者具备较高的文化素养以及一定的审美经验、正确的审美态度。

总之，民族文化旅游的开发涉及民族问题及民族文化保护问题，要比一般的旅游开发要复杂得多、困难得多，涉及的面要广得多。因而，民族文化旅游的理论与实践要从人类学、民族学、美学等多学科与旅游学的结合和跨学科、多学科、综合学科的整体研究和探索上入手，应在充分开发和利用民族文化旅游资源的同时做好保护和可持续发展的工作。

参考文献

［1］彭文斌.中国民俗旅游的发展及中国学术界的参与趋势——兼论西方人类学界对民俗旅游发展"反效应"的思考［A］.见王筑生主编.人类学与西南民族［C］.昆明：云南大学出版社，1998.

［2］Erik Cohen. Ethnic Tourism In Southeast Asia.1999 年 10 月，昆明"旅游、人类学和中国社会"国际研究会论文［D］.

［3］杨春宇，叶文.《发展中的旅游人类学》［J］.桂林旅游高等专科学校学报，2002，（3）：76.

［4］杨慧.民族文化旅游与族群认同、传统文化复兴及重建［J］.思想战线，2003，（1）.

［5］彭兆荣."参与观察"旅游与地方知识系统［J］.广西民族研究，1999，（4）：36.

［6］Valene. L. Smith. Hosts And Guests；The Anthropology Of Tourism, Second Edition（M），Pennsylvania University Press，1989.

［7］Erik Cohen. Authenticity And Commaditization In Tourism（J）.Annals OfTourism

Research，Vol.15，1988.

［8］黄海.文化人类学在国际旅游市场中的应用［J］.旅游学刊，2001，（1）.

［9］宋蜀华，白振声.民族学理论与方法［M］.北京：中央民族出版社，2002.

［10］胡海胜.论民俗旅游开发研究的一般方法［J］.桂林旅游高等专科学校，2001，（2）：52.

［11］王柯平.旅游美学纲要［M］.北京：旅游教育出版社，1997.

［12］李永利.旅游呼唤审美［J］.韶关师范学院学报，2001，（4）.

第五节　超旅游：民族文化旅游发展理论思考

近年来，许多城市举办或承办了具有国际性的论坛、会展、赛事、交易会、节庆等活动，以非常规的旅游宣传手段促进了区域旅游的发展，诸如南宁的东盟博览会、南宁国际民歌艺术节、北京奥林匹克运动会、杭州 2006 年世界休闲博览会、广州交易会、海南博鳌亚洲论坛、上海世界博览会、云南昆明世界园艺博览会等，举办的目的是提高城市的知名度和竞争力，改善投资环境，树立良好的区域形象，而初衷不是为了发展旅游（当然，也有学者将这种现象称为赛事旅游或节事旅游或商务旅游等，笔者不同意这一观点），这些节事、赛事、会展、论坛成功举办的确带动了区域旅游的发展，这种超越旅游思维，突破常规旅游的樊篱，利用非旅游手段促使旅游发展的现象，作者将其称为"超旅游"。"超旅游"是指超越传统旅游概念范围，突破传统旅游发展思路，通过某种具有区域性事件（区域性或国际性赛事、节事、会展、论坛、博览会、商贸交易会等）所形成的区域产业群（或产业链），带动或促进旅游发展，而不是旅游带动它们发展，反过来旅游又扩大了该产业群（或产业链）的发展与影响，形成了非常规的区域旅游经济形态。

一、研究的缘起与目的

近年来，区域旅游发展的进程加快，研究区域旅游的学者和文献都比较丰硕，然而，我们也必须看到，虽然通过发展区域旅游能够加快旅游发展，但许多地方已经人为地划分旅游圈、旅游带之类的区域旅游区，因为没有一个能够统领和驱动整个区域旅游区发展的载体而导致区域旅游难以真正实现。于是，为了拓宽区域旅游发展思路，实现突破性地推动区域旅游发展，学者开始用"大旅游""泛旅游"等概念来试图突破常规的旅游概念，目的都是拓宽旅游的内涵和外延，以便能够更好地从更高层次发展区域旅游。不管是用"大旅游"也好，或用"泛旅游"也好，这些概念基本上没有突破传统旅游概念内涵，用"超旅游"这个概念能够真正突破常规旅游概念的思维樊篱，真正实现跳出旅游看旅游，突破旅游发展旅游的目的。超常规的旅游发展，是不以旅游者的需求意愿和行为规律来设计的，而是建立在区域经济发展的基础上的，其发展初衷并非是旅游，而是通过举办这样那样的盛事活动来促进区域经济发展，提高某地的知名度和塑造城市的品牌，这种发展思路很难在一个景区景点中进行，必须在一个比较大的区域中进行，政府主导起到相当重要且关键的作用。

传统的旅游发展思路是：一是具有很好的客源基础或市场背景；二是具有优良丰厚的旅游资源，诸如桂林、北京、深圳等地，二者缺一都发展不了旅游；而超旅游发展思路认为：只要具备良好的区位条件，适合发展某种区域性的产业，不管是否具有良好的客源市场或者优良丰厚的旅游资源，都可以发展旅游，而且都能够促进旅游发展。反过来，旅游又可带动其他产业的发展，取得成功的城市有浙江义乌、广西南宁、辽宁大连等。因此，通过研究这些非常规旅游发展现象，及时总结经验教训，对新时期实现旅游跨越式发展，促进区域旅游发展，探讨新的旅游发展模式，完善旅游理论体系，建设有中国特色的旅游理论体系和实践体系，实现"世界旅游强国"的目标具有重要的现实意义。

二、影响超旅游发展的因素

超旅游在一个小旅游区域或单个旅游景区景点内是无法实现的，它的发展必须是在区域范围内才能实现。因此，超旅游的发展会受到多方因素的影响，通过对北京、南宁、大连、广州、杭州、昆明等这些发展超旅游的城市的研究可以发现，影响超旅游发展因素或者叫作超旅游发展应当具备的条件主要有区位、交通网络、政府行为等三个核心因素。

（一）优越的区位优势

区位是影响超旅游发展的关键因素，也是发展何种超旅游类型的决定性因素。发展超旅游的区位必须具有优化区域产业结构的功能，并且在区域内能够形成产业集群，对区域经济发展起到增长极的作用。也就是说，该区位必须有利于发挥地区优势，有利于产业的统筹协调发展和区域内部的统筹协调发展，使相关产业增加附加值，对提高区域发展水平，形成区际经济良性互动，促进区域经济发展具有重要意义。以南宁为例，东盟博览会永久性落户南宁，是因为南宁是广西的政治中心，是大西南的出海枢纽，也是东盟各国进入中国的桥头堡，南宁通过举办东盟博览会在区域内它能够起到沟通中国—东盟的纽带作用，在国内能够对大西南甚至是"泛珠三角"的产业起到带动、辐射的功能，在整个中国—东盟自由贸易区，南宁凭借其优越的区位优势能够起到优化大西南甚至是"泛珠三角"产业结构的作用。如果将东盟博览会放到西南其他城市或是北方城市，那么东盟博览会所能起到的作用将会大大削弱甚至无法发挥其应有的功能。

（二）空间联系上的便捷性

空间联系上的便捷性，即区域内各大城市及重要旅游城市和中心集散地之间要有完善、发达的交通网络。这些便捷的交通网络是形成产业集聚效应和实现产业带动、辐射的重要介体，因此，超旅游的区域城市必须具有良好便捷的交通网络，保证举办超旅游的各项活动能够畅通无阻，实现物流、人流、信息流、旅游流等的快速传递。如果区域内各城市、集散地之间没有方便、快捷的交通来串联，客流不能无所阻碍地在区域内流动、循环，区域旅游的全貌和整体优势便体现不出来，对客人而言，他们看到的、感受到的只是区域旅游中的一颗或几颗"明珠"，而非真正的"珍珠项链"，这样的旅游不是真正意义上的超旅游。此外，要实现客人在区域内的快速移动还需要相关产业和部门的支持。比如，北京举办奥林匹克运动会，它所发挥的辐射作用是通过北京与全国各地的海陆空交通网络来实现的。尤其是京津唐地区和长三角及环渤海地区，由于在地域上与北京有着密切的联系，2008年奥运会所带来的客流中，这些地区将凭借其便捷且完善的交通网络首先分享到这些客流。

（三）政府高度重视

政府行为在超旅游中起着至关重要的作用。因为，实施超旅游发展战略不仅需要整个旅游业全力以赴，而且需要整个社会共同参与。实施超旅游发展战略不是哪一个旅游区、哪一个单位、哪一个企业所能独立完成的，而是需要整个社会各个行业统筹规划、协同发展。同时，超旅游是在区域间进行，区域内涉及各级政府的各个部门，要协调好各级政府及各个部门，领导社会各个阶层参与进来没有政府根本就无法实现，因此，实施政府主导发展战略就尤为必要。如无论是北京奥运会还是南宁东盟博览会，不管是海南博鳌亚洲论坛还是杭州世界休闲博览会，政府在其中都起到了主导的作用，而且没有政府主导行为的参与，这些论坛、博览会、节事、赛事等具有超旅游性质的活动根本就无法举办。

三、超旅游的类型与特征

（一）超旅游类型

超旅游发展的类型与特征是多种多样的，与传统的旅游发展类型既有共通之处，也有很大的差异，超旅游一般是利用非固定的旅游资源进行开发的，这种旅游资源是无形的、动态的，而非有形的、凝固的，而且这些资源经过培育是可以成为区域性的乃至国际性的，如果开发成功能够在短期内迅速带来巨大的效益，快速实现区域产业化。归结我国已开发和准备开发的超旅游活动主要有以下几个类型：

1. 节事型

节事型超旅游形态是指以各种具有区域或国际影响力的节庆活动和体育赛事为主题并以此为契机，在区域内围绕该主题由政府主导对基础设施和服务设施以及公共设施进行投资建设，利用节事活动对城市进行强大的宣传营销，使得该城市的知名度、美誉度迅速提高，从而优化投资环境，吸引大量人流进行消费，促进该区域经济的发展。待这些节事结束后将举办节事时所遗留的设施转化为旅游景区、景点或旅游设施，从而实现从商贸向旅游的转变。大量实践表明，成功的节事活动能够极大地持久地拉动区域产业经济发展。比如：辽宁大连、山东潍坊、广西南宁、广东广州等区域性城市原本旅游资源并不丰富，旅游资源的美誉度、知名度、珍稀度也很低，如果采取常规的旅游发展思路开发观光旅游、度假旅游、主题园之类的话，其旅游发展不会得到多大的进展，甚至可能是连连亏本。通过举办国际性的服装节、风筝节、民歌艺术节、交易会等，这些城市在短时间内成为国内外著名的旅游城市，并且都带动了其周边市县的旅游发展，形成了环渤海旅游圈、大南宁旅游圈等，实现了区域旅游的超常规发展。

2. 会展型

会展型超旅游形态是借助国际上已具有相当影响力或者由国际组织、民间组织形成的能够吸引大量客流的国际性会议或展览会，以此为核心，构建相应的产业链，形成区域产业群，成为一个区域经济发展新的增长极，通过该会展，吸引强大的客流、物流、信息流和资金流，从而带动区域旅游发展的一种旅游形态。世界各个国家及地区通常利用举办这些会议和展览的机会，把会展活动和旅游活动有机结合在一起，使参加会展的代表（客商）和参观会展的受众在会展活动之余的兴趣转移到当地的旅游资源上来，从而为当地旅游业创造更大的需求并带来巨大的效益。如今，会展业的高度发展已为旅游业带来巨大的商机和广阔的发展空间。参与会展活动的各主体使会展目的地形成了一个潜力巨大的旅游市场，许多国家和地区已成功地将这些潜力巨大的旅游市场转化为现实的旅游市场，取得了显著的业绩。近几年来，北京、上海、大连、广州、昆明、南宁等城市多次举办大型国际会议或展览，如南宁东盟博览会、昆明世界园艺博览会、广州的交易会以及2008年北京奥运会、2006年杭州世界休闲博览会、2010年上海世界博览会等，这些会展在举办期间所吸引的巨大客流以及其后续波及效益，极大地带动了当地旅游业的发展，也以此带动了当地区域间的房地产业、休闲产业、商业、城市旅游、农业、工业、服务业等产业的发展和优化。

3. 休闲产业型

休闲产业型超旅游形态是指利用现在迅猛发展的休闲产业市场，为了满足市民和游客的需求而大力发展休闲产业，使休闲产业独立地成为该区域新的经济增长点，以此促进和拉动该区域的旅游发展。桂林和杭州就是著名的例子。透视著名的国际旅游目的地桂林、苏杭、北京等发展旅游的历程，不难发现，传统的以旅游为主导产业发展区域旅游经济已经很难再有新的突破，必须根据市场的变化而采取新的发展策略。现在我国已逐步进入休闲时代，国民法定闲暇时间已达114天，休闲消费必将是未来的消费方向。在这种前提下，苏杭、桂林、北京等传统旅游目的地开始突破固有的旅游思维，纷纷通过发展休闲产业来带动和促进旅游发展，突破传统旅游的樊篱，加大力度发展休闲产业。比如：杭州利用2006年举办世界休闲博览会之机，建设了休闲产业园、休闲产业带和众多的休闲景观发展了相应的休闲行业。而桂林在近5年里也紧紧地抓住机遇，大力发展休闲度假旅游，借助"显山露水、拆墙显绿"的大规模城市改造之机，加大城市休闲基础设施和环境建设。发展了保健康养业、文化娱乐业、餐饮业、体育休闲业，并加大力度开发了桂林城郊乡村旅游、桃花江休闲度假旅游区、愚自乐园、两江四湖环城游憩带以及大桂林旅游圈辖县的阳朔乡村旅游、阳朔西街、阳朔世外桃源、《印象·刘三姐》大型实景演出、兴安乐满地休闲度假世界和乐满地休闲娱乐主题园、荔浦龙怀世界华商大会商务休闲景区、龙胜温泉休闲度假区等，促使桂林的休闲旅游得到了迅猛的发展，极大地促进了桂林旅游的发展。

4. 论坛型

论坛型超旅游形态是指利用国际政府组织或国际非官方组织持久地定期举办的国际性或区域性各种论坛，并将论坛会址永久性地固定在某地，借助该论坛所吸引的巨大人流促使该区域成为著名的旅游胜地的一种非常规旅游形态。这种超旅游形态需要的条件非常苛刻，而且这种超旅游形态是否能够取得成功取决于该论坛的影响力和国际参与度。海南博鳌亚洲论坛就是如此。博鳌是海南省琼海市的一个平凡小渔镇。由于2001年博鳌亚洲论坛落户于此，并成为永久性会址，加上博鳌亚洲论坛连续几年来所取得的巨大成功而使得该镇一跃成为世界闻名的旅游目的地，借助博鳌亚洲论坛，海南的旅游由此得到了巨大的飞跃式发展，使得海南成为国际会议度假旅游胜地，论坛还极大地带动和辐射了全省的旅游、房地产、商贸、娱乐业、度假业等第三产业的发展。

5. 商贸型

商贸型超旅游形态就是通过建设区域性商贸集散基地或生产基地，或者定期举办商业贸易会，形成巨大人流。这些人流往往是收入高的商人，消费能力强，对促进区域高层次的旅游发展具有巨大的潜力。比如，浙江义乌市作为全国最大的小商品集散基地，每天至少有 4 万人次到该地进行商品交易，义乌市本身旅游资源丰度和美誉度及可观赏度并不高，如果按照常规的旅游进行开发，显然很难达到预期效果，而通过发展小商品贸易带来人流，义乌市及其周边的旅游市场得到了极大的发展。

（二）超旅游特征

超旅游是旅游业发展到一定阶段的产物，具有几个明显的产业特征：

1. 政府主导

超旅游是在区域间才能实现的，发展超旅游必须要拥有强大的协调、信用、资金支付的组织才能完成，这个组织不是一般的企事业单位能够担任的，必须由政府层面来解决，因此，政府在发展超旅游行为中居于主导角色。从争取举办（建设）权、落实举办（建设）的各种任务、协调各部门之间关系、建设各种基础设施和服务设施、营造良好投资环境等都离不开政府的主导。这是超旅游最大的特征之一。比如，举办北京奥运会、东亚运动会、国际性的休闲博览会、东盟博览会、博鳌亚洲论坛、广州广交会等都是由有关政府部门来落实与实施的。

2. 高投入高产出

由于超旅游能够迅速提高区域知名度，短期内带来巨大的效益，并且容易形成一个产业集群，成为带动区域经济发展的一个新的经济增长极，因此，引起了各级政府的高度重视。然而，它也是一个风险大，投入高的产业，要举办或建设好超旅游需要配套许多投入高、回报周期长的基础设施和服务设施。诸如北京奥运会、南宁东盟博览会、博鳌亚洲论坛等，政府在基础设施和服务设施上都是倾全市乃至全省财力进行投资的，但是政府却以此契机达到了改善投资环境、争取到众多投资项目、建设了众多产业园，形成新的区域经济增长极和拉动区域经济之目的。如 1996 年云南为了迎接世界园艺博览会就投入了 200 亿元。

3. 强大的产业集聚效应

弗郎索瓦·佩鲁的增长极理论认为：区域经济发展必须形成增长极，通过增长极效应的拉动，实现整体推进。由于超旅游具有超前拉动的产业与市场特征，加之超旅游只能在区域中心城市进行，能够对周边卫星城市进行辐射，因此能够有效发挥中心城市和旅游业的复合增长极以及形成的扩散及所具有的强力支配、创新及连带效应。如北京举办奥运会不仅能够拉动京津唐地区经济的发展，而且能够对环渤海和长三角地区发挥极大的辐射作用。

4. 区域性与差异互补性明显

超旅游选择的载体必须具有很明显的差异性和区域性，并且能够在区域内形成互补性。也就是说不管是超旅游选择的主题还是超旅游所落户的区域都具有区域性的和差异互补性。正是这种区域性与差异互补性造就了超旅游所能够形成的产业集聚效益。比如，南宁东盟博览会、北京奥运会、博鳌亚洲论坛等都是具有很强的区域性的。而浙江义乌小商品集散地之所以能够成为全国最大的小商品集散地，是因为它处于长三角地区，那里生产的各种小商品没有一个集中的地方进行交易，义乌正好利用这个区域差异和互补的特点，建立起了全国最大的小商品集散基地，一举取得成功。

四、超旅游发展的经验与创新的途径

结合超旅游需要具备的条件和超旅游的特征，超旅游要得到更大的发展，需要总结成功之经验，在此基础上进一步创新发展。

（一）政府主导，市场运作，企业经营，社会参与

政府主导主要体现在按照科学发展观，选择适合本区域发展的超旅游载体，在区域合作机制、基础设施、投资环境营造、宣传促销、公共关系等方面进行主导，而不是政府承揽一切事宜。市场运作就是根据区域经济发展和竞争优势来选择适合本区域发展的项目，将政府举办的超旅游载体（博览会、论坛等）改官办为民办。企业经营即具体的项目运作则由企业按照市场规律和现代企业要求进行，自负盈亏，独立核算。社会参与就是在政府倡导下，社会共同参与，营造一个平安、文明、向上、守法的旅游投资环境。比如，海南博鳌亚洲论坛会址——博鳌，所有的设施、项目全部由企业按照市场来运作，这样不仅仅减轻了政府的财政负担，而且真正达到了通过发展超旅游促进区域经济发展的目的。云南昆明世界园艺博览园就是如此，博览会结束

后所有的项目全部转为企业化经营管理，将园艺博览园成功地经营成为一个主题公园。

（二）选择具有区域影响力强，主题鲜明，能形成产业集群的项目

从中国目前所申请得到的或者已举办的超旅游活动来看，北京奥运会、昆明世界园艺博览会、杭州世界休闲博览会、南宁东盟博览会、广州交易会、博鳌亚洲论坛、浙江义乌小商品交易基地等都是具有很强的区域性或国际性的，具有区域发展潜力，并且能够形成区域产业。这些超旅游活动经过多年的实践被证明能够给地域产业带来很大的变革甚至是根本性变革，能够产生新的区域产业或者对区域的产业结构调整、重组起到积极作用。譬如，南宁东盟博览会不仅大大地提高了南宁的知名度，优化了南宁的投资环境，促进了南宁房地产、商贸、休闲、旅游等产业的壮大发展，而且借助它的产业集聚效应，南宁成为广西乃至大西南产业结构调整、区域旅游一体化的辐射源和核心动力源，使得南宁在短短的两年时间里成为国际性的旅游集散中心和新的旅游目的地，同时成为广西乃至大西南的商流中心。

（三）按照科学发展观，用超旅游观点发展旅游

旅游业发展以及区域旅游的整体发展应树立和落实科学的旅游发展观，即坚持以人为本，树立全面、协调、可持续发展观，促进旅游业的健康发展。传统的旅游发展思路是旅游具有综合带动功能，因此其他产业必须围绕着旅游来发展，把旅游作为一个主导产业来发展，新时期区域旅游发展的思路恰恰相反，是区域旅游围绕着某一产业来发展，作为某一产业链的一部分，通过发展某一产业来拉动旅游的发展，辐射旅游的发展，从而促使旅游带动第三产业或者第一、第二产业的发展。

（四）重视超旅游载体的无形资产，建立多元筹资机制，加强超旅游载体的市场功能开发

鲜明的主题，具有特色的内容，固定的时段，各种商业项目，集聚的人流氛围，是超旅游载体可以利用的重要无形资产。

由于发展超旅游需要投入高额的资金，因此需要建立的多元筹资机制：

（1）广开赞助门路，完善投资回报机制；如众多著名财团赞助北京奥运会等。

（2）专营权转让和广告场地租赁。指定产品专营权的转让和广告场地租赁，有着较为丰厚的收益，可为发展超旅游筹集较多的资金；

（3）票务经营多样化，改进票务分档预售、折扣优惠的方式，同时开发票务的衍生产品，如按票号抽奖赢奖、旅游或购物等；

（4）大力开发旅游纪念品，超旅游载体的吉祥物、标志物、会标以及景点的微缩模型等都能制成形式多样的旅游纪念物；

（5）开发产业项目，做足旅游贸易展览生意。围绕超旅游载体主题，吸引投入建设各种产业园、经济开发区或产业项目，以此来强化超旅游载体的市场功能开发。

五、结论与讨论

超旅游是一种突破常规旅游的区域旅游产业发展形态，它既不是大旅游也不是泛旅游，而是超越旅游来带动（促进）旅游发展，跳出旅游发展旅游的新区域旅游发展理念，它是一种区域经济产业，不具有旅游的意义但又具有旅游性质，它的主要服务对象不是旅游者但这些对象又可能成为旅游者，不会因为受到旅游者的影响而发生变化，也不会因为受到旅游资源的制约而使其发展客体受到制约，它既受到该区域经济产业的带动，又能带动或联动其他产业促进该区域经济产业的发展。因此，对于超旅游的理论诠释、超旅游与常规旅游、超旅游与其他产业的关系以及所处的地位与作用，以及超旅游促进区域旅游发展，建立区域旅游特别是无障碍区域旅游机制等，这些问题都有待进一步深入探讨。此外，超旅游必须是在政府主导下进行的，具有极大的政治意义，那么，政府在超旅游中的角色扮演、决策以及政府主导哪些内容等因素也有待深入探讨。

同时，超旅游的发展是建立在具有优势区位条件的区域内才能实现的，如何利用区域产业优势来发展超旅游，实现区域旅游产业超常规发展，需要从区域所处的地理空间及其区域范围内及区域周边的产业优势来确定，选择适合区域本身发展的产业集群。比如，东盟博览会落户南宁是最好的选择，如果是中部城市或北方城市承办该博览会显然不那么合适，因此，利用产业布局理论，对于发展超旅游需要哪些条件，哪些区域适合发展那种类型的超旅游还需进一步解析。

　　超旅游对于形成区域特色产业，提升区域知名度，加快区域经济发展合作化进程，提高区域经济综合实力和竞争力，拉动区域经济发展等方面起到了极大的推动作用，其意义远远比常规旅游所起的作用大得多。然而，对于这种超旅游现象的研究以及超旅游在区域产业所起的作用、影响，超旅游如何成为一个产业并且能够带动（促进）产业发展，超旅游对区域经济的辐射力、波及范围、如何成为一个区域经济发展的增长极等问题都是值得研究的课题。

　　总之，加大力度研究超旅游（非常规旅游），对于突破常规旅游思维，跳出旅游论旅游，突破旅游发展旅游，扩大旅游的外延，突破性地促进区域旅游发展，实现我国成为世界旅游强国的目标具有十分重要意义。

参考文献

［1］沈中印.论大旅游视野下的产业互动与整合［J］.商场现代化，2005，（453）：184.

［2］杨萍.区域旅游基础性研究［J］.学术探索，2003，（5）：63-64.

［3］乔力，李茂民，高连营."大旅游"概念与21世纪旅游业的发展［J］.山东社会科学，2000，（5）：43.

第五章
民族文化旅游实践理论

第一节　民族文化旅游节庆策划理论
——以桂林龙胜各族自治县为例

　　节庆活动作为一种动态的参与性旅游资源，是一个地区民俗文化的最佳载体，从本质上说是参与性较强的、体现人与人交往的社会文化活动，它往往成为狂欢、热闹、愉悦的代名词。因此，旅游界学人把旅游节庆的构成要素概括为：兴奋要素、娱乐要素和炫耀要素。也就是说受人欢迎的旅游节庆应该是有特色、有兴奋点，能满足人们的好奇心理，能让众人参与娱乐的节日庆典，而不是一般意义的经贸洽谈，处处相同的博览会，程序化的活动过程。旅游者观赏或参与当地民俗节庆活动过程，可以直接了解、感受当地的民俗文化，获得丰富的旅游经历和知识。下面以桂林龙胜为例，谈谈民族文化旅游节庆的策划及经营模式与实施。

一、民族节庆活动对旅游业的作用

（一）提高注意力经济

　　民俗节庆能有效地传播龙胜旅游独特的形象，能吸引游客的注意力，使大量旅游者慕名而来，提高了旅游目的地的接待、餐饮等设施的使用率，刺激了当地的商业活动及直接的产品生产和间接投资，使旅游目的地的注意力经济得到提高和发展。

（二）提高游客量

旅游节庆往往成为旅游目的地一种动态性的旅游吸引物，众多游客本身就是冲着各种节庆活动而来的，这有利于提高游客量。

（三）增加知名度

通过举办节庆活动，形成一种独特的旅游产品，产生轰动的市场效应，大大提高了旅游目的地的知名度。

（四）塑造旅游形象

目的地的整体形象是通过对各种形象要素的整合实现的，在目的地开展节庆活动是整合各种形象要素最有效的方式。因为节庆活动往往是围绕某一主题展示目的地自然景观、人文景观、民俗景观的盛会，节庆活动可以将高质量的旅游产品、服务、娱乐、背景、人力等要素围绕某一主题组织和整合，营造与平常迥异而浓厚的旅游氛围。所以，节庆活动本身就是目的地形象的塑造者，举办节庆活动就是目的地形象的塑造过程。

（五）增加旅游消费

发展节庆旅游，有利于促进文化旅游商品的开发和购物旅游的发展。其原因有二：（1）旅游节庆是文化旅游商品推销的最好平台。游客的购物动机转化为购物行动需要创造一定的有利条件加以激发，旅游节庆和节庆旅游活动的文化性、多样性和参与性恰好为游客购物动机的激发创造了极为有利的条件，也为文化旅游商品的展示和营销创造了极好的平台。（2）旅游节庆为文化旅游商品营销创造了规模效益。旅游节庆的开发为各类文化旅游商品的集中经营提供了规模化的专业市场，有利于提高文化旅游商品开发的规模效益。

（六）增加基础设施及社区遗留物

通过举办节庆活动，旅游基础设施得到改善，增加了新的设施，如宾馆、体育运动场、休闲场地等。

二、龙胜民族文化旅游节庆资源

龙胜各族自治县距离桂林市87公里，是大桂林旅游圈的重要组成部分，全县16.5万人口，聚居着苗、瑶、壮、侗族等少数民族，侗、瑶、苗三个民族人口占全县总人口的 56.8%，为自治县自治民族。县内还有毛南、回、彝、蒙古、土家、黎等民族，少数民族人口占全县总人口的 77.3%（2002 年统计数据）。由于历史和地理方面的原因，龙胜各族自治县境内的少数民族风情至今仍然保存较为完整，受汉族汉化的程度不高，各族特色明显，如红衣瑶的长发和打油茶、白衣壮的师公舞和"东方魔水"水酒、紫亮侗的大歌和酸食、青衣苗的跳香舞和腊肉等。更为重要的是，由于境内民族较多，一年十二个月都有民族在过节，节庆资源丰富。

每年龙胜的少数民族节日有：壮族农历三月初三歌圩、农历四月八牛魂节；苗族五月初五端午节、六月六尝新节、农历五月十五日木洞山歌圩、农历六月初六在碧林歌圩、十月初二复生节；瑶族农历二月十五花瑶花炮节、农历三月十五红瑶红衣节、农历五月十四红瑶打旗公、农历十月十六盘王节、腊月二十九或三十日下午红瑶抬狗游寨；侗族农历正月月也节，每年农历正月初八开始；正月和十月初八侗族萨坛、农历正月初一至十五元宵节舞疱颈龙、农历立春之日晚上舞春牛。

三、民族文化旅游节庆活动策划

旅游节庆活动是与传统节日紧密联系在一起的，旅游节庆活动实质上是对历史文化的追溯，也是对民族传统文化的反映和弘扬。传统节庆作为传统文化的精华，它的存在对于增进民族内部凝聚力和加强民族间亲近感具有重要作用，它也是了解民族生活方式的窗口。正因为它具有如此重要的现实意义，所以为了向旅游者展示龙胜浓郁的民俗风情大观，应精选民俗节庆，将龙胜少数民族主要节日的主会场和节期固定下来，并坚持长期办下去，形成定时定点的旅游产品。

民族节庆的开发不应遍地开花，应有自己的重点和品牌，结合国内外节庆旅游发展的态势和现状，分析龙胜节庆旅游市场，龙胜节庆旅游以"一个主导带动、十一个附属连动"为指导思想，也就是说以一个龙头旅游节庆为主导，在这个主导节庆的带动下，其他所有的节庆都围绕着它进行策划开发。重点策划国际梯田文化节，把其作为龙胜节庆旅游的主导节庆，通过主导节庆带动其他小节庆的发展，以节庆旅游为纽带，促进龙胜旅游的持续、高效、快速发展。

　　主导民族文化旅游节庆开发要以民族文化旅游节庆资源为基础、以市场需求为导向、以新生产品引导消费新潮流为目的，通过市场调研确定受众群体来决定每年的旅游节庆主题，根据主题开展一系列的旅游节庆活动，包括提前进行宣传促销、活动场景设计、节目策划、开幕闭幕活动设计、专项旅游活动、商贸活动等项目策划设计，最终目的是扩大旅游目的地的旅游影响和形象的传播营销，吸引更多的投资商，促进当地社会经济的发展。此外，还要对本年度的旅游节庆活动进行影响评估，以利于下一年的旅游节庆的开展（见图 5-1）。

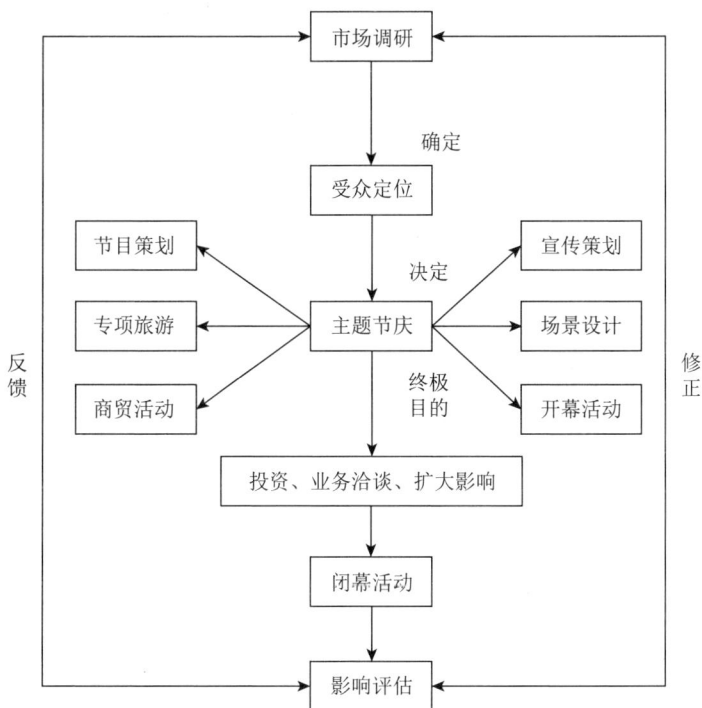

图 5-1　主导民族文化旅游节庆开发模式结构

　　附属旅游节庆开发是根据季节来确定本月的旅游节庆主题，一般规模不大，不需要做专门的市场调查，目的只是将旅游目的地丰厚的民族文化旅游节庆资源挖掘出来，通过围绕旅游节庆设计旅游目的地的专项旅游活动，引导旅游消费新潮流，营造浓郁的旅游气氛，使旅游目的地始终保持旺盛的旅游生气。活动的内容主要是根据本月旅游目的地民族文化旅游节庆资源来确定主题、展开旅游节庆活动策划项目（见图5-2）。

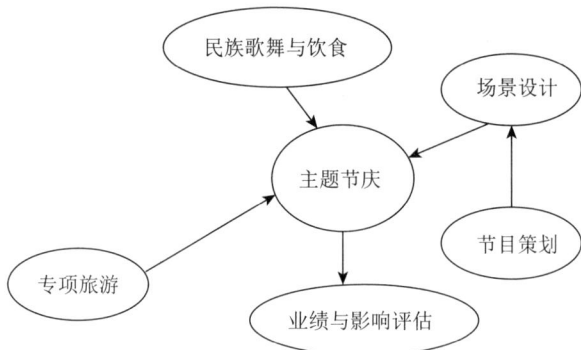

图5-2　附属旅游节庆开发模式结构

确定旅游节庆开发模式后，根据龙胜的旅游节庆资源禀赋和赋存度，策划国际梯田文化节，以欣赏世界奇迹、体验国际梯田民俗风情为主题，融合云南、菲律宾的梯田文化。按品牌意识策划，将其策划成为龙胜节庆旅游的拳头产品。雅俗文化节目交叉进行。策划项目有：国际梯田农耕民俗风情歌舞（双语节目）大会演；国际梯田民族婚俗表演；梯田惊喜（中外游客狂欢），如开展抢婚、寻宝等民俗活动；群众参与的农家乐活动；民族特技；空中鸟瞰梯田（热气球旅游项目）；空中特技表演；国际民俗旅游论坛；民俗采风活动；中外民间艺人现场献艺展演；龙胜旅游形象小姐艺术大赛；中外游客大联欢（如英语交际等）；大型商贸活动；龙胜投资环境说明会。以国际梯田文化节为龙头，策划山歌节、苗族跳香节、彭祖长寿文化节、龙脊辣椒节、龙脊茶文化节、龙脊水酒节、侗族月也节、侗族草龙节、盘瑶盘王节、花瑶花炮节、红瑶红衣节等十二个民族文化旅游节庆，营造"月月有节、夜夜有舞、天天有歌"的旅游景象。

四、民族文化旅游节庆经营模式与实施

（一）民族文化旅游节庆经营模式

不同的民族文化旅游节庆应根据其不同的主题和内容来确定经营模式。考察国内外旅游节庆的兴衰得失并结合龙胜的现实基础，民族文化旅游节庆主导的经营模式应为："政府主办，公司经营，社会参与，市场运作。"即以政府的名义主办，成立专门的旅游节庆公司进行策划，做好投入产出分析，利用市场手段进行经营，让全社会参与。

附属节庆经营模式："政府指导，社区经营，居民参与，市场运作，自负盈亏。"即在政府旅游行政机构的指导下，由社区居民成立专门的机构和队伍来经营，根据市场的变化设计新生产品，满足市场需求，让社区居民广泛参与旅游节庆活动，增强节庆活动的真实性、群众性、参与性，经营者自负盈亏。

（二）民族文化旅游节庆实施

1.民间开发与商业经营相结合

改官办为民办，即在政府扶持、调控下，充分发挥民间艺术团体等非营利机构的积极性，利用经济手段，运用市场机制，将节庆活动与农工商贸文化等紧紧结合起来，以提高节庆活动的知名度、联动整体效益为重点，带动企业效益、商贸经济，发展都市旅游为宗旨，从而使社会效益、经济效益双丰收。

2.旅游节庆内容注重地方特色和创新，以节推旅

旅游节庆应反映主办地传统的独特魅力和文化意境，揭示更深层的文化内涵和历史渊源，突出弘扬民族文化的主题，体现时代的风尚，只有这样的旅游节庆才具有生命力。龙胜的旅游节庆一定要抓住文化这一主题，在节庆活动的组织、编排、宣传上大打"民俗文化"的招牌，将民俗文化、商业文化和艺术文化相结合，以"节"的形式推出"旅游内容"，因为过节可以渲染喜庆气息，容易引起游客的兴趣，从而提高市场的竞争力。

3.加大对外宣传促销力度，以旅兴节

国外许多节庆活动中的一些经营方式很值得我们学习。如主办者除向新

闻媒介发布信息外，还主动与各地乃至海外旅行批发商联系，将节庆活动的主要节目、时间印成多种文字，在表述方式上也尽可能考虑异地游客的接受能力，提前半年进行宣传。在交通枢纽处，如火车站、飞机场出口设置节庆活动导游图，吸引更多的旅游者，增加客源量，从而烘托出节庆活动游人如织、商贾汇集的场面。

4. 开发旅游纪念品，节旅互动

由于旅游纪念品是凝固的记忆，往往会给旅游者带来美好的回忆。旅游纪念品要想为旅游节庆活动锦上添花，就一定要紧扣节庆主题，强调构思与创新，龙胜应该在这上面多下功夫。

5. 创名牌旅游节，树龙胜民俗旅游形象

创建龙胜"国际梯田文化节"这一名牌旅游节。名牌旅游节的龙头作用在于能够带动、辐射龙胜旅游业的发展，使这种发展更具超常性、跳跃性，促使旅游产品各要素布局趋于合理。随着名牌旅游节的建立及旅游市场的拓展，不仅可使旅游业相关部门如宾馆饭店、餐饮、食品等行业直接受益，而且对文化、科技、教育以及其他企业起到间接的推动和促进作用，带动相关产业发展，促使产业结构调整，对国民经济发展和社会全面进步产生重大影响。

6. 重视旅游节庆的无形资产，建立多元筹资机制，加强旅游节庆的市场功能开发

鲜明的主题、特色的内容、固定的时段，多元的商业项目、集聚的人流气氛，是旅游节庆可以利用的重要无形资产。应建立的多元筹资机制：（1）广开赞助门路，完善投资回报机制。（2）专营权转让和广告场地租赁。（3）大力开发旅游节庆纪念品，节庆吉祥物、标志物、会标以及景点的微缩模型等都能制成形式多样的旅游节庆纪念物。（4）做足旅游贸易展览生意。围绕节庆主题，举办相关的交易会、展览会，扩大节庆的影响力和资金的回收能力。

7.围绕旅游节庆从项目的策划、集资、广告、会务、展览，到场地布置、纪念品设计制作等都应该发挥专业中介机构的作用，并引导招标投标、合同契约的有序竞争，逐步形成"节庆经济"和"旅游节庆产业"

参考文献

[1]李力，崔伟华.城市旅游节庆的构成要素及牵动效应[J].桂林旅游高等专科学校学报，1998，（2）.

[2]郭伟.上海节庆旅游的发展对策[J].技术经济，2001，（2）.

[3]邱扶东，王书会.上海都市民俗旅游开发初探[J].社会科学，2002，（6）.

[4]史铁华，何玲.关于旅游节庆市场化运作的思考[J].旅游科学，2001，（1）.

[5]邓明艳.培育节庆活动营销西部旅游目的地[J].旅游学刊，2002，（6）.

[6]范春.大力开发我国"节庆"和"节文化"旅游资源[J].渝州大学学报，2001，（5）.

[7]吴忠军.民俗文化与民俗旅游[M].南宁：广西民族出版社，2001.

[8]巴兆祥.中国民俗旅游[M].福州：福建人民出版社，2002.

[9]吴必虎，余青.中国民族文化旅游开发研究综述[J].民族研究，2000，（4）.

第二节　《印象·刘三姐》的 RMTP 主题开发研究

由清华大学建筑学院设计，广维文华集团投资的"锦绣漓江·刘三姐歌圩"位于广西阳朔县漓江与田家河交汇处，水域面积达 1.645 平方公里。它是一个典型的山歌主题大型公园，集中了世界上最经典的山水和广西最经典的壮族刘三姐文化，以刘三姐文化为总的主题，在这个主题统领下集广西壮、侗、苗、瑶文化于一体，形成漓江新的人文景观，让游人漓江之旅饱览山水秀色之余，实地感受壮乡文化的精髓。尤其是它的第一期工程——核心主题——《印象·刘三姐》的投入开放，引起了世界的轰动，并于 2005 年 3 月被文化部评为第一批"中国文化产业示范基地"。由于"锦绣漓江·刘三姐歌圩"的其他工程正在建设或将要建设，因此，本书主要是以它的核心主题工程《印象·刘三姐》为主要研究对象。

《印象·刘三姐》是世界上最大的山水实景剧场，山水实景、经典文化与高科技实现了完美结合，堪称世界级的文化旅游项目，它集漓江山水风情、广西少数民族文化及中国精英艺术家创作之大成，是全世界第一部全新概念的"山水实景演出"。演出集唯一性、艺术性、震撼性、民族性、视觉性于一身，是一次演出的革命、一次视觉的革命。演出过程穿插播放电影《刘三姐》的经典场景和山歌，以此为主线，融合壮、瑶等广西少数民族风情，并将漓江渔火等元素创新组合，配以变幻莫测的灯光，创造出天人合一，山水交融的境界，成为民族文化主题开发的经典之作和品牌。

研究它的意义在于它是民族文化旅游开发新模式的典范，是主题式开发的典范。《印象·刘三姐》在众多旅游开发当中取得了轰动性效应和成功主要是它改变了传统的民族文化旅游开发方式，以鲜明的主题、新颖的概念、特别的个性而独领风骚，一炮打响，取得了世界性的轰动效应，也改变了传统的游览方式。《印象·刘三姐》的演出效益，对于一位卖啤酒鱼的谢大姐来说，就是营业额几倍的提高；对于"兴坪一号"渔民们来说，是600多人由渔民转为拿工资的演员；从对当地旅游业发展影响来看，阳朔旅游局局长李天成表示：《印象·刘三姐》的推出从某种角度上表明阳朔旅游已进入一个大发展时期；从市场的角度看，桂林市旅游局局长钟新民说：《印象·刘三姐》是桂林旅游市场的一个新卖点，对吸引国内外游客来桂林起到了很好的作用；从当地政府的角度看，是改变过去只卖观光产品对桂林经济发展所带来缺陷的重要探索。据官方统计，《印象·刘三姐》的推出，已将游客在桂林停留时间延长了0.34天。从统计上看，桂林阳朔《印象·刘三姐》从2004年3月20日已正式公演200多场，门票收入3000万元，观看人数30多万人次。这组统计数字说明，阳朔的旅游经济有了新的增长。

当然，"锦绣漓江·刘三姐歌圩"一期工程开发的成功也与它的名人营销策略、桂林旅游大背景、旅游市场需求趋势、优越的区位等因素有关，但关键是与策划人经过5年多的精心挑选，确定开发主题有着密切的关系。

一、锦绣漓江·刘三姐歌圩的文脉（R）分析

（一）刘三姐歌圩的缘起

刘三姐是广西壮族民间传说的歌仙。1961年主要在桂林拍摄的电影《刘

三姐》公映引起了世界性轰动，影片中美丽的桂林山水、美丽的刘三姐、动人的山歌迅速风靡了全国和整个东南亚。从此，游览桂林山水、寻访刘三姐和广西山歌，成为一代又一代游客梦寐以求的心愿。时至今日，刘三姐已成为广西重要的文化与经济品牌，刘三姐集团、刘三姐香烟、刘三姐水上公园、刘三姐景观园……有关刘三姐的企业、项目、产品不断出现。而以张艺谋为总导演的桂林阳朔"锦绣漓江·刘三姐歌圩"无疑是刘三姐品牌利用的一个缩影。

任何一个项目的运作，起初都是一个概念。锦绣漓江·刘三姐歌圩的运作是从1997年开始的，当时，广西壮族自治区文化厅做出一个指示，想利用广西原有的刘三姐文化蕴涵，做一个广西民族文化与广西旅游结合起来的文化旅游好项目，文化厅把这件事情交给了梅帅元（现任广西桂林广维文华旅游文化产业有限公司总经理）负责，并为此专门成立了广西文华艺术有限责任公司，策划方案出来后，梅总先是找到中国著名导演张艺谋合作，接着是进行招商引资。

该项目投资主体是一个股份制性质的公司，总投资超过3亿元，已经完成第一期核心工程——《印象·刘三姐》，耗资1.2亿元。全部完成该工程还需要5年时间。

（二）刘三姐文化的调查

中华人民共和国成立之前对刘三姐文化的调查研究主要是由一些文艺工作者、民间文学爱好者进行，从笔者收集到的资料来看，各个朝代对刘三姐文化的调研规模是很小的。中华人民共和国成立后，刘三姐文化一度升温，20世纪50年代末至60年代初，广西壮族自治区涌起刘三姐文化热潮，大力地采风，采集刘三姐民间故事、传说、歌谣，编纂刘三姐资料；大力地创作刘三姐舞台剧本，如民间彩调剧、民间歌舞剧，刘三姐电影、电视、长诗、小说等艺术形式。刘三姐歌舞剧及电影，远传东南亚及日本等国家，成为代表广西壮族文化的一种特殊艺术。

近年来，为了挖掘广西先进文化，广西壮族自治区党委宣传部大力度相继组织了桂北文化、红水河文化、环北部湾文化的调研之后，于2001年7月又重点组织了有关专家、教授组成刘三姐文化考察组，深入刘三姐的故乡宜州区和毗邻的罗城仫佬族自治县的怀群、剑江一带进行考察，写出了《刘三姐文化考察报告》，供有关部门参考。同时，广西壮族自治区党委宣传部与宜州区人民政府等单位共同于 2001 年 8 月 22 日在刘三姐的故乡宜州区召开刘三姐文化品牌研讨会并出版理论专集《刘三姐文化品牌研究》，收入数十篇研究文章，从各个角度对刘三姐文化进行新视角的探讨与理论开拓。在刘三姐文化研究项目的具体实施中，有意识地邀请了企业家、策划人以及地方旅游局领导参与，体现了文化与经济接轨的意识。

（三）刘三姐文化形成梳理

刘三姐文化形成过程是一个历史沉积的过程，具有历史悠久、积淀深厚、流传广泛等特点，同时也具有民族性、地域性、开发性、包容性等民族文化特征。刘三姐文化形成是从她的传说开始的，刘三姐（刘三妹）的传说，从地域上看，广泛地流传于两广（广西、广东），即岭南地区，同时辐射湖南、江西、贵州、云南等省；从主题上看，刘三姐造歌、唱歌、传歌，最后化石成仙（另一说为骑鲤鱼上青天），这一主题总揽了刘三姐文化的整个形成过程，成为该广阔地区生息、繁衍的壮族、汉族、瑶族、毛南族和仫佬族民间有口皆碑、家喻户晓的歌仙、歌神。人们为她树碑立庙，许多山名、岩洞、地名都以刘三姐命名。

刘三姐（妹）民间传说的文字记载，"最早见于南宋王象之《舆地纪胜》（卷九十八:《三妹山》）。到了清代，对刘三姐的文字记录就逐渐多起来：如张尔翮的《刘三妹歌仙传》；王士祯的《粤风续九》（唱刘三姐的歌）；闵叙的《刘三妹》；褚人获的《峒歌谣》；陆次云的《声歌原始》；屈大均的《刘三妹》；钱载的《刘三妹词》；黎耀宗的《题罗定刘三妹祠》；谭敬昭的《游通真岩并序》等"。还有两广一些县志，都记载有关于刘三姐（妹）的传说与歌谣。从宋到清这段漫长的历史年代里，刘三姐（妹）引起了文人学士的关注，他们以自己的笔墨，将这一传说记录，初步形成一种民间的文化现象。这种文化现象不断潜入并影响着岭南各民族的精神世界。特别是生活在广西境内的壮族，他们把刘三姐供奉为歌仙、歌神，与歌圩文化紧密地联系在一起，从而形成了传统的歌圩、歌节大型民间文化风俗活动。在每年的农历三月三，人们自发地到野外、山坡、岩洞、歌场进行男女对歌，以歌传媒，互抛绣球，寻找自己的意中人，如能情投意合，经过民间风俗程序，订婚、送礼、结婚、生儿育女，组成和睦的幸福家庭。从这一文化风俗来看，刘三姐文化与民族的生存、繁衍、命运相关联，是一种充满人情、人性的文化现象。这也许是引起文人学者关注这种特别文化现象的原因。

刘三姐文化在新中国成立后得到了更好的发展，出现过三个高潮：一是20世纪50年代末到60年代初的"刘三姐"戏曲创作演出高潮，开始突破"刘三姐"传说的口传形式和歌圩形式的局限性；第二个高潮是1960年乔羽在《刘三姐》戏剧基础上把刘三姐的传说改编为电影剧本，于1962年在全国公映后引起巨大反响。《刘三姐》几乎家喻户晓，不仅走出了广西、走向全国，而且走向了世界。第三次高潮是20世纪90年代广西在改革开放和建立社会主义市场经济中兴起的"刘三姐"文化热。一方面"刘三姐"开始利用各种艺术形式增加艺术审美魅力，从而有电影、戏曲、交响乐、舞蹈、小说、诗歌、美术等艺术形式广泛传播；另一方面"刘三姐"从艺术走向文化，"刘三姐"不仅以文化品牌出现，而且冠以"刘三姐"命名的产品和单位名称纷纷出现："刘三姐"香烟、"刘三姐"集团、文化娱乐公司、旅游公司、剧团、艺术学校等。甚至"刘三姐"电影的拍摄场景也成为旅游景区，"刘三姐"电影的服饰、绣球、锦袋成为旅游纪念商品。经过长期的发展和培育，刘三姐文化成为广西一个著名的文化品牌。近几年，刘三姐文化品牌得到了更大的强化，内涵和外延都得到了不同程度的扩展，更具现代性和国际性。如"南宁国际民歌艺术节"、桂林的大型实景演出《印象·刘三姐》等文化活动是在壮族的"二月三歌节"基础上发展与演化而成的一种主题的刘三姐文化。广西南宁国际民歌艺术节借刘三姐文化品牌举行每年一次的国际性民歌表演活动，使"刘三姐"民歌文化蜚声海外，尤以1999年"民歌节"的创造性发挥，将民族唱法与通俗唱法相结合，传统表演形式与现代表演形式相结合在国内外产生巨大反响。《印象·刘三姐》则打破传统的表演方式和舞台格局，以实景的桂林山水作为舞台，将刘三姐的山歌通过灯光、色彩、环境等将刘三姐文化表演得淋漓尽致，一举取得了世界性的轰动性效应。"刘三姐"具有的现代性和国际性，已逐渐显出魅力和效应。刘三姐文化进入到一个经济多元化、文化多元化和开放性的新时期。

（四）锦绣漓江·刘三姐歌圩选址

不是什么地方都可以建立民族文化主题旅游区的，民族文化开发的成功与否除了其文化背景之外，区位的选择也非常重要，不管是主题公园也好还是民族文化村也好或是各种民族文化旅游节也好，其所在的区位决定了它的知名度、影响力和辐射力，决定了其成功的程度指数，也决定了它在市场上的竞争能力。而区位论应用于旅游的目的在于其有利于细分客源市场，在产品布局上有利于合理安排各个功能区，设计出满足不同游客需求的产品，利于新一轮的投资规划。同时，如前所述，民族文化旅游主题式开发还需要考虑到其文化所依托的地理环境背景，需要选择在自然景观优美、资源品味高的区域内建设。民族文化旅游主题式开发的选择需要具备营造高品位的真实地理自然景观的条件，诸如气候、地形地貌等，主题开发必须注重与文化氛围的地理环境相协调，互为辉映、相得益彰。

锦绣漓江·刘三姐歌圩选址充分考虑了以上投资区位理论，在主题的地理营造上，它选择了甲天下的桂林山水作为主题开发的地理背景，田园、山水、村落、渔夫、植被等人文景观和自然景观组合成了锦绣漓江·刘三姐选址的基本要素，这些要素资源品位很高、组合度很好、景观单体的美誉度也很高。在客源区域上，它背靠广西旅游的集散基地桂林，客源量大，影响力也大。刘三姐歌圩选择在桂林漓江，属于锦绣漓江的一部分而不是它的故乡——宜州，是因为借助电影《刘三姐》在桂林拍摄实景，桂林巧妙地利用了刘三姐这一品牌。桂林在利用刘三姐品牌的同时加大了刘三姐品牌的开发利用，诸如"刘三姐"旅游形象大使，刘三姐景观园、刘三姐水上公园、刘三姐歌圩等载体。在对外形象上使大多数游客都误以为刘三姐是桂林的，这样巧妙地利用了广西著名的文化品牌，打造了桂林山水甲天下和刘三姐这两个自然与人文旅游形象，两大品牌形象叠加在一起，珠联璧合、互为辉映、相得益彰，从而有利于迅速取得投资运营的成功。

锦绣漓江·刘三姐歌圩的核心产品《印象·刘三姐》实景剧场则选择在阳朔书童山脚下，著名导演张艺谋1998年年底带领有关人员在这里考察选址时高度评价这里："这是上帝预备的剧场。"这块所谓上帝预备的剧场实际上是一片开阔的江面，水域面积达 1.654 平方公里，是由漓江和田家河相汇而成。在这两条水系交汇的夹角刚好有一半岛，隔着江与半岛遥遥相望的是沿江而立的十二座山峰。江面做舞台，山峰是布景，观众席就设在半岛绿色的梯田上，天地造化，浑然一处山水剧场。同时，这里也是当年电影《刘三姐》的主要拍摄基地。经由清华大学建筑学院设计，将充分利用原址地形地貌特点，依山傍水，形成独特的绿色生态环境剧场，园区 90% 以上面积为绿化植被。设计中的大自然剧场以一株大榕树为背景，观众沿梯田席地而坐，完全置身于大自然之中。它展示了漓江的山水之美，阳朔民风人文之美，充分发掘广西民歌之美，田园之美。项目建设努力实践"绿色艺术、环保先行"的理念，先绿化，再建设。

二、锦绣漓江·刘三姐歌圩旅游市场（M）分析

（一）文化旅游的需求趋势

锦绣漓江·刘三姐歌圩是以广西民族山歌文化为依托，发展的是旅游文化产业，实际上是将广西最精华的山水风光资源与最经典的民族文化资源融合在一起，提升桂林的旅游竞争力，丰富桂林的旅游产品，增加附加值。说到底刘三姐歌圩实际上就是民族文化旅游产品。它的开发是适应未来旅游市场发展需求的，是具有广阔前景的。

根据国家旅游局对美、日、英、法、德五国访华动机的综合调查表明，排在第一位的是为了了解当地民众的生活文化，占 100%；第二位的是了解历史文化，占 80%；第三位的是游览自然风光，只占 40%。各国去欧洲的旅游者中，65% 是进行文化旅游。可以判断，以民族文化为载体的旅游产品会成为 21 世纪旅游发展潮流之一。在国内，民族文化旅游也因其独特的文化底蕴和特有的文化氛围而受到广大旅游者的青睐。近年来，各地、各种投资主体都在开发新的民族文化旅游项目（其分类见图 5-3）。

图 5-3　民族文化旅游项目分类

各种旅行社在编排旅游线路、组合旅游产品时，不断地推陈出新，用各种丰富多彩的民族文化满足不同游客的精神追求。从 1992 年开始，国家旅游局每年都组织专家研究推出一个特色鲜明的主题旅游年，全国各地根据国家旅游局提出的主题，组织和营销本地个性鲜明、特色突出的旅游产品，其中大部分主题年主打的旅游产品都体现了中国民族文化的特色，彰显了民族文化的魅力，如"94'中国文物古迹游""95'中国民俗风情游""2002'中国民间艺术古迹游""2004'中国百姓生活游"等，都是以中国的民族文化为依托和载体的，中国在 21 世纪的旅游也必须要打文化品牌才能实现世界旅游强国的伟大目标。旅游大背景为锦绣漓江·刘三姐歌圩民族文化旅游项目成功运作奠定了良好的市场基础。

（二）桂林旅游大背景

国内外旅游宏观背景为锦绣漓江·刘三姐歌圩奠定了市场前景基础，而桂林旅游市场背景则直接为其提供了源源不断的客源，是其成功运作的坚强基石。

桂林是我国旅游发展最早的地区之一，是广西旅游业发展的龙头。作为桂林市的支柱产业，旅游业得到了政府的充分重视，旅游发展的政策环境和行业环境良好，桂林市旅游业一直保持着良好的发展势头，取得了长足的发展。据市统计局统计，2004 年全年接待游客 1111.43 万人次，其中国内游客为 1030.66 万人次，海外游客为 80.77 万人次，分别比 2003 年同期增长 30.10%、27.28% 和 81.26%；旅游总收入为 501428 万元，其中国内旅游收入为 345208 万元，海外旅游收入为 156220 万元，比 2003 年分别增长 44.66%、

35.9% 和 68.66%（见表 5-1）。

表 5-1　1997–2004 年桂林市旅游接待人数与旅游收入一览表

年份	1997	1998	1999	2000	2001	2002	2003	2004
接待人数（万人次）	678.86	804.29	898.53	963.37	1009.2	1097	854.29	1111.43
旅游收入（亿元）	31.0	31.36	36.5	45.12	45.87	49.9	34.34	50.14

（三）阳朔旅游背景

锦绣漓江·刘三姐歌圩最终选址在阳朔，是因为阳朔山水田园风光独特，是桂林山水田园风光的精华，每年都吸引了大批的国内外游客在此旅游并且逗留时间较长，而除了西街外，阳朔却没有可供游客娱乐的景区景点，锦绣漓江·刘三姐歌圩填补了这方面的空缺，丰富了阳朔的文化旅游产品。

阳朔县的旅游产品，是以漓江山水、阳朔风景、田园风光、生态环境等自然景观为主题，以民风习俗、古建筑物、历史文化、文物古迹为辅而形成，由于漓江山水、阳朔风景优美迷人，是世界上独一无二的自然景观，因而吸引了无数中外游客，使阳朔成为深受中外游客喜爱的旅游胜地。从游客数量和驻留游客的成分变化看，阳朔的旅游业正在走向面对大众旅游者的个性需求发展阶段。同时，自从开发锦绣漓江·刘三姐歌圩以后，无论是国内游客还是国外游客以团队出游的人数逐渐减少，过夜游客逐渐增多，自助旅游也逐渐增多，游客重游率提高了。从《桂北乡村旅游示范开发研究》课题组调查结果印证了这一点。调查得知，在出游方式上，到阳朔旅游的国内游旅行社组团的只有 3.3%，而国外的稍微高点，为 14.3%。他们更多是以享受自由自在的自助游为主，中外分别高达 75.0% 和 75.3%。《印象·刘三姐》投放市场后，阳朔作为一个成熟的旅游目的地，知名度得到了更大的提高，游客重游率持续增高，在国内同类旅游目的地中处于较高的地位。数据表明：慕名前来的中外游客中第一次、第二次来阳朔的比例分别 48.3% 和 76.6%、20.0%和 5.2%；国外游客重复三次及三次以上的也不少，分别占到了 31.7% 和 18.2%，其中国内游客第三次、第四次以及第五次以上来的各占了 6.7%、1.7%和 23.3%。在逗留时间上，中国游客在阳朔逗留主要是 2 夜为主，为 23.3%；1 夜、3~6 夜和 7 夜以上的各占了 15.0%、15.0% 和 8.3%。而国外游客中 4~10

夜的占了大多数，达 48.1%，1~3 夜和 11 夜以上的各占了 33.7% 和 11.7%（数据来源：《桂北乡村旅游示范开发研究》课题组，2004 年）。以上三组数据说明一个旅游目的地旅游开发需要取得持续成功，必须开发具有鲜明特色、地域文化浓郁、主题突出的旅游产品。阳朔旅游之所以吸引大量游客，让游客重游率增高，能长时间留住客人，这与阳朔具有多样性、差异性和强烈的地域性旅游特征并不断推出新产品不无关系。

阳朔近年来的旅游统计数据也表明了这一点。到阳朔旅游的游客，绝大部分是坐船游览漓江，抵达阳朔上岸，在游览几个景点作短暂停留后乘车返回桂林住宿的过境游客。1997 年阳朔接待国内游客 115 万人次，在阳朔住宿的游客为 30862 人，住宿率为 0.26%，接待海外客 30 万人次，在阳朔住宿人数为 3.1 万人次，住宿率为 10.3%，在阳朔住宿的游客以外国人为主，平均过夜天数为 2.1 天，国内游客过夜天数平均为 1.3 天，1997 年桂林市接待国内游客人数是 700 多万人次，到阳朔旅游的国内游客是 115 万人次，约占桂林国内游客接待总数的 17%，1997 年桂林市接待海外游客总人数 45.02 万人，到阳朔旅游的为 30 万人次，约占桂林市海外游客接待总人数的 67%。2002 年阳朔接待国外游客 37 万人次，在阳朔住宿为 3.53 万人次，比 2001 年增长 9.94%；2003 年阳朔接待国内游游客 40 万人次，住宿的为 4.265 万人次，比 2002 年增长 46.7 %。2004 年接待来阳朔旅游者 320.2 万人次，接待留宿游客 51.2 万人次，旅游总收入达 4.06 亿元，比 2003 年分别增长 13.6%、120%、66.4%（见表 5-2）。

表 5-2　桂林阳朔县经济与旅游统计数据

年份		2004	2003	2002	2001	2000	1999	1998	1997
接待游客人数（万人次）		320.2	281	240	210	229	151	133	145
其中	国内		241	203	176.81	191	117	116	115
	入境		40	37	33.19	38	34	17	30
旅游总收入（亿元）		4.06	2.41	2.14	1.81	1.86	1.61	1.25	0.97

每年在阳朔住宿的入境散客在 3 万人次左右，人平均逗留时间为 3.5 天左右，多数来自英国、美国、法国、德国、意大利、瑞士、瑞典、加拿大、澳

大利亚、新西兰、韩国、日本及中国港、澳、台等国家和地区。

三、锦绣漓江·刘三姐歌圩民族文化主题（T）与主题产品（P）分析

（一）主题文脉的选择

民族文化旅游主题式开发最终是落实到一定的区域内或空间点上，因此，它符合地理学的空间关系与空间竞争的理论与规律。主题旅游的空间关系与空间竞争理论关系主要应用于以下三个方面：

1. 客源地与旅游目的地之间的空间关系

民族文化是生存在一定的地域空间里的，但它可以移植、复制和交流。对它的旅游开发必定需要落实在某个地域空间上。因此，旅游目的地（民族文化主题开发地）与客源市场之间的关系就有了研究的必要，这里包括客源市场与旅游目的地之间的空间距离、地理空间位置、两地之间的文脉地脉之间的差异、客源市场对主题的需求等空间关系。

2. 大主题之下的不同地域空间协调关系

大的主题往往涉及地域较广，相对于大主题来说，在大主题下的不同地域或功能分区之间具有不同的重要意义，因此，需要协调好他们之间的关系。如黔东南旅游大的主题是侗族文化，而在对外整体打造侗族文化旅游区域圈之内，其内部各个县都有自己的小主题，小主题是大主题的重要组成部分，必须协调好他们之间的关系才能实现大主题下的整体效益，增强竞争力。

3. 不同主题之间的竞争

目前，整个旅游市场已经进入买方市场，由于主题具有可替代性，克隆性，不同地域之间开发民族文化旅游存在着激烈的客源市场竞争，表现为地域空间上的竞争。

锦绣漓江·刘三姐歌圩属于主题与客源市场都相同的主题旅游之间的竞争。基于刘三姐的文化品牌效应，在广西境内开发刘三姐文化资源的景区景点较多，如桂林刘三姐景观园、阳朔刘三姐水上公园、阳朔大榕树等，主题也比较雷同，客源市场也大同小异。锦绣漓江·刘三姐歌圩在分析竞争者的基础上，通过大胆的创新手法，以《印象·刘三姐》为总的主题，大写意地

将刘三姐留给人们印象中的经典山歌、广西壮瑶苗等族的民族风情、漓江渔火等元素创新组合，不着痕迹地融入于山水，还原于自然，成功诠释了人与自然的和谐关系，创造出天人合一的主题境界。在大主题文脉上把桂林、阳朔举世闻名的两大旅游、文化资源——桂林山水和刘三姐留给人们的印象进行巧妙嫁接和有机融合，让自然风光与人文景观交相辉映。而在小主题文脉上则立足于桂林，与桂林的音乐资源、自然风光、民俗风情完美地结合。

（二）主题的筛选

主题的筛选是建立在对民族文化梳理分析、市场分析以及对文脉把握的基础上的。

项目启动阶段，广西文化厅有意开拓发展文化产业，为当地的文化资源"刘三姐"寻找新的市场，这是一个带有 20 万元政策性扶持资金的项目。当时身兼广西壮剧团和杂剧团两团团长的梅帅元接手了这个项目。经过在桂林的调研，梅帅元萌生了将桂林山水与刘三姐传说做成一个实景戏剧的构想："把最好的艺术放在最美的山水中去展示，形成自然风光和人文景观交相辉映的状态。"随后，他写出了《大型桂林山水实景演出·刘三姐》项目建议书。桂林山水风光秀美，每年都吸引上千万的中外游客前来，这为支持长期演出提供了很好的客源基础。当时桂林虽然在一些酒店也有一些供游客观看的演出，但规模小、水平不高，节目内容多为民族歌舞或风俗表演，很难吸引游客的注意力。游客在桂林的晚间消费有酒吧宵夜、桑拿洗脚，与其他城市一样，没有什么差异化的消费项目。如果有一台高水准、大手笔的演出制作，面对上千万新鲜的客源，市场机会已足够了。当时，梅帅元在他的建议书中预测，大型实景演出一旦完成，即可垄断性地占领市场，现有的演出对手连竞争的资格都没有。梅帅元的策划方案很快被有关部门研究通过，正式立项运作。梅帅元为此专门注册成立了广西文华艺术有限责任公司。

几经磨合，一个以张艺谋为总导演，梅帅元为总制作人的工作班子组成。在这个班子里，涉及导演、音乐制作、舞台设计、灯光设计、服装设计等多个行当的主创人员，可称为当今国内演出界的实力人物。导演王潮歌，现为中国艺术研究院导演，曾导演过《春天印象》《在灿烂阳光下》等许多大型舞台演出，被誉为最有创新精神的导演；导演樊跃，总政歌舞团国家一级舞美设计、导演，曾创作出近百台优秀作品，多次获得国家大奖，被同行誉为"黑马"；音乐制作有国家一级作曲家刘彤，旅德作曲家苏聪，音乐制作人窦唯等。灯光设计由北京"人艺"一级舞美设计易立明担任，他的主要作品有紫禁城太庙实景歌剧《图兰朵》、芭蕾舞剧《大红灯笼高高挂》等。如此强大的主创人员阵容，带给人们一场值得期待的大戏。2000年7月28日，由广西文化厅、桂林市政府官员带队，在北京人民大会堂举行了该项目的新闻发布会，项目名称公布为"锦绣漓江·刘三姐歌圩"。

锦绣漓江·刘三姐歌圩的核心产品《印象·刘三姐》的筛选也是经过较长时间的不断舍弃而最终定下来的。

据广西文化厅厅长容小宁介绍，《印象·刘三姐》桂林山水实景演出的构想最早始于1998年7月。为什么会耗时五年之久才开始进入实际公演阶段呢？他说，主要是前期在资金方面走过一些弯路，而后三年，则是由于在艺术和技术两方面的艰难探索。此后三年半时间里，为了创新，在项目的设计上，张艺谋数易其稿。容小宁介绍说，最初，张艺谋的想法是导演一部《刘三姐》的水上歌剧，但是在创作构思上遇到很大的瓶颈，就放弃了。此外，由于《印象·刘三姐》是我国山水实景演出开创先河之作，在舞台的处理上也遇到不少困难，张艺谋原想利用新材料和新技术做一个水下舞台，演员从水下走出，但这样一来，就要做升降设备，无论是材料、技术、安全等，都是问题，因此又重新进行设计。张艺谋原来还有一个设想，就是不要音响，完全用原声的，但后来找到了不少歌手，发现由于"舞台"太大，原声不太现实。如此一来，到将这些困难一个接一个解决后，三年时间已经过去了。另据张艺谋介绍，最初他本来打算搞一台水上民族歌剧，用刘三姐来做素材，但是由于环保和技术的原因而无法实现。看到桂林的山水就会想到中国画写意、留白的概念，一种求神似而不求具象的东西，很独特。而这时候梅帅元向他介绍了王潮歌和樊跃两位导演，几个人经过讨论决定搞这么一个山水实景演出，因为这种形式吸引了他们，带给人们一种联想，一种感觉，故命名为《印象·刘三姐》，演出追求的是一种神韵，以区别于宜州等地区所开发的刘三姐旅游产品。

《印象·刘三姐》作为世界最大的山水实景演出，总共有67位中外艺术家参与创作，历经5年零5个月才最终完成，参加演出的演职人员多达600人。同时，《印象·刘三姐》这个山水实景演出有别于《刘三姐》电影，它是通过将刘三姐的经典山歌、民族风情、漓江渔火等元素创新组合，不着痕迹地融入山水，并加上想象来表现刘三姐的形象，既能让观众回忆起小时候看刘三姐电影时的感觉，又给人一种全然不同的感觉。

对于如何确定《印象·刘三姐》这个主题，经过不断探讨，主创人员渐渐明晰了山水实景演出的艺术理念应该是回归生活、回归自然。对漓江两岸的百姓而言，他们的生活就是山水人生，捕鱼、拉网、荡舟、唱渔歌，所有这一切就是他们生活本身。山水实景演出只是将他们的生活与自然融为一体，由艺术再现出来。因此，历经艰苦打造，颠覆无数策划方案，更换很多投资老板，《印象·刘三姐》总主题终在2003年金秋"浮出水面"。青山、绿水、竹林、木楼、灯光、渔火、山歌、漓江女儿"天体浴"……这只是《印象·刘三姐》最初版本带给人们的印象。但由于山水实景演出是一种全新的演出方式，因四季气候变化，每天的舞台背景都不一样，有时皓月当空有时烟雨迷离，视觉效果随之变幻迥异，这既是面临的困难，也是不同寻常的魅力。后又于2004年3月20日起再次改版"定妆"，改版之后的《印象·刘三姐》，将以更为"自然真切"的情景画面，给来自国内外的广大游客带来前所未有的心灵冲击。在以后的一定时间内，在剧组主创人员没有想到更好的修改方案之前，该版本将正式面向全球游客，尽情展示刘三姐的迷人风采。世界旅游组织的一位官员看了新版《印象·刘三姐》之后，激动地说：无论从世界哪个角落，买飞机票来都值得！一些来自天南地北的普通观众，也从天地做舞台的"印象"里，看到自己梦想中的田园生活，以及曾经经历过的童年经验。现在的《印象·刘三姐》拥有春夏秋冬四季以及雨天晴天等不同的版本，而针对漓江水流、水位的变化，也设计了相应的调整措施。从而印证了"好戏不怕改"这句行话。同时也说明一个好的主题不是一两天就能够筛选出来的，它需要经过不断地否定、不断地肯定、并经过实践的不断验证才能定下来，只有这样的主题才具有垄断性的竞争力。

2004年3月21日，在《印象·刘三姐》第一百场演出到来之际，该演出的总导演张艺谋、王潮歌、樊跃，以及《印象·刘三姐》的总策划、艺术总监及制作人梅帅元四大主创同时现身广西阳朔锦绣漓江·刘三姐歌圩，正式宣布《印象·刘三姐》经过5年零5个月的创作、经过109次不断的修改、经过100场公开演出，现在整个主题面貌基本确定。今后，导演组将把《印象·刘三姐》交给演出公司进行旅游演出，除了一些细节上的调整外，近几年内不会对《印象·刘三姐》进行大规模的改动。

从百场开始，导演组正式将《印象.刘三姐》移交给演出公司，而对于人们担心的会不会经过演出公司和演员的修改会改变它的面貌，违背导演组最初的创意和构想，张艺谋表示他们已经和演出公司签订了艺术保障协议，规定演出要保证质量，同时会不定期派人来这里考察，有问题会及时反馈。

（三）主题产品开发模式

锦绣漓江·刘三姐歌圩开发是一个主题公园，但这样的主题园不是传统意义上的主题园，它打破了传统意义上的主题园模式，是一个新概念的主题园，它除了具有传统主题文化园的一般特点外，一个最大的新特点就是打破传统主题文化园的开发模式，将民族文化村、自然景观、民族文化节庆等各种主题旅游有机的融合在一起，同时，强调社区参与，强化真实性——文化的真实、景观的真实、生活的真实，组建成为社区式的实景主题文化园，最大程度上追求天人合一，具有鲜明的主题个性，既对新开发的民族文化景区景点有借鉴意义，对提升传统的景区景点竞争力具有推广意义。

传统的主题文化园是依托经济发达、交通便利的大城市而建设开发的，园区大部分景点都是人工化的。而锦绣漓江·刘三姐歌圩则依托的是秀丽的漓江山水实景，在漓江山水自然景观的开发、建设和经营管理中，以刘三姐为文化主题作为引力源、旅游硬件、软件设施、解说系统及对外宣传均围绕这一主题进行设置和实施，即赋予原本较为模糊的山水自然之美以明确的、集中的、具有较高审美价值的主题形象。通过该旅游地文化内涵的发掘，文化主题的提炼和文化形象的展现，引导游客的审美活动，扩展和提升其联想的空间和体验感悟的层次，达到最佳的旅游效果。反过来，这种鲜明的主题形象和文化品位，又可以使得该地的知名度、美誉度提升，从而使游客纷至沓来，获得较好的经济效益，旅游地得以进入一个良性循环的轨道。它的主题实际上在于一种无形氛围的营造和宣传促销上的出奇制胜，在于促进其品位的提升和美誉度的提高，从而在同类旅游地中获得自身独特的个性和特色，以持久地吸引游客前来观光旅游，而非将自然山水人工化、城市化。最明显的就是它的核心产品《印象·刘三姐》的实景剧场。

传统的演出在剧院有限的空间里进行，这场演出则以自然造化为实景舞台。放眼望去，漓江的水，桂林的山，化为心中的舞台，给人宽广的视野和超然的感受。传统的舞台演出，是人的创作，而"山水实景演出"是人与自然共同的创作。山峰的隐现、水镜的倒影、烟雨的点缀、竹林的轻吟、月光的洒落随时都会进入演出。晴天的漓江，青峰倒映特别迷人；烟雨漓江，赐给人们的却是另外一种美的享受。演出正是利用晴、烟、雨、雾、春、夏、秋、冬不同的自然气候，创造出无穷的神韵，使每场演出都是新的。

这种模式适用于我国很多地方，具有推广意义。比如，云南阿诗玛与石林、五朵金花与大理等。阿诗玛是石林的象征、五朵金花是大理的代表。阿诗玛是石林的灵魂、石林因为有了阿诗玛而获得人文灵气，石林是阿诗玛的依托，阿诗玛因为有了石林而有了生态环境的衬托；同样五朵金花是大理的神韵，大理风光如果没有了五朵金花的留驻，苍山洱海也会黯然失色。因此，民族地区许多著名的自然与人文景区可以采取此模式进行民族文化的提升或开发。

（四）主题产品的开发与延续

主题确定后，接着是对主题产品的开发与营造。对主题的开发与营造就是通过深化、移植、扩展等一系列人为手法将文化元素融合到实景当中。具体为：

深化就是以旅游地本身的自然景观要素或人文资源中最突出、最鲜明者为文化主题，加以着意强化。

移植是对自然和人文资源都较为薄弱，按照常规思路进行开发，难以形成足够的吸引力和竞争力。但因各种原因（尤其是邻近大都市客源集中之地）需要进行开发时，可抛开资源的局限而另辟蹊径，看准市场的需求和游客的需要，大胆引入完全崭新的文化因素，重塑主题，全新定位，在保持自然山水背景的前提下，可以多些人工化的东西。

扩展即当旅游地内部的自然或人文景观中缺乏特别突出的成景要素时，

尤其是在自然景观具备一定优势但缺乏文化底蕴的情况下，可以考虑在保持和深化原有特色的同时，选择与其中某些要素有关联的文化品性引入（如与之有关的名人、事件、民俗、科学或山水诗作等），以适当扩展其原有的内涵或外延，使原来模糊的审美体验得到澄清和加强，二者相得益彰，由此确立该旅游地的文化主题和形象。

1. 主题核心产品——《印象·刘三姐》

锦绣漓江·刘三姐歌圩已确定的演出形式定位为大型山水实景艺术，以区别常规的剧场演出及广场歌舞联欢。表演分为《水镜晨妆》《山歌土风》《渔歌唱晚》三个场景。主要是采用了文化移植手法，将刘三姐文化有机地嫁接到阳朔的漓江山水中来，丰富和提升了漓江山水的内涵和品位；同时也兼顾有深化、扩展这两种手法来营造和构思主题，通过鼓楼群、灯光工程、烟雾工程、音乐工程、舞美设计、漓江渔火等深化、扩展锦绣漓江·刘三姐歌圩主题，从而使主题表现得淋漓尽致，更加凸显其独特而鲜明的个性。从其核心产品——《印象·刘三姐》可窥见一斑。

《印象·刘三姐》山水实景剧场以 12 座山峰为背景，夜色中，12 座山峰随着灯光渐次亮起，蓝色、红色、黄色……光与水相互掩映，呈现出一种如仙如幻的境界。随即，江面上的渔火星星点点地增多，流动的渔火在水面上不停地变幻出各种图案。初版演出持续 1 小时，分为白色印象梦幻漓江、红色激情欢乐漓江、银色画境烟雨漓江和金色圣诗锦绣漓江四个章节。红、白、银、金四种颜色将"剧场"内 2 公里的山水变幻出春夏秋冬，长长的演出队伍在江中浮动的舞台上踏歌而行，数百只竹排映出点点渔火，浸江穿梭。而改版后的《印象·刘三姐》全剧分为序·山水传说、红色印象·对歌、绿色印象·家园、蓝色印象·情歌、金色印象·渔火、银色印象·盛典，以及尾声·天地唱颂等五个部分，时间由原来的 55 分钟延长至 75 分钟。红色印象是刘三姐传说的风情篇，编导组用大写意的手法将山歌和渔网组合起来，形成了"对歌"的印象。新版《印象·刘三姐》还增加了一些观众熟悉的电影音乐及场景，增添了不少原生态的生活场景，譬如漓江牧童、洗衣村妇、唱晚的渔舟，归家的耕牛，这些人们记忆中桂北生活的一幕幕乡村小景在舒缓地展开，以原生态的白描手法勾画出漓江人家的日常生活。同时，剧情还通过服饰、渔火、建筑等来反衬主题。演出服装多姿多彩，根据各个不同的场景选用了壮族、瑶族、苗族等不同的少数民族服装；鼓楼、风雨桥以及贵宾观众席等建筑散发着浓郁的民族文化气息，演出还充分利用晴、烟、雨、雾、春、夏、秋、冬不同的自然气候来营造主题，从而创造出无穷的神奇魅力，使演出每场都是新的。最终将主题的自然之美、渔火之美、人文之美、民风之美、服饰之美、灯光之美充分融合在一起。

2. 主题核心产品的续编——鼓楼大乐

主题核心产品具有市场前瞻性，引导市场潮流，只有不断为主题核心产品注入新的文化内涵才能保持主题核心产品的竞争优势。一般来说，一个主题核心产品层次可以划分为核心产品层次、基础产品层次、期望产品层次、附加产品层次和潜在产品层次。传统的产品分析主要集中在前三个层次，最基本的是核心产品层次，即游客购买的基本服务或体验，也就是说在锦绣漓江·刘三姐歌圩中《印象·刘三姐》山水实景演出是整个旅游区的核心产品层次；第二个层次是基础产品，即产品的基本形式。比如《印象·刘三姐》山水实景演出以漓江方圆数公里的水域和12座山峰为背景的舞台、梯田造型的观众席，渔船、渔火、竹排、木楼，有戴斗笠的渔夫、抛绣球的小妹，也有张艺谋招牌式的红绸和山歌等构成核心产品的基本元素；第三个层次是期望产品，即旅游者在购买产品时所期望得到的感受或体验。比如《印象·刘三姐》中变化莫测的灯光视觉效果、恢宏的场面、悦耳动听的山歌………在传统产品分析的基础上，主题核心产品更注重后两个层次的内容，更注重考虑游客对产品有无个性化丰富化的需求以及考虑开发具有民族感的设计提高游客满意度。第四个层次是附加产品，即增加服务和产品，鼓楼大乐就是属于《印象·刘三姐》核心产品的附加与延续产品。第五个层次是潜在产品，即核心产品最终可能实现的全部附件部分和新转换的部分，鼓楼大乐也是属于《印象·刘三姐》核心产品的潜在产品部分转换为现实的部分。

锦绣漓江·刘三姐歌圩景区内正在建设全世界最大的鼓楼群，鼓楼的建筑风格完全是当地少数民族原汁原味的，全部用木头搭建而成，不使用一个铆钉。鼓楼群里将陈列108件广西民间乐器，对外开放演出。目前已经搭建好的部分鼓楼就伫立在漓江江畔，四周青山环抱、翠竹掩映，一些少数民族歌手正在里面练习唱和壮、侗等少数民族的多声部山歌，初现雏形的鼓楼群在缕缕晨曦中，显得分外神秘而富有诗意。

如果说，《印象·刘三姐》回归生活浑然天成，艺术再现了刘三姐故乡美丽动人的生活图景，成功诠释了人与大自然的和谐关系，堪称是智慧结晶的艺术视觉"大餐"的话，那么，目前正在夜以继日紧张排练的《鼓楼大乐》则是以最原生态的天籁之音带给人们一场荡涤心灵的听觉"盛宴"。《鼓楼大乐》使用了壮、侗、苗、瑶等广西少数民族乐器和少数民族女子乐队歌手200多名，以原生态的音乐及表演形式描绘了漓江美丽的自然风光和多姿多彩的民族生活。演出借助中国最大的鼓楼实景，将独特的环境、美妙的音乐和极具震撼力的宏大演出场面融为一体，完成了中国民间音乐史诗般的篇章。

《鼓楼大乐》作为白天的参观项目，拥有漓江山水剧场和耗资1000万元建造的世界最大鼓楼群，这两项都已申报吉尼斯世界纪录。目前正在排练的《鼓楼大乐》强调强烈的听觉冲击力。全剧演出为50分钟，用最原生态的广西少数民族音乐和侗族大歌四声部来演绎《鼓楼大乐》。

《鼓楼大乐》整台节目分为七个篇章，以《鼓阵·听雨祈福》《天籁·牛铃摇醒的早晨》《蝉音·侗族大歌》《对歌·唱天谣》《天琴·走寨少女》《足铃·银饰摇晃的庆典》和尾声《多耶·踩歌堂》组成，有被音乐界评为旷古奇音的四声部无伴奏天然和声；有的展示夏季到来的时候，蝉在树林中唱吟；有的演绎从刘三姐的山歌里走来的姑娘裙摆摇动的万种风情；还有的以独特的手铃和足铃节奏描绘了节日里盛装的少女们的声音——或行走、或奔跑、或踏歌、或狂欢、远远近近、此起彼伏，合成山野节日的盛大交响乐曲；在尾声部分则表现踏着古老的"多耶"，鼓楼顿时变成了节日的歌堂。整个大乐表现的是刘三姐故乡早晨农家生活的喜庆场面，记录侗族生活习俗，包括侗族大歌。比如在《鼓阵·听雨祈福》和《天籁·牛铃摇醒的早晨》这两个章节里，使用了136面大鼓、中鼓、小鼓及大锣，以完美的打击乐节奏，描绘了刘三姐故乡春天的美景：惊雷过江、雨打竹林、万物勃勃生机跃出音符，带来丰年的祈福。像漓江乡村早晨动听的自然音响：木门开启的吱呀声、叮叮当当的牛铃声、人的吆喝声、舂米声、村童的读书声构成和谐的乡村晨曲。这不是传统意义上的音乐，而是天籁的唱和，勾起我们对遥远乡村生活的回忆。

（五）主题产品的延伸

主题产品的延伸是对主题产品的一种补充，是围绕主题的前提下抓住旅游者消费心理，把握未来消费时尚与潮流，前瞻性地推出全新的旅游产品，带动需求，引导消费，从而丰富主题，让主题总处于竞争优势。锦绣漓江·刘三姐歌圩主题延伸体现在推出《印象·刘三姐》产品之后，相继编导了漓江女儿、鼓楼大乐，开发了世界上最大的鼓楼群和"壮族的迪士尼乐园——阳朔东街"。

东街是广西重点旅游文化项目锦绣漓江·刘三姐歌圩的组成部分，是《印象·刘三姐》这个核心主题的延伸。它由阳朔锦绣漓江房地产旅游投资开发有限公司投资开发。集合广西少数民族山歌，开发房地产、商业街道等，丰富了锦绣漓江·刘三姐歌圩的旅游内容和形式。

东街与《印象·刘三姐》山水剧场一水相隔，由一座壮族式的风雨桥相连。每天晚上，游客正是通过风雨桥由东街进入"剧场"。东街有几百米长，沿街建筑是典型的桂北民居式小楼，青石板路，青砖墙，青瓦屋面，木质花门花窗，古色古香。借着演出带来的人气，东街开设酒吧茶楼、宾馆餐厅，经营特色工艺品、风味小吃，形成一条休闲街。

刘三姐歌圩的演出现场就设定在东街。休闲风情广场的对歌台上，"刘三姐"与"阿牛哥"在忘情地对唱山歌，情侣们抛掷出象征爱情的绣球。天然的山洞音乐厅内，号称"中华一绝、世界之最"的玉石乐器乐音缭绕，飘飘欲仙。此外，时尚的人体彩绘、神奇的少数民族婚礼、苗鼓、侗族大歌……都让人流连忘返。同时，"东街"汇集广西各少数民族具有代表性的风味小吃、手工艺品杰作、民俗风情、民族文化经营品种；招纳国内外具有东方色彩、西方猎奇式现代享受型项目，将吃、喝、玩、乐、住、行浓缩在"一条龙设施，一条龙服务"中。这就是未来的"东街"，适合休闲的"东街"。

据了解，这个完全按照盛唐风格建造的阳朔东街占地 33.6 亩，其中一期工程为 22.6 亩，二期工程为 11 亩，项目总建筑面积 24501 平方米，共建 18 幢一至四层不等的商住房、综合楼、商铺、演艺厅、地下车库等，拥有一个 2200 平方米的休闲风情广场，配套一个约 5000 平方米的停车场，绿地率达

35%。阳朔东街经广西文化策划界知名品牌公司进行总体包装宣传后，将东街打造成为重现民俗史上的"壮族的迪士尼乐园"，成为在文化意蕴上与西街对称的桂林名街、中国名街。东街将以文化雕塑、门文化景观、牌匾楹联文化景观等文化内涵深厚的氛围，吸引大量的游人和商客。使东街再现一幅幅活生生的古韵壮锦图，汇集广西少数民族地区具代表性的"吃、住、玩、乐"一条龙服务经营模式，具有鲜明的壮族民族风情，又不乏新颖的时代气息。游客在这里可以全方位地体验到壮族的歌声、音乐、师公舞、舞牌灯，参与各种民族娱乐项目中，体验真正的壮族农家乐等。

目前，东街的一期工程已经完工，由于靠近阳朔著名的山水实景剧场《印象·刘三姐》表演场，东街上的酒店自尝试营业起，入住率就已达到80%，初步显现了它作为《印象·刘三姐》产品延伸所带来的竞争优势。

四、锦绣漓江·刘三姐歌圩主题开发的借鉴意义与成功启示

（一）为民族旅游主题开发提供了一个成功的范本

锦绣漓江·刘三姐歌圩以其新型开发模式，鲜明的主题，高度的个性化而一举取得了巨大的成功，它的成功效应和经验都为我国民族文化开发以及传统旅游区创新发展提供了一个成功的范本。目前，国内一些有经济实力的景区景点纷纷希望能借助张艺谋导演组的"谋划"，导演一出类似《印象·刘三姐》的实景演出，以振兴当地旅游经济。广东肇庆七星岩、杭州新西湖、南京玄武湖、江苏周庄、成都某风景区等山水旅游胜地最近向张艺谋导演组抛来"绣球"，张艺谋也有心将"张氏实景演出"发扬光大。张艺谋导演组的导演王潮歌、樊跃已开始对上述景区景点进行踩点考察。著名剧作家、浙江广电集团总裁程蔚东来阳朔考察《印象·刘三姐》后，有心对代表浙江文化的"新西湖"进行一番文化创新。2004 年 6 月杭州国内旅游交易会期间，双方又对这一选题进行讨论；目前，这项投资过亿的中国第二台大型实景演出的策划书已获杭州市政府通过，正在进行环保、市场和资金投放的论证。此外，九寨沟、岳阳湖和东北的一些景区景点也通过各种渠道，希望搞出有当地特色的实景演出。面对一窝蜂欲上马实景演出的情况，作为《印象·刘三姐》导演之一的王潮歌说："实景演出和外景演出不一样，这是不可复制的演

出，因此必须要有好的创意，不能套用《印象·刘三姐》的模式。"但不管怎样，锦绣漓江·刘三姐歌圩模式为我国民族文化旅游开发提供了一个理论研究的实证，它的成功实践有助于丰富我国的民族文化旅游开发理论。

（二）改变了传统的游览方式，为桂林旅游注入新的活力

锦绣漓江·刘三姐歌圩集漓江山水风情、广西少数民族文化及中国精英艺术家创作之大成，将刘三姐的经典山歌、民族风情、漓江渔火、广西壮族民俗等元素创新组合，成功诠释了人与自然的和谐关系，让观众在白天观看实景后，晚上体验不同的韵味。改变了传统的白天看景，晚上睡觉的旅游方式。原来游客只是白天有旅游活动，晚上就没有去处了，而这个项目可以营造出"白天看自然，晚上看人文"的桂林旅游新方式。桂林还将推出另一个由王潮歌、樊跃等人操作的大型音乐剧《阳朔西街》，游客晚上可选择的活动就更丰富了。

（三）淡化了旅游旺季淡季之分

桂林主要开发观光旅游产品，季节性太明显。而文化旅游产品一年四季都可以开发利用，没有明显的季节之分，开发锦绣漓江·刘三姐歌圩就达到了淡化旅游淡旺季之分的作用。比如，现在的《印象·刘三姐》拥有春夏秋冬四季以及雨天晴天等不同的版本，针对漓江水流、水位的变化，设计了相应的调整措施。同时，还开发了东街等另外一些文化旅游产品，丰富了桂林的旅游产品，以丰富代替桂林"单一"的旅游游览方式。

（四）民族文化旅游主题式开发最大的特点在于创新

民族文化旅游要开发成功，最大的努力就是要不断地创新。创新就是要有新思路、新思维、新视角、新活动，并在保持自身特色的前提下推陈出新，追求的是人无我有、人有我特、人特我奇。锦绣漓江·刘三姐歌圩的开发就是一个不断创新的过程。无论是主题还是在内容形式上都是不断创新的，比如，它在开发模式上大胆打破了传统主题园的开发模式，巧妙地嫁接了广西最精华的山水与最经典的文化，开发了实景山歌主题园，创建了社区式的主题文化园模式，打破了传统的剧场表演形式，建造了目前世界最大的山水实景剧场和鼓楼群，开发了东街壮族民俗文化街，开发房地产与商业等，不断推出新产品，不断地对原有产品进行更新，增加文化的附加值，使它能够拥有持久的生命力。

（五）民族文化旅游主题式开发核心是主题的提炼

旅游者的需求是不断变化的，民族文化也伴随社会的变化而变化，如前所述，民族文化旅游主题是一个动态发展的过程，具有可塑性、开发性、动态性，一旦市场变化则主题也要跟随着变化，这就需要对主题进行不断提炼，不断升华。锦绣漓江·刘三姐歌圩中的《印象·刘三姐》就是把主题不断提炼才获得极大成功的范例，取得了持久竞争力。由原来构想将刘三姐文化做成水上歌剧到山水实景剧，从传说的刘三姐到印象的刘三姐对主题的不断探索，经过 67 位中外艺术家参与，历经 5 年零 5 个月的创作、经过 109 次的不断修改、经过 100 场公开演出，现在《印象·刘三姐》这个主题面貌才基本确定。

（六）民族文化旅游主题式开发重视主题与环境之间的协调融合

民族文化旅游主题式开发的主题特征之一就是高度重视主题的可持续发展，这个持续发展包括经济、环境、社会效益的持续发展。锦绣漓江·刘三姐歌圩的开发过程充分体现了本研究的这一理论，也丰富了本研究的理论内容。

从现在锦绣漓江·刘三姐歌圩所规划开发的东街、《印象·刘三姐》大型实景演出来看，无论是东街还是山水实景剧场都高度注意环保建设和生态保护。五年前，锦绣漓江·刘三姐歌圩构想传出以后，关于环保的问题就曾经被媒体强烈关注。所以，经过几年的沉淀，投资者和政府达成了默契，高度重视环境保护，使整个工程建设与大自然融为一体。现在，歌圩几乎全部被绿色覆盖，里面种植有茶树、凤尾竹等，加上所植草皮，绿化率达到了 90% 以上。其中，灯光、音响系统均采用隐蔽式设计，水上舞台全部采用竹排搭建，不演出时可以全部拆散、隐蔽，对漓江水体及河床不造成影响。观众席依地势而建，梯田造型，与环境协调，同时也考虑到了行洪的安全。就连所设的两座厕所也引进韩国技术，建成先进的生态环保厕所，厕所的污水并不直接排入漓江，而是循环使用。另外，100 多亩建设用地上，鼓楼、风雨桥以及贵宾观众席等建筑散发着浓郁的民族特色，据建设单位介绍，整个工程不用一枚铁钉，令人叹为观止。该旅游项目是旅游环境保护的典型。

同时为了环保，把《印象·刘三姐》实景演出场地特意选择在了漓江和田家河交汇的地点，就是因为游客来桂林是要游漓江的，所以不能在上游或者中游搞这个演出，只能安排在下游，游客游玩到这里，想看演出的可以留下来看，不想看的也可以掉头往回走，不会影响游客的游玩。而且整个演出都采用浮桩，并没有在水中打桩，虽然这样给演出带来很大困难，但是为了环保还是值得的。

绿色自然与人的和谐关系，会产生一种"美丽心境"。这种大绿色理念将传统的环保意识提升到精神层面，指导锦绣漓江·刘三姐歌圩山水实景达到了天人合一的境界。

（七）民族文化旅游主题式开发强调社区参与旅游

著名旅游学研究专家 Murphy 认为："地方的友好，居民的文化、生活方式等都属于旅游产品的成分。"因此，强调社区参与是民族文化旅游主题式开发的重要内容，社区参与的意义就在于塑造旅游氛围的真实性，减少旅游与社区之间的矛盾，注重社会效益，确保主题旅游的可持续发展。多方研究表明，只有社区居民在旅游发展过程中得到切实的合理的利益分割，才能积极参与旅游发展，而只有社区居民积极参与旅游发展才能保证旅游区旅游的持续发展。

《印象·刘三姐》因为有了社区居民的参与演出，才能带给游客一个真实的文化事象。社区居民的表演再现了漓江两岸百姓拉网捕鱼，日出而作，沐浴婚嫁，繁衍生息的民生民俗。据《印象·刘三姐》导演之一王潮歌介绍，参与演出的演员共计600余人，他们是广西锦绣漓江艺术团、张艺谋漓江艺术学校和沿江田家河村、兴坪村、木山村、木山榨村、猫仔山村五个村的渔民。白天，男人们划着竹排去江上捕鱼，而女人和孩子则在家中做着自己的事情，与日常的乡村生活没有两样。而晚上吃完饭后，他们才一个个穿上服装，聚集到刘三姐歌圩的演出场地来参加演出。虽然辛苦，但是这些演员们却没有丝毫怨言，相反却乐得其所。此外，还有少数是来自偏远山村的侗族小歌手和少数民族地区的姑娘。她们以原始的嗓音歌唱，以朴素的动作舞蹈。在山水间，她们很美也很真实。

《印象·刘三姐》的成功，还带动了当地农民向城市发展，据了解，参加

《印象·刘三姐》演出的 300 多位农民，每月可以领到 600 元的工资，连在演出中那头温顺可爱、憨态可掬的水牛，每月也可领到 300 元"出场费"。

（八）主题需要真实

我们必须积极地看待民族文化旅游的真实性问题，把它看作是动态的，而不是静态的。这样，我们就可以开发出既有传统文化内涵、又有现代特征的、能满足现代游客需求的旅游产品，同时，还可以使我们对传统、文化、真实等问题做出新的思考。这对旅游业可持续性发展有着重要的现实意义。保持民族文化的真实与完整是必要的，但民族文化自身也需要发展与延续，不能因为保护的需要而原地不动，止步不前。只有与人类现实生活密切相关的文化才是最真实的，落后的东西终将属于历史，可以采取其他方式保留，但不能借此剥夺当地人选择与其他文化背景的人群享有同等生活水平的权利。如果把旅游业看作是对民族文化的刺激与充实，那么旅游所重新挖掘、复原或创造的这些真实就能够成为一种积极的文化力量，使处于其他现代化势力冲击之下正在不断衰落的传统和文化得到复兴和光大，推动当地人创造一个提炼过的、新的属于本民族的真实性文化，这是以一种动态的理性的眼光来看待真实性问题的有效途径。比如，在民族旅游发展的过程中，将传统民族文化以舞台表演的形式展示在旅游者面前时，那些经过加工和提炼的歌舞虽然与原来的有较大的改变，但他们仍保留了其基本内容和形式，其真实性并没有丧失，相反得以保持，而且十分吸引游客。锦绣漓江·刘三姐歌圩就是这样的一个例子。

锦绣漓江·刘三姐歌圩取得成功的另一个重要因素就是求真求实。歌圩内部的渔村是实实在在的，所依托的漓江山水也是真实的，它的前台表演文化也是真实的，无论是《印象·刘三姐》实景剧场还是鼓楼大乐的音乐或者是东街的铺面，通过沿江 600 位村民参与到旅游中来增强了文化表演的真实性，同时服饰符号、建筑符号、场地符号、艺术情景等最大限度地营造了盛唐时期刘三姐歌圩的民俗真实场景。这样不仅没有影响游客亲身经历的真实感受，同时还向游客展示了自己的民族文化，他们在经济和文化上获得了"双赢"。

五、结论与讨论——主题式旅游的研究结果

（一）结论

（1）我国民族文化旅游开发经历了三个时期，1978~1991 年属于自然观光旅游的附庸或补充发展时期。1991~2000 年为主题园发展时期，民族文化旅游开发主要以主题园、模拟民族文化村、民族文化博物馆为主要产品形式。2001 年至今为主题全面开发时期，各种各样的主题式旅游开发得到了蓬勃发展，旅游节庆、民族生态博物馆、民族文化生态旅游村、社区式民族文化主题园新的主题开发模式不断出现，与实践发展相比，对民族文化旅游主题研究的理论却远远滞后与实践。学术界对民族文化旅游研究的焦点主要停留在开发与保护、市场供需、选址、评估、旅游的影响方面，对主题如何确定，主题与民族文化资源、市场、旅游产品之间关系的文献屈指可数；对民族文化旅游主题开发的实践经验进行理论总结并进行专门的系统研究几乎一片空白。

（2）本书对我国的民族文化旅游主题式开发进行了较为系统的实践理论总结性研究，总结出来民族文化旅游主题式开发的 RMTP 理论框架。认为主题式开发的核心是主题，主题是开发的灵魂，它的本质是文化。主题与资源、市场、旅游产品有着密切的相互关系：

资源是主题创意的基础，它具有三个层面——静态文化层、动态文化层和抽象文化层，每一个层面的主题及其对应的主题旅游产品是不同的，都具有鲜明的主题色彩。在实践中，主题与文脉存在着三种对应关系——一是主题开发反映了当地最强的文脉，这个关系使得主题容易取得成功；二是主题在一定程度上反映了当地文脉，但偏离了核心要素，这种情况下主题开发成功与否取决于客源市场、经验管理理念以及服务；三是主题完全脱离了当地文脉，主题开发注定要失败。

市场是主题选择的导向，主题需要以游客的需求为导向。在实践过程中，旅游市场与主题也存在三种对应关系——一是主题相同目标客源市场不同，此种关系不存在竞争与合作关系；二是主题与客源市场都相同，该种关系存在着激烈的市场竞争关系；三是不同主题相同客源市场，这种关系存在着竞

争合作。

一个成功的主题是建立在资源和市场精心筛选的基础上的，主题具有真实性，主题成功开发需要为游客提供或营造一个环境、文化氛围等真实的体验场景。

不同的主题相对应的有不同的旅游产品，主题旅游产品谱中同样存在着四种不同的旅游产品形态，即静态景观产品、动态参与旅游产品、生产生活展示体验产品和服务体验旅游产品。旅游产品不是一成不变的，它是随着市场的变化而变化的，需要对主题产品进行延伸和创新。

（3）文章研究的案例——锦绣漓江·刘三姐歌圩是一个荟萃了实地民族文化生态旅游村、大型山歌主题园、山水实景剧场等多种主题开发模式为一体民族文化旅游主题开发园区，具有典型的民族文化旅游主题开发研究意义。无论是从它对刘三姐文化的文脉主题选择还是从选址或者对市场的选择，也不管是其主题的确立还是对主题产品的开发都基本符合了论文总结出来的民族文化旅游主题开发的 RMTP 理论框架，证明了本研究的理论成果是基本正确的。

（二）讨论

中华民族文化丰富多彩，对于民族文化旅游如何开发，政府、企业以及学者们都提出并实践了一些开发模式，这些模式有些在特定时段里取得了成功，有些却昙花一现。目前，实践正在向纵深发展，向理论界提出了许多新问题。比如，民族文化旅游已经向主题化发展，那么主题开发是不是民族文化开发的一种开发模式，是不是其发展的终结者？有没有比主题开发更好的模式？

实践的成就在某种程度上必然受到理论实践的束缚，主题化、特色化是我国民族文化开发的趋势和主流，也是一种新生的事物，如何真正建立一种模式，由实践来验证则成为理论界一直探索的问题，对于主题的理论研究比如主题开发的定义、内涵，主题筛选与确选，主题选择与社区之间关系，大主题与小主题层次关系如何设置与配合，主题与文化保护、主题管理与服务、主题如何营造与营销等都需要进一步的探讨。

理论是用来指导实践的，在理论上，主题开发是建立在民族文化真实性的基础上，那么在实践中又如何真正做到保持民族文化的真实性呢？通过什么途径来监控主题让它保持真实性呢？同时，从理论上来说，主题的开发成功是由一系列的机制包括动力机制、监控机制、调适机制、创新机制、危机机制等组成的，那么主题开发的机制如何构建，它受到哪些因素的影响，它的流程是什么，如何消解？这些问题都是需要学术界做出响应的命题。

锦绣漓江·刘三姐歌圩在主题探索、开发模式等方面无疑为理论的研究添砖加瓦，然而如何在服务、经营、环保、促销等方面真正体现主题，反映主题，为主题服务，以及主题如何深化，刘三姐主题文脉与广西少数民族文化非主题文脉之间的矛盾如何处理等，也都需要进一步的论证探讨。

参考文献

［1］农冠品.钟敬文与刘三姐研究［J］.广西右江民族师专学报，2004（2）：1-2.

［2］张文祥，陆军.阳朔乡村旅游国内外游客消费需求比较分析.桂林旅游高等专科学校学报，2005（1）：41-42.

［3］李国文.地方旅游节庆策划研究［R］.云南师范大学硕士研究生学位论文，2002：21-22.

［4］Murphy，Peter E.Tourism，A Community Approach［M］.Methuen & Co.Ltd，1985：215.

第三节　创新：民俗文化旅游资源整合开发的原动力
——以桂林阳朔《印象·刘三姐》为例

桂林阳朔《印象·刘三姐》文化景区是全球第一个全新概念山水实景剧场，也是一个全新概念的两栖景区——白天完全就是一个民俗文化实景主题园，晚上则是以实景演出为主的民俗文化演出大剧场，是一个全新概念的民俗文化旅游开发模式，在开发利用的诸多方面都是中国人自己摸索创造出来的，在创新方面具有很多成功的经验，并且它也是我国民俗文化旅游在创新方面取得轰动性成功的案例，在诸多方面属于全国乃至世界首创，体现了创新的精神和理念。

一、民俗文化旅游创新的作用

（一）增强地方经济活力和实力，带动相关产业的发展

民俗文化旅游主要是集中在少数民族聚居的地区，由于各种原因，这些地区经济活力和实力都不够强，而实行创新，从实地出发，因地制宜，协调各个生产要素，使之适合当地发展需要，因而具有强大的生命力和活力，从而增强了地方经济的活力和实力。再通过旅游强大的带动功能，带动农业、服务业等相关产业的发展。

创新为《印象·刘三姐》带来了显著效益，据官方统计，《印象·刘三姐》的推出，已将游客在桂林的停留时间延长了 0.34 天。从统计上看，桂林阳朔《印象·刘三姐》从 2004 年 3 月 20 日正式公演到现在已达 450 多场，观看人数 100 多万人，单是门票收入就达 2.5 亿元。这组统计数字说明，阳朔的旅游经济有了新的增长。同时，《印象·刘三姐》景区的建成开发凭借其强大的人气，带动了阳朔县旅游房地产、酒店业、度假、农业、渔业等相关产业的迅速发展，使得阳朔的旅游业有了质的飞跃。

（二）丰富旅游产品，改变旅游消费方式，淡化旅游淡旺季

创新将大大丰富民俗文化旅游产品，使一些原本缺少旅游资源或资源品位不高的地方创造性地建成了高品质的旅游景观，增加旅游者的选择内容，如深圳中华民俗文化村。加上民俗文化旅游是以民俗文化为载体开发的旅游，许多民俗文化是不受季节和时间限制的，一年四季及昼夜都能够开发利用，因此，通过创新可以开发出更多更好的满足游客不同时段需求的旅游产品，从而丰富了旅游产品，改变旅游消费方式，淡化了旅游淡旺季。

《印象·刘三姐》景区集漓江山水风情、广西少数民族文化及中国精英艺术家创作之大成，将刘三姐的经典山歌、民族风情、漓江渔火、广西壮族民俗等元素创新组合，成功诠释了人与自然的和谐关系，让观众在白天饱览阳朔风光后，晚上可以观赏场面恢宏、气势磅礴的《印象·刘三姐》山水实景演出，体验不同的民俗文化韵味。改变了传统的白天看景，晚上睡觉的旅游方式。同时，传统的观光型旅游产品季节性非常明显，而民俗文化旅游产品一年四季都可以开发利用，没有明显的季节之分，开发民俗文化旅游可淡化

旅游淡旺季概念。比如，现在的《印象·刘三姐》拥有春夏秋冬四季以及雨天晴天等不同的版本，而针对漓江水流、水位的变化，也采用了相应的调整措施，使得《印象·刘三姐》除了恶劣天气外都能够全天候演出，没有季节之分，淡化了旅游的淡旺季。

（三）提高传统旅游资源的科技含量，增强旅游吸引力和核心竞争实力

创新的重点内容就是科技创新，利用新技术将非物质文化（如神话传说、戏剧等）广泛地转化为旅游产品，同时，科技的创新将在旅游环境保护、文化继承与保护、旅游设施等方面全面提高传统旅游资源和旅游产品的科技含量，从而增强旅游目的地的吸引力和核心竞争力。

《印象·刘三姐》就是通过采用大量的科技元素，促使了旅游科技更新，利用科技的力量将刘三姐这一传说转化为文化旅游精品，成为非物质文化旅游精品。景区内采用了大量的灯光系统、音响系统、烟雾造景系统等高科技旅游设备，将漓江及方圆2公里内的12座山体全部设计成为山水实景剧场，成为目前国内最大规模的环境艺术灯光工程及独特的烟雾效果工程，利用这些设备，根据天气的变化和景观的不同，大写意地将刘三姐的经典山歌、民族风情、漓江渔火等元素创新组合，不着痕迹地融入山水，创造出如诗如梦的视觉效果。

二、《印象·刘三姐》成功创新的途径

（一）加强理论研究

"旅游理论研究的基本内容是旅游实践中所遇到的各种矛盾和问题的深层次原因以及提出各种应对方法和操作方案的理论依据。"国内外游客由于历史背景、知识结构、文化背景、教育背景不同等原因而导致在旅游消费方式、动机及行为上的差异，要开发出适合国内外游客需求的旅游产品，必须加强旅游理论研究，同时，旅游市场是不断变化的，旅游者的需求也是在不断变化的，因此，旅游理论研究的内容也要不断更新和深化。由于民俗文化旅游开发涉及的面远远要比其他旅游开发的面广，涉及宗教信仰、民俗文化分布广、地域性和民族性强，旅游对民俗文化影响大，民俗文化存在非物质文化，非物质文化开发难度要比物质文化难度大、民族问题等民族本身特有的问题，

除了借鉴和运用现有的非民俗文化发展旅游理论外，还需要以创新的思维加强对这些问题理论进行研究。

《印象·刘三姐》的开发成功正是立足于深入加强理论研究的基础上进行的。为了将广西的刘三姐文化品牌做大做强，广西壮族自治区政府宣传部于2001年组织了民族学、人类学、文化学、经济学、旅游学、市场学、文学等方面专家以及贺州市旅游局、阳朔旅游局、贺州市人民政府等地方政府和旅游局政府行政部门和区内外一些著名的企业家联合对刘三姐文化进行了全面的调查研究，历时三年多，多次召开学术研讨会和论证会，为《印象·刘三姐》的成功运作奠定了良好的理论基础。

（二）旅游产品主题创新

民俗文化旅游产品是旅游开发的核心，是吸引游客的重要载体，它必须根据市场的需求而设计，因此开发哪些产品，如何开发就成了研究的重点；同时，民俗文化旅游产品存在着明显的生命周期问题，需要根据其生命周期提出相应的策略和方案；特色是旅游产品经久不衰的生命力，精品是旅游目的地的形象，高品质的旅游产品关键在于特色和产品附加值，民俗文化旅游精品的开发，老产品的结构调整和转型、升级，产品组合等都需要进一步围绕主题进行创新性研究。

主题创新是"在主题资源不变的情况下，根据旅游产品生命周期理论，随着市场形势的变化适时推出新的旅游产品内容，在动态中把握并引导旅游需求，充分依托市场，引领消费时尚……与内涵创新注重于原有内涵的挖掘相比，主题创新更倾向于选择新的主题。"创新不是标新立异，不是无根据的创新，它是主题资源不变但文脉和市场需求都完全改变下发生的。创新追求的是一种创意，创意需要追求差异，差异产生特色，特色产生吸引力，吸引力提升竞争力。

主题核心产品具有市场前瞻性，引导市场潮流，只有不断为主题核心产品注入新的文化内涵才能保持主题核心产品的竞争优势。正是凭着不断的自我创新，《印象·刘三姐》景区在短短的两年内不断腾飞。

（三）构建"官、产、学、民"一体化开发模式

提高创新能力，要切实推进"官（指政府）、产（指企业）、学（指专家）、民（指社区居民）"一体化完整的创新链，包括研究、开发和产业化三大环节，加强"官、产、学、民"合作是提高民俗文化旅游创新能力和实现产业化的重要手段，也是建立健全产业化模式的有效途径之一。特别是在市场的创新活动中，要坚持以企业为核心组织"官、产、学、民"联合创新。要通过制定政策法规和充分利用政府资源促进产、学、研的合作，吸引社会参与，发挥各自的优势，完善民俗文化旅游创新产业化链条，以最快的速度形成产业突破和实现产业化。

这也是《印象·刘三姐》项目成功运作的重要途径之一。在项目运作过程中，广西壮族自治区党委、政府的有关领导不仅多次亲临现场考察，还对每一个阶段都给予指示。光是自治区和桂林市以及阳朔县的文化、旅游、环保、建设、交通、银行等部门为该项目下发的文件就有近百个。桂林市旅游局还将此项目纳入来桂旅游团队必选的重要内容之一。由于扶持力度大，措施得力，尽管该项目在运作中几次遇到挫折，但总体进展没有受到过多影响。在整个项目的运作中，自治区政府只投入 20 万元作为前期费用，其余投资全部都是由企业根据需要，采取市场化方式运作的，争取到了广西维尼纶集团公司等财团的投资，桂林广维文华旅游文化产业有限公司还聘请了 67 位中外著名艺术家历经三年的集体创作，聘请清华大学、上海大学等旅游、文化、市场等方面的著名专家担任发展顾问，为《印象·刘三姐》的运作提供智力支持。同时，为了减少由于旅游开发而引起的社区矛盾，公司还将景区内 5 个村的 600 多位渔民全部聘请为公司员工参加演出，每个月给予固定工资，不仅为社区脱贫致富做了贡献，而且使得《印象·刘三姐》的表演再现了漓江两岸百姓拉网捕鱼，日出而作，沐浴婚嫁，繁衍生息等真实民生民俗，增加了民俗文化旅游的真实性，探索了一条新的社区参与旅游模式。

三、《印象·刘三姐》成功创新的竞争策略

（一）错位竞争策略

生态学上有一个原理：没有任何两种生物占据同一生态位，否则，竞争必然会导致其中一个物种的消亡。这一原理同样适用于民俗文化旅游开发，旅游上的雷同建设、恶性竞争造成的恶果已屡见不鲜。因此，在旅游开发中

必须采取错位竞争的原则，首先在市场定位上要避免与同一类型的强势景点形成市场重叠，其次在开发项目的选择上必须避免与面向同一市场的景点雷同。即要做到：人无我有，人有我精。而在人强我弱时则要避其锋芒，以免被其掩盖。

《印象·刘三姐》正是利用了错位竞争才在短期内迅速进入市场的。基于刘三姐的文化品牌效应，仅在广西境内开发的以刘三姐文化为资源的景区景点就有很多，如桂林刘三姐景观园、阳朔刘三姐水上公园、阳朔大榕树；柳州的鱼峰山公园；贺州的刘三姐故乡——下枧河景区等，不少于20多个，主题也基本雷同，客源市场相差不远。因此，《印象·刘三姐》景区在分析竞争者的基础上，通过大胆的创新手法，大主题文脉上把桂林、阳朔举世闻名的两大旅游、文化资源——桂林山水和刘三姐留给人们的印象进行巧妙嫁接和有机融合，让自然风光与人文景观交相辉映。而在小主题文脉上则立足于桂林，与桂林的音乐资源、自然风光、民俗风情完美地结合，因此取得成功。

（二）以市场为导向，进行动态创新策略

旅游业是一个动态发展的产业，市场变化很大，根据旅游者的消费心理，结合并正确预测旅游发展趋势，以市场为导向，把握时代脉搏，紧跟时代潮流而设计开发旅游产品，以确保市场占有率，并刺激产品竞争的"张力"。发展民俗文化旅游要结合自身优势，有针对性地推出自己的旅游宣传促销主题，以创新带动需求，引导消费潮流。

《印象·刘三姐》景区总是依据市场的发展而不断追求创新的，除了开发作为晚上休闲娱乐项目——《印象·刘三姐》这个全新概念的艺术视觉"大餐"外，紧接着又推出了一个全新概念的音乐"盛宴"——《鼓楼大乐》。《鼓楼大乐》使用了壮、侗、苗、瑶等广西少数民族乐器和少数民族女子乐队歌手200多名，以原生态的音乐及表演形式描绘了漓江美丽的自然风光和多姿多彩的民族生活。演出借助中国最大的鼓楼实景，将独特的环境、美妙的音乐和极具震撼力的宏大演出场面融为一体，完成了中国民间音乐史诗般的篇章。《鼓楼大乐》作为白天的参观项目，拥有耗资1000万元建造的世界最大鼓楼群，它强调强烈的听觉冲击力，成为《印象·刘三姐》之后推出的又一个独一无二的音乐旅游精品。

（三）创意竞争策略

创意竞争就是利用新思维、新观念和新方法创造性地挖掘民俗文化旅游开发的主题，将其转化为具有核心竞争力的竞争过程。民俗文化资源的独特性（文脉）是主题创意的物质和精神载体，挖掘文脉、寻找文脉、提炼和升华文脉的目的就是为主题注入鲜活的灵魂和持久的生命力。主题文脉的创意是建立在民俗文化调查研究的基础上的，对民俗文化的调研需要从宏观大文化背景、微观的民间文化背景和历史的时间背景着手进行。当然，选择主题文脉需要采取灵活的选择方法，要从散乱无序的众多文脉当中，梳理和把握地方最重要的文脉，"要认真分析和研究所在地的'文脉'内涵和体系，准确把握其'文脉'特征，在此基础上，采取灵活的主题选择方法：一是可以顺应'文脉'，追求同一性，从'文脉'的特征中提炼主题，升华主题认同感；二是可以突破'文脉'的框架，出奇制胜，构架差异化的主题，形成具有鲜明个性的主题特色；三是可以采取协调与突破相结合的原则，创新性地确立主题，体现特别的构思特征。"对文脉进行细致的分析和提炼挑选，其目的在于识别出可供选择的相关素材和资源。因此，"当所有外在条件相对不变的前提下，关系到民俗文化旅游成功与否的创意设计就成为核心竞争力。良好的创意不仅使文化特征具体化、视觉化、艺术化，更能使当地文化资源优势得以充分发挥。"

《印象·刘三姐》就是运用独一无二的方式来诠释桂林的自然美和文化美。刘三姐及漓江都是桂林举世闻名的两大旅游文化资源，但《印象·刘三姐》没有落入俗套，而是选择了一条较高雅的、印象派的路线，采用生活化的场景——捕鱼、拉网、荡舟、渔歌，写意地将刘三姐的经典山歌、少数民族风情及漓江渔火等元素进行创新组合，不着痕迹地融入桂林山水之中，通过鼓楼群、灯光工程、烟雾工程、音乐工程、舞美设计、服饰设计等现代科技来表现漓江牧童、洗衣村妇、唱晚的渔舟，归家的耕牛这些传统的桂北乡村景象，充分利用晴、烟、雨、雾、春、夏、秋、冬不同的自然气候来营造主题，从而创造出无穷的神奇魅力，使《印象·刘三姐》的演出每场都是新的。最终将主题的自然之美、渔火之美、人文之美、民风之美、服饰之美、灯光之美充分融合在一起，成为一场视觉艺术的革命。

创新能增强一个行业的核心竞争力，要创造具有中国特色的理论体系和实践体系离不开创新，中国旅游创新的研究和实践都不够，导致了我国旅游在世界旅游市场中具有推广意义的旅游产品或旅游品牌并不多，因此，加强旅游创新的研究，不仅仅是对旅游科技创新的研究与应用，更应该在各个领域都深入探索与研究，从而提高我国旅游竞争力。桂林阳朔的《印象·刘三姐》景区在创新方面积累了诸多有益经验，以实践案例进行研究，有利于更进一步探索适合民俗文化旅游创新的理论、技术与方法。

参考文献

[1] 魏小安等著. 我国旅游业新世纪发展大趋势 [M]. 广州：广东旅游出版社，2001：37.

[2] 陈佳洱. 加大基础研究投入 夯实创新根基 [J]. 世界科学，2006，（1）：4.

[3] 张凌云. 也论旅游理论研究的几个问题——与余书炜同志商榷 [J]. 旅游学刊，1997，（6）：47.

[4] 王大悟. 创新与联合—论21世纪中国旅游业发展的两大主题 [J]. 旅游科学. 2000（3）：2.

[5] 吴玉霞. 基于核心竞争力理论的旅游营销分析 [J]. 集团经济研究，2005，（182）：75.

[6] 董观志. 旅游主题公园管理原理与实务 [M]. 广州：广东旅游出版社，2000：188.

[7] 诸葛艺婷，崔凤军. 我国旅游演出产品精品化策略探讨 [J]. 社会科学家，2005，（5）：122-123.

第四节 《印象·刘三姐》旅游演艺产业可持续发展总结研究

一、《印象·刘三姐》旅游演艺产业可持续发展的历程分析

《印象·刘三姐》旅游演艺产业的可持续发展，大致上可以分为三个阶段。

（一）发展的初级阶段

《印象·刘三姐》在发展初期是以 1997 年广西壮族自治区文化厅提出要利用广西原有的文化底蕴（刘三姐）结合当地的旅游资源设计出一个新型的产品为标志。当时区文化厅专门拨出 20 万元政策性扶持资金作为项目运作的前期经费，并为此成立了广西文华艺术有限责任公司。1998 年至 1999 年项目进入创作阶段，2000 年 7 月 28 日，在北京人民大会堂举行了该项目的新闻发布会，宣布项目正式启动。历经五年半的艰苦创作，无数次颠覆、修改方案，《印象·刘三姐》初版终于在 2003 年秋天，成功问世，2004 年初春再次改版定妆。一场天人合一的山水实景演出终于和观众见面。

发展的初级阶段，主要是以《印象·刘三姐》实景表演为主，产品单一，尚未形成产业。

（二）发展的多元化阶段

2004 年 3 月 20 日，《印象·刘三姐》正式公演，同年 7 月 1 日，《印象·刘三姐》迎来其百场纪念演出。经过了五年零五个月的创作，109 次不断地修改，100 场公开演出，整个演出的面貌基本确定。百场纪念演出的成功无疑就是该项目产业发展走向多元化的标志，这个阶段主要体现在《印象·刘三姐》问世之后，关于对其后续延伸产品的设计和编排，如《漓江女儿》《鼓楼大乐》的编排，世界上最大的鼓楼群以及有着"壮族迪士尼"之称的阳朔东街的建设等。

为培养演出人才，当地成立了广西锦绣漓江艺术团和张艺谋艺术学校，该学校的学生上学是免费的，学生们白天上课，晚上和当地农民一起参与《印象·刘三姐》的演出。其实其培养出来的优秀演艺人员，不仅输送到《印象·刘三姐》项目，还为其他演出项目培养了人才。

《鼓楼大乐》所在的建筑物是世界上最大的鼓楼群，耗资 1000 万元极力打造，据悉，漓江山水剧场和鼓楼群都已经申报吉尼斯世界纪录。《鼓楼大乐》是《印象·刘三姐》主题节目的延伸，"白天看鼓楼，晚上看印象"这是原来项目策划的想法。与《印象·刘三姐》不同，鼓楼大乐则是一场听觉上的盛宴。它使用了壮、侗、苗、瑶等广西少数民族乐器和少数民族女子乐队歌手 200 多名，以原生态的音乐及表演形式描绘了美丽的漓江自然风光和丰富多彩的少数民族生活。

除了规模宏大的鼓楼群，项目组还主张建成另一条与阳朔西街对应的桂林名街——东街，将"吃、住、玩、乐"做成"一条龙服务"。

（三）发展的完善与创新阶段

2007年后，《印象·刘三姐》景区先后委托上海社会科学研究院、广西师范大学、广西大学等单位完成了产业评估和产业链设计，开发了多元化的旅游商品、旅游地产以及为全国诸多印象派进行创意设计等产业化发展行为。《印象·刘三姐》经历了由单一的旅游演艺产品向多元化的综合性景区发展的历程，实现了多元化产业可持续发展的格局。

二、《印象·刘三姐》旅游演艺产业可持续发展的基本经验

（一）核心产品带动综合产业发展

作为全球首部山水实景"巨著"，2003年试演好评不断，受到世人瞩目。据统计，《印象·刘三姐》的出现，使得游客在桂林的停留时间延长了0.34天。2003年，《印象·刘三姐》公演之前，阳朔县的床位仅479张，全县旅游收入仅2.41亿元。到了2009年全县旅游接待量达到720万人次，同比增长28.8%；实现旅游总收入24.2亿元，同比增长35.2%。随着《印象·刘三姐》的成功，而后项目组也跟着推出《鼓楼大乐》、东街等项目，东街上开发的除了有着浓郁民族风情的建筑物，还有各式酒店、酒吧、餐馆、房地产、商住楼等。东街酒店仅在2006年试营业，入住率已达80%，由《印象·刘三姐》产业带来的商机已经显现。

除了大经济环境的好转，当地渔民增收也有了新的途径。渔民们除了参与演出的收入，还有在印象剧场门口摆摊，经营出租望远镜、棉大衣、坐垫、驱蚊水等业务收入。据了解，每年光从这里就能挣四五万元，不少渔民家中盖起了新楼，阳朔治安也随之得到了改善。

总的来说，这些产业的发展得益于《印象·刘三姐》这一主题产品的成功，增加了人们对于这个小县城的兴趣，从而带动其他产业稳步发展。

（二）重视景区多元化发展战略

景区产品过于单一，容易造成人们的视觉疲劳，是景区走向衰竭的重要

因素。《印象·刘三姐》之所以成功，演出本身当然功不可没，但其不断创新，推行多元化发展战略，是其获得成功的重要保障。

项目除了构建世界上最大的山水剧场之外，还投资兴建了世界上最大的鼓楼群，园区内绿色自然，主题园区在白天没有演出时是一个传统的民俗风情园，到了晚上则成为实景演出场地。

不惜重金打造阳朔东街，已经俨然成为一条旅游商业街，来到这边从商、居住的人不计其数，其升值空间无限。如果说这条街是一条"招商引资"的道路，也不为过。通过东街，给企业带来了巨大的经济效益，从而为印象的后期运作发展提供了强大的经济援助，为《印象·刘三姐》这个产业发展壮大提供了更多的可能。

（三）重视企业化运作

市场经济的核心在于获取更大的经济效益，企业化运作为其快速发展壮大提供了可能。单纯依靠政府扶持很难在这个市场里占据有利位置，采用企业的经营模式，广纳资金，通过市场规律来让自己立于不败之地。演出统一归广维文华有限责任公司管理，政府只进行政策性引导，这样对于企业而言，有了更多的自主性得以顺利开展其项目建设。同时，市场规律的残酷无情也让企业有了更多的危机感来发展。

（四）重视两栖景区发展

《印象·刘三姐》只作为晚上的演出项目，白天剧场呈现出一个荒废状态，为了提高剧场的利用率，项目策划组打算推出《鼓楼大乐》作为白天的参观项目减少白天的空置率。除此之外，剧场内建设全部采用生态环保理念，绿色覆盖率高达90%以上，建成世界上最大的鼓楼群，使得主题园区在白天可以作为一个民俗风情园来进行游览参观。充分利用好每一分每一秒，在保证好景区生态环保工程的前提下，将景区的经济效益发挥到极致。

（五）注重创新，推陈出新

多样化的民族文化造就了一个城市的永恒魅力，纵观桂林现在的民俗旅游产品，如刘三姐景观园、刘三姐水上公园等，表演的形式比较单一，且重复性景点游览项目过多，造成游客审美疲劳。而《印象·刘三姐》不一样，她以传统的民俗融入自然山水之中，大胆且不断地创新是其快速获得成功的重要原因。创新要有新想法、新思维、新活动，才能激发游客的兴趣，让景区产品有更好的传颂率。《印象·刘三姐》大胆打破传统主题园开发模式，巧妙地将刘三姐文化与秀美的山水风光相连接，改变传统剧场表演形式，将舞台设在广袤无边的山水间。不断地推陈出新，建造了世界上最大的鼓楼群，并开发了有"壮乡迪士尼"之称的阳朔东街，开发房地产与商业等。不断推出新产品、不断对原有产品进行更新，增加文化的附加值，使其能够保持持久的竞争力。

（六）注重产业外延延伸

《印象·刘三姐》的创新不仅仅体现在节目表演形式本身，还有参与其演出的人员也大都以当地渔民为主。600名演员当中有近400名是来自漓江边五个村子（田家河村、兴坪村、木山村、木山榨村、猫仔山村）的农民，他们白天耕地捕鱼，到了晚上换好服装，撑着竹排就到剧场里面来表演。如此选取演员，一可以减少聘请演员的开支；二可以减少游客和社区居民之间的矛盾。据了解，虽然剧场安排在乡村里，但整个节目的编排并没有受到当地村民的抵制，相反，大家都希望《印象·刘三姐》能够获得成功；三能够保证演出的原汁原味，虽然这些农民不像专业演员能够做出夸张到位的动作，但他们能够真实重现他们在生活当中的场景，因为每天他们都在过着这样的生活。

将人才的培养与助学扶贫工作相结合，产生广泛而深远的社会效益。为了组建一支高素质的专业演艺人才队伍，项目组在2000年成立了张艺谋漓江艺术学校，由张艺谋担任名誉校长，学校采取"教学、实践、就业一条龙"培养模式，根据学生年龄、学历不同而采用3-5年学制。对于老少边穷山区来的孩子，还实行免收学费政策，孩子们白天在学校里面学习文化知识，晚上就到剧场里参与表演实践。据了解，张艺谋漓江艺术学校除了为《印象·刘三姐》培养专业演出人员外，还为其他的大型专业演出输送专业人才。学校在办学以来，在自治区、全国甚至国外都获得不少的荣誉，包括有全国新丝路模特大赛、中越边境友谊小姐比赛以及中国希望之星大赛等。

三、《印象·刘三姐》旅游演艺产业可持续发展的启示

（一）演艺产品需要走产业化发展道路

《印象·刘三姐》的大获成功，除了节目本身的创新性外，应该更多地研究这个演艺产品的产业链。核心产品的独创性，是主题园区拥有吸引力的前提条件，产业化发展道路则是这个演艺产品快速成功的保证。《印象·刘三姐》通过出彩大胆地创新结合，以全新概念编排山水实景演出，不断扩张其外延，包括有《鼓楼大乐》的编排、东街民俗文化街的开发、房地产业的兴起、餐饮服务业的开办，开办专门输送演艺人员的张艺谋漓江艺术学校等，这一切，无疑是产业化链条所带来的巨大收益。演艺产品要想做大做强，走产业化发展道路是必经之路。

（二）要重视地方特色文化元素的应用

随着我国经济的快速发展，人们的生活得到了很大的改善，物质生活水平的提高必然呼唤精神生活的完善。以前单纯的自然风光已经无法满足新时代的游客日益增长的精神文化需求，相比之下，他们更愿意到拥有丰富文化底蕴的城市去游览。为此，城市旅游的发展绝不能忽视地方特色文化元素的应用。《印象·刘三姐》利用了广为人知的桂林山水风光和悠久的刘三姐文化、壮、瑶等广西多民族文化，壮族的歌、红瑶的长发秀、已经列入世界非物质文化遗产的"侗族大歌"等在剧目里都能够得到非常好的体现。除此之外，还注重当地渔民生活场景再现，短短70分钟的演出，给游客带来更多是依傍着这秀美漓江的人们原生态生活的展现。游客通过本场演出，能够深刻地体会到漓江人"日出而作、日落而息"的农家生活，感受到少数民族人民勤劳、淳朴的品质以及对爱情、生活的向往。

（三）要重视市场营销的创新

打破原有陈旧且传统的营销理念，引进先进的日本理光整体营销理念，采用专业营销公司来对《印象·刘三姐》产业进行策划管理。所谓"整体营销"，就是公司营销活动应该囊括内外部环境的所有重要行为者，其中包括供应商、分销商、最终顾客、职员、财务公司、政府、同盟者、竞争者、传媒和一般大众，前四者构成微观环境，后六者体现宏观环境[4]。《印象·刘三

姐》在整体营销中通过利用政治和市场手段，利用名人、名山、名水三位一体的整体市场营销手段，推广市场，取得了巨大成功，突破了原来单纯依靠广告营销的局限。

（四）要以企业化专业化进行运作

企业化运作有利于产品策划的规范化，运营的专业化有利于提高产品的竞争实力。《印象·刘三姐》的管理公司是广维文华旅游文化产业有限公司，2004 年 7 月 1 日，《印象·刘三姐》百场纪念演出获得成功，之后节目就移交给专业的演出公司进行旅游演出，并与之签订艺术保障协议。东街的建设完全交给阳朔锦绣漓江房地产旅游投资开发有限公司，营销交给南宁千色旅游营销公司操作……企业化专业化的运作模式，使得《印象·刘三姐》产业取得了"百花齐放"的局面。

（五）要重视产品多元化和更新升级换代

产品落后、单调是企业生命力衰竭的前兆，避免将全部精力投放到一个产品上，产品的多元化让企业更大程度地获取经济效益。应在原有的基础上不断更新升级换代，设计适合当代市场需求的产品。《印象·刘三姐》在 2004 年 7 月 1 日之前就已经反复修改 109 次，历时五年零五个月的创作，融合中外 67 位艺术家的思想，才能有当时百场演出的成功。除此之外，每年年底都要进行一次剧场整修和节目休整排练。不断推陈出新，编排了《鼓楼大乐》、建设大型刘三姐歌圩，同时，在《印象·刘三姐》产品自身发展上，发展具有印象特色的旅游商品。比如，印象光盘、印象介绍等。以前，在通往印象剧场的街上没有什么餐馆，而现在"唐人街酒店"这条路上已经建立起的餐厅已有近百家，阳朔啤酒鱼、田螺酿随处可见。在《印象·刘三姐》开演之前，来到阳朔，游客一般就是游完漓江，白天在阳朔常规景点稍作停留，随即返回桂林，阳朔的酒店、宾馆形式比较单一。而在《印象·刘三姐》出现之后，"唐人街酒店"所在的观莲路已经成为阳朔县星级酒店集中地，更出现了农民自己搞起来的农家宾馆。各式酒店宾馆都采取了古朴原始的建设风格，已然成为印象剧场边上一道亮丽的风景线。随着《印象·刘三姐》的火爆开演，景区周边的土地及房产增值平均达到了 5 倍以上。由《印象·刘三姐》产业带来的无限商机已经显现。

参考文献

［1］陆军，王林.创新：民俗文化旅游整合开发的原动力——以桂林阳朔"印象·刘三姐"为例［J］.桂林师范高等专科学校学报，2006（12）.

［2］刘素平，邱扶东.旅游文化资本运作模式初探——以"印象·刘三姐"为例［J］，桂林旅游高等专科学校学报，2007（4）.

［3］王春梅.山水实景演出的旅游市场营销启示——以"印象·刘三姐"为例［J］.文史博览.2008（1）.

［4］陆军.印象·刘三姐文化产业成功经验及其借鉴——"阳朔现象"实例剖析［J］.桂林发展研究，2009（3）.

［5］白雪.印象·刘三姐中的大众文化生态性分析［J］.河池学院学报，2008（8）.

［6］李咏梅.用民族文化提升传统旅游风景名胜地的吸引力——以"印象·刘三姐"为例［J］.广西民族大学学报，2008（3）.

第六章
民族文化旅游理论实践案例
——刘三姐景区规划研究

第一节　刘三姐文化的挖掘与提炼

广西宜州境内聚居有壮、瑶、水、仫佬、毛南等三十多个少数民族，长期生活在这块土地上的多民族，形成了宜州多彩独特的民族文化，地方彩调、桂剧、渔鼓戏剧独具特色，壮族婚俗、壮族歌圩、各类民间体育等民风民俗丰富多彩，传统民间小食琳琅满目。

宜州历史悠久，文化源远流长。从汉元鼎六年（前111年）起，随着定周县的设置，中原文化便直接进入宜州，历代显要名流，迁客骚人在宜州任职、谴谪、考察、羁旅，在朝廷命官、中原汉人与宜州土著居民的共同努力下，形成了以中原文化与岭南文化融合交织的宜州特色文化，这突出表现在宜州山歌文化上。历史上连中三元的宋朝状元冯京就出生在宜州，冯京的祖墓就葬在宜州拜相山宝地。宋代大诗人、四大书法家之一的黄庭坚谪居并仙逝于宜州，明代地理学家徐霞客曾到宜州考察30天，在《徐霞客游记》中描述宜州山川风物的文章就有2万多字。抗战期间，浙江大学迁至宜州，汇聚了竺可桢、马一浮、丰子恺等一大批文化名人，成为继桂林之后的广西又一抗战文化名城。

宜州是壮族歌仙刘三姐的故乡，在宜州能歌者比比皆是，也是著名的彩调之乡。以山歌文化为核心的刘三姐文化是宜州地域独具特色的文化表现方式与载体，充分体现了宜州文化的开放性、吸纳性以及民族性，以刘三姐文化为核心的宜州文化实质就是壮族特色文化和壮族民族精神的表现。

那么，宜州为什么会成为刘三姐的故乡呢？

一、歌源：刘三姐的宜州——宜州为什么成为刘三姐的故乡

宜州是和桂林同时建制的历史文化名城，至今已有2100多年的历史，它是古代中原进入岭南的重要地带，由于建制较早，成为岭南较早接受中原文化传播的区域之一，因此，也成为多民族文化交流、融合的区域之一，形成了具有宜州地域特色的优秀文化，这一特色最核心的载体就是刘三姐文化。

宜州为什么会成为刘三姐的故乡呢？是因为宜州与其他地方相比，有以下特点：

第一，宜州上接贵州、云南，下连柳州、桂林，古代是滇、黔朝廷贡品东下转北上的必经之道，宜州及其周边地区自古生活着百越民族的几个分支族群，还有苗、瑶等外来族系。主要民族为汉族、壮族，辖域内南、西、北面分别与环江毛南族自治县、都安县及罗城仫佬族自治县相邻，东南和西北部接壤邻县的山区地带杂居苗、瑶、仫佬、水等民族。通行的语言为汉语西南官话的一支，通称宜山话，相应歌种通称山歌；壮族聚居及与汉、仫佬族杂居地区通行壮语北部方言，相对应的歌种壮语中称为"欢"，一般概称为壮歌；此外属于汉人民系的"百姓人"约5万人，主要聚居于东西横贯宜州境内的龙江流域。据考证，"百姓话"有可能为汉语方言平话的一支，其所唱山歌即"百姓歌"。这一地区多族群共生的历史，从地缘因素来说与宋代以来的移民流动有关。一方面，宜州处于黔东南、桂中、桂西南之间的水陆交通枢纽、羁縻统治的边缘重镇，军事与政治上均处要位，自宋代起因政府派驻屯兵及本地战乱陆续迁徙移入不少移民；另一方面，由于生计、流徙及逃避别处战乱等因素，明清时期岭南周边及桂东南地区徙入了大量的移民，人群的不断流动，构成今天多种族群、多种语言人口并存的文化图景。正是这一独特的历史与地理因素造就了宜州刘三姐文化的诞生基础。

　　第二，宜州自古以来居住着壮侗语族民族和汉民族，这些民族自古以来就喜爱唱山歌。山歌成为人们的精神生活需求。"饭养命来歌养心，不唱山歌闷死人"，饭和歌在人们的日常生活中处于同等重要位置，是缺一不可的。饭是人们延续生命的物质保障；歌是精神生活的唯一需求。有一首山歌这样表述人们对山歌的依赖程度："人人都讲黄金贵，我讲山歌贵过金；山歌就是我的命，不得唱歌脚抽筋。"在过去漫长的岁月中，人们生活单调，除了劳动别无娱乐可言，唱山歌是唯一的一种文化生活。唱歌可以解除心头的烦闷、忧愁，可以消除疲劳，振奋精神。山歌是兴奋剂，是人们不可或缺的精神食粮。山歌的内容很广，涉及生活中的方方面面。天文地理、社会历史、古今英雄人物、季节农事、花鸟虫鱼、婚姻爱情、习俗喜庆等。特别是在男女"授受不亲"的旧时代里，唱歌表达爱情就显得更为重要。

　　第三，深厚的历史文化和独特的民族风情为刘三姐文化旅游品牌的打造提供了基础。宜州境内先秦时期为百越属地，自汉武帝元鼎六年（前111年）设定周县，为宜州正式建置之始。自唐贞观四年（630年）起，这里又是历代州、郡、府、路治所和专区驻地。也是汉文化较早传播并且与底蕴深厚的壮族文化激烈碰撞的地区。

　　这里群贤云集，人杰地灵。北宋三元及第、官至副宰相的冯京，祖籍就在宜州；宋代大文学家黄庭坚、明代著名地理学家和旅游家徐霞客、太平天国翼王石达开、现代著名科学家竺可桢等人曾留寓宜州，留下山谷祠、山谷先生衣冠墓、翼王石达开与其部将气吞山河的唱和诗石刻、铁城遗址、浙江大学旧址以及全国现存最早的五百罗汉名号碑等众多文物古迹。宜州区聚居着壮、汉、瑶、仫佬、水、毛南等民族，文化底蕴深厚，风情迷人。"如今广西成歌海，都是宜州三姐"。这里是彩调、桂剧、渔鼓文化发祥地之一。早在20世纪50年代，彩调剧《刘三姐》和《龙女与汉鹏》曾远赴北京中南海怀仁堂演出，得到毛主席和其他中央首长的高度赞扬。此外，独具特色的地方节日风情更浓，如三月三歌节、壮族歌圩、八月十五歌会等都别有韵味。

　　正是在丰富深厚的山歌和歌圩的土壤及其与汉文化的激烈碰撞中，孕育了歌仙刘三姐。就人口而言，经过2100余年汉文化的强烈冲击，今天宜州62万人口中，有73.6%是壮、瑶、仫佬等民族，其他少数民族占8.9%，汉族仅占18.5%。而在其他地区，例如，桂南、桂东南和广东西部及北部地区，历史上大量的壮族被融合在汉族之中。同时又必须看到，在宜州的壮族文化中，已经吸纳了相当的汉文化。这从当地壮族的语言、生活习俗中都有可以强烈地感受到。宜州是广西受汉文化影响较早的区域，尽管宜州壮族人口占河池市人口的75%以上，但在日常生活中，不管是汉族还是壮族等少数民族，大都使用西南官话中的桂柳话作为交际语言，因此，当地的壮族老百姓平时既唱壮话山歌也唱桂柳话山歌。不管是壮话山歌还是桂柳话山歌，都是反映壮族人民生产生活、历史文化、民族性格、心理素质以及伦理道德的歌谣，因此，当地老百姓将两者都称为壮族山歌。由于壮话山歌的地域限制性太强，因此当地壮族人民在塑造刘三姐歌仙形象时便舍壮话山歌而取桂柳话山歌。桂柳话山歌作为壮族山歌，更容易与同为汉语方言山歌的客家山歌碰撞激荡，从而取长补短、相互融合，为刘三姐歌谣的形成、发展、壮大奠定了坚实的基础。可以说，正是有了桂柳话作为语音载体，刘三姐歌谣才有了更大的开放性和包容性，才得以更迅速、更广泛地流传开来。

第四，刘三姐是"歌圩的女儿"（著名民俗学家钟敬文语）。宜州是历史上歌圩分布密集的地区，传说中这些歌圩都是刘三姐传歌而形成的。宜州壮族人口占73.6%，但只有一部分歌圩唱"欢"（即壮歌），相当一部分歌圩既唱"欢"又唱汉语柳州方言的山歌和汉语"百姓话"山歌，还有一部分歌圩全部唱汉语柳州方言山歌。歌圩上的壮汉文化交流、碰撞和互相融合吸收表现突出。

第五，宜州是刘三姐歌谣富集的代表性地区，形成了丰富多彩的刘三姐歌谣文化，宜州也被人们认为是刘三姐的故乡。以歌的内容来划分，刘三姐的歌谣以情歌为主，同时还发展成为生活歌、生产歌、仪式歌、谜语歌、故事歌等类别。特别是保留了一批创世古歌。而这些类别的歌大多是围绕着爱情而展开并形成的。

第六，与其他地方传说中刘三姐是饱读诗书、知书达理的"才女"形象不同，宜州民间传说中的刘三姐是农家女，是"下里巴人"的"歌仙"。可以说，这才是地道的刘三姐。直到今天，宜州许多民众深信历史上确实出现过刘三姐其人其事，刘三姐作为"歌仙"的形象在宜州深入人心。传说中的刘三姐以歌艺服人，在对歌中博得众人的钦慕，正与历史上宜州各地的歌师、歌王在歌圩的对歌活动中以歌多、歌巧、歌美赢得人们的赞誉甚至崇拜、获得社会认可相似。

第七，宜州最早把歌仙刘三姐的形象和刘三姐歌谣编成彩调剧并搬上舞台，从而掀起了 20 世纪 50 年代广西彩调剧刘三姐会演的热潮，享誉全国。接着电影刘三姐在国内外巡回放映，又引起广泛而持久的轰动，产生了深远的影响。

二、歌声：刘三姐的山歌——刘三姐唱的为什么是山歌

山歌是刘三姐文化的核心载体，也是壮族文化的核心表现符号，那么，刘三姐为什么唱的是山歌呢？

这与孕育山歌的历史文化环境和民族文化的交流有着很大的关联。

刘三姐是壮族的歌仙，而壮民族生活的地区（广西为中心）则背靠大西南，面向大海，多河流、山地，河流与山地之间，又多为狭小的小平原、盆地。在山脉的前沿、谷地及盆地的边缘，为丘陵地带，面积广大，山峦起伏，森林密布。在秦始皇南取百越之地之前，桂林、象郡的百越大地上早就有不同部落的人群在繁衍生息。在这片重峦叠嶂、江河密布、瘴气充塞、野兽横行的土地上，先民们经过漫长岁月的拼搏与斗争，逐渐孕育形成了独特的民族精神气质与鲜明的民族特征。其中爱唱歌便是百越人最突出的气质特征。百越民族是爱唱山歌的民族，山歌文化源远流长，可追溯到公元前 528 年壮侗语族先民唱的"越人歌"。"越人歌"是中国古代使用壮侗语族语言民族的古老民歌。汉代刘向《说苑善渺》中有关于《越人歌》的记载，并且有了汉译。这是见于文字记载的最早的壮族先民的歌谣的壮歌汉译对照。关于歌谣的起源，壮族地区有许多传说，其中较为认同的是被认作氏族部落时代祭祀性的歌舞活动，这种原始仪式性的群体歌舞以"娱神"为目的，后经发展，形成群体性酬唱的歌谣活动。由于百越人生活的区域都是山区，所以其唱的歌称之为山歌。

山歌成为壮族文化符号，壮族与百越族有着密切的渊源关系，壮族的祖先正是百越族中的"骆越""西瓯""苍梧"等族群，壮族地区由于只有语言

没有文字，人们只能通过嘴巴、语言和歌唱来抒发情感，因而逐渐孕育出了与中原诗词文化传统内涵不尽相同的歌谣文化传统。

在壮族地区，常年直射的阳光、四季充沛的雨水、疯狂生长的草木等共同铸就了各族人民热烈饱满的情感与纤细敏感的气质，这种情感气质一经和日常生活中轻而易举就可以映入眼帘的蓝天白云、山川河流、村庄山野、飞鸟虫鱼等野性自然力相交融，歌情乐意也就随之迸发。于是，唱歌便成为壮族人民最重要的精神食粮。

壮族人民的唱歌习俗早在岩居穴处的原始社会就已经开始了。通过田野考察发现，在很多壮族地区，人们所喜爱的歌圩与岩洞有着密不可分的联系。比如每年农历三月十六日，广西凌云县朝里乡的壮族群众都要举办盛大歌圩，当地壮族人民将这个歌圩称之为"吼敢"。"吼敢"的状语的汉字音译就是"进岩洞"的意思，还有现在许多壮族地区举办的"嘹歌""排歌""山歌"节日的时候也选择在岩洞举行，比如田东县思林乡嘹歌发源地及嘹歌节就是在岩洞举行，延续了上千年。由此可见，壮族先民们最开始是在岩洞里聚众唱歌的，以打发采集、狩猎回后待在岩洞的漫长寂寞时光。这就不难理解为什么壮族的歌被称之为山歌的原因了。

人们走出岩洞来到陆地上筑屋定居之后，聚众唱歌的习俗并没有消失。在某些特定的日子里，人们仍会回到岩洞里，围在大火堆旁对唱，以重温曾经的美好生活记忆。

从岩居穴处时代开始，壮族人民的歌声就没有断过。人们从小到大、从老到死、从生活生产到人际交往、从择偶婚配到娱悦身心、从巫蛊祭祀到记录历史等，几乎无事不歌、无处不歌。可以说，壮族人民的一生就是以歌为伍、以歌为伴的一生。

已有晋代邓中缶撰的《交州记》：壮族人民"俗好鼓琴，牧于野泽，乘牛唱辽辽之歌。僮隶于月下，抚掌发烈谣"。古交州即今广西、广东及越南北部一带，这种辽辽之歌现今仍在岭南许多地方传唱，以"辽啰""辽辽""辽辽啰""辽啰辽"等衬词做引子、过场或收尾。比如，今天刘三姐歌谣中的重要种类"嘹歌"就是因为唱歌时句尾用"嘹嘹"作衬音而得名。

一方水土养一方人，壮族地区的山水风物滋养了岭南人民激情四射的歌唱才情。岭南山多、岭多、水多，从一个山头到另外一个山头、从河这边到河对岸，直线距离看似很近，但真正走起来没有个一时半会儿是到不了的。在劳动的间隙，人们没办法走到一起谈天说地，因此，隔河隔山对歌便是最好的娱乐放松活动。双方你来我往，歌声不断，既增添情趣又解乏气，自是其乐无穷。

壮族人民的歌声渗透在生产生活的每一个细节中。比如，上山伐木、下田劳作会唱伐木歌、拉木歌、犁田歌、插秧歌等劳动歌；从幼到老、从生到死会唱满月歌、婚礼歌、祝寿歌、丧葬歌等礼仪歌；谈情说爱、互诉衷肠会唱赞美歌、定情歌等情歌，此外还有创世古歌、历史传说故事歌、时政歌、儿歌等。

可以说，壮族人民在生产生活中，时时事事都离不开歌，他们以歌代言、以歌交友、以歌传情、以歌为媒，歌声飘扬在青山绿水间、峒溪旷野上、田间阡陌中、屋宇火塘边。这些歌不是阳春白雪，而是下里巴人，含着泥土的芬芳，带着山水的神韵，透着野性的生命活力，是真正属于劳动人民的歌。

在壮族地区，不管是汉族人民还是壮族、瑶族等少数民族人民，一出生就畅游在歌的海洋中。人们从小听着大人们在不同场合对唱，同时参加各种歌圩，耳濡目染、潜移默化，自然而然也就开口能唱。在很多地方，年幼的学歌、年轻的唱歌、年老的教歌早就成为一种固定的传唱模式。"以饭养身、以歌养心"已经成为壮族人民真实的生活写照。

当歌声漫山遍野疯狂生长的时候，当各类歌圩雨后春笋般冒出来的时候，当人人都以唱歌为乐、唱歌为荣的时候，一个传达人民的心声、表达人民心愿的优秀歌手诞生了，她便是刘三姐。

三、歌祖：刘三姐的诞生——机智、勇敢、开放、善良的刘三姐精神（壮民族精神的塑造）

刘三姐是广西壮族民间传说人物。据传刘三姐为唐代壮族农家女，年幼聪颖过人，被视为"神女"。十二岁能通经传，指物索歌，开口立就。自编自唱，歌如泉涌，优美动人，不失音律，故有"歌仙"之誉。广西宜山壮族传说，刘三姐生于唐中宗神龙元年（703 年），从小聪慧过人，能歌善唱。12

岁即出口成章，妙语连珠，以歌代言，名扬壮乡。

民族文化的交流造就了刘三姐。

虽说岭南地区古称南蛮之地、化外之民，但是民族文化交流却由来已久。虞舜崩于苍梧之野，归葬九嶷，属于传说而无法取证。但秦始皇开灵渠、置郡县，把岭南划入中国版图，却是史有明文。"适遣戍"使和越人杂处，开创了中原与岭南民族经济与文化交流的新局面。秦末，南海尉任嚣病危，将后事托给赵佗。赵佗以南海郡为根据地，掠取整个岭南地区，自立为南越王，为了立足，他"从越俗""推髻箕踞""自称夷蛮大长老"，在取得越人的信赖后，他把中原文化介绍到岭南来，"稍以诗礼化其民"。汉武帝平定南越后，在原秦里三郡的基础上重新调整行政区划九郡，并对岭南采取"以其故俗治，毋赋枕"的"以夷治夷"政策。东汉至南北朝时期，中原地区战火连年，中原地区的汉人南下日益增多，汉越交往日益频繁。随着汉人的不断迁入，汉文化在岭南生了根，少数民族文化与汉族文化融合速度加快。出现了长期的和平局面。从西汉到隋朝的七八百年间，整个岭南地区的人口增加了好几倍。农业、手工业以至交通事业的提高和改善，又为文化教育的发展提供了前提条件。唐代把岭南列为全国十道之一，采矿业、商业、交通的发展使得南来北往的人更多，特别是一批批文人被调到岭南，使中原文化得以大量传入。到唐宋时期，岭南越人地区汉文化已广泛传播，越汉民族文化交流和互相吸收已比较普遍。在壮汉两种文化互相比较和碰撞中，壮文化要顽强地表现自己，展现自己的风采，单靠唱壮语山歌是不行的，于是壮族歌手们也要学会用汉语编唱自己的歌，因此出现了一批既会壮语山歌又会汉语山歌的歌手，汉人也在某种程度上接受并学会了壮歌，这种情况直到今天在壮族民间仍然可以看到。汉语山歌如桂柳话山歌、客家话山歌、百姓话山歌等，也融入了壮族山歌的因素。除了中原文人文化外，这里还有丰富多彩的民族民间文化，如神话、传说、民间故事、民间歌谣等传入岭南，为刘三姐诞生及其文化的形成奠定了基础。

我国的民歌，从《诗经》的四言体，发展到汉乐府的五言体，北朝乐府在与南朝乐府共同创建五言绝句体的同时，进一步创建了七言四句的七绝体。诗歌鼎盛期的唐朝，七言四句体山歌已经广泛流传。七言四句体汉语山歌传入岭南后，汉越杂居地区的越人很快学会了唱汉语山歌，尔后，岭南各少数民族也学会了汉语山歌。正是在这一背景下，劳动群众塑造了一个不仅通晓汉文化而且传承承载壮族等少数文化的民族融合文化人物——刘三姐。

刘三姐开岭南一代歌风。岭南古称百越之地，世居着西瓯、骆越等民族。欧骆之后，继称为乌浒、僚，今岭南壮、布依、侗、水、仫佬、毛南、仡佬、黎等民族，多与秦汉南朝之欧骆、乌浒、僚有关。以上这些少数民族，原来都流传着本民族的民歌。各族的传统民歌都是用本民族的语言演唱的，一般是各族人民唱本民族的民歌。随着唐代中原七言四句体汉语山歌传进岭南后，因刘三姐等民间歌手积极传播，各少数民族歌手逐步学会唱汉语山歌，不少民族歌手既唱本民族的民歌又唱汉语山歌，不但丰富了歌圩、歌堂的内容，而且扩大了各民族间的交往，歌圩逐渐成为各民族共同参与活动的文化场所。

自唐代以来，刘三姐的故事就已经在广西各族人民中间流传开来，她不仅被壮族人民称为自己民族的歌仙，还被广西其他少数民族称为歌仙，她是一个聪明、美丽、勤劳、勇敢的壮族姑娘，能歌善唱，常以山歌赞美大自然，歌颂劳动，表达劳动人民的意志和愿望，所以她赢得了广大壮族劳动人民的爱戴。

刘三姐是壮族民间传说人物，千百年来与刘三姐有关的传说和记载，不仅壮族地区有，汉族、瑶族、仫佬族、侗族、苗族等地区都有，不仅广西有，广东、湖南、江西、云南、贵州、台湾也都有。虽然传说不一，但是，各族人民对她的尊崇与热爱之情却是一致的。刘三姐这一形象很好地体现了全人类所追求的共同美：人情美、人性美和形体美。在很多志书和古文献中都有关于刘三姐聪明、美丽、喜爱唱歌的记载。如《宜山县志》载："刘三女太，相传唐时下枧村壮女，性爱唱歌"；《苍梧县志》载："三娘神须罗乡人，姓刘氏……出入必歌，使纺绩而故梦其缘，随歌随理，即有绪，使治田，歌如故，须臾终亩。"《肇庆府志》第二十卷，308 页："刘三妹，新兴人，生唐中宗时，年十二，善为歌游戏，得道往来两粤溪峒间，解诸蛮语。"路工著《访书见闻录》记载："歌仙名三……七岁好笔墨，聪明敏捷，时呼为'女神童'，年十二，通经史，善为歌，父老奇之，试之顷刻立就，十五艳姿初成，歌名益盛……"从刘三姐的处世歌、生活歌、爱情歌中我们得知，刘三姐是个勤劳、善良、勇敢、乐观、对爱情忠贞并乐于助人的人。刘三姐身上具有的这些壮民族人民的美好品格实质上体现了壮族机智、勇敢、开放、善良的民族品质。因此，刘三姐文化才会流芳百世并得以弘扬发展。壮民族是个善良、宽容、善于接纳外来文化的民族，长期以来，他们与周边各民族友好相处，互通有无，促进了民族文化的发展。传说中的刘三姐会多种民族语言，并到各地传歌，深受各地群众欢迎。从多种版本的刘三姐传说故事和多种方言的刘三姐传世山歌中，我们还知道："歌仙刘三姐"这一形象并非一人一时造就的，而是壮、汉、瑶、侗、毛南、仫佬等民族人民千百年来长期积累、创造的结果，是多种民族文化融合的积淀，是集体智慧的结晶。"刘三姐并非某一个具体的人，而是壮族群众根据自己对山歌的体验和理想追求而在心目中塑造出的一位创造了山歌和爱情的歌仙"，正如张利群教授所说："'刘三姐'是集体的产物，民族的产物，它口头流传的集体创作性就决定了它带有集体意识、民族意识、人民意识，从深层心理而言，带有荣格指出的'集体无意识'、民族无意识、社会无意识。"新中国成立以后，壮民族文化与汉民族文化更好地交流、融合，使刘三姐文化得到飞速发展。例如，彩调剧《刘三姐》、电影《刘三姐》、长篇文学传奇《刘三姐》、电视剧《刘三姐》、大型山水实景演出《印象·刘三姐》、南宁国际民歌艺术节等，都是汉、壮等民族文化交流、融合的艺术成果。

刘三姐也是传播汉语山歌的先驱者，促进了民族融合，体现了壮族人民开发、包容、吸纳的精神。刘三姐天资超群，具有非凡的歌才，"聪明敏达，时人呼为女神童"。刘三姐从小在民族杂居地区生活，学会了各民族的语言。屈大均在《刘三妹》中说"三妹解音律，游戏得道，尝往来两粤㦬峒间，诸蛮种族最繁，所过之处，咸解其语言，遇某种人，即依某种声音，作歌与之和歌，某种人即奉之为式。"刘三姐不但把汉语山歌传播到各少数民族中，她还能触景生情，即兴编歌，童年时即喜讴歌，父老倚之，偶指一物索歌，顺刻立就。因而成为传播汉语山歌的佼佼者，被岭内各族人民尊为歌祖、歌仙。不管是文献古籍记载也好，民间口头传说也好，传说中的刘三姐所唱的都是汉语山歌，与刘三姐对歌的男性则冠以"秀才"的身份。大家知道，秀才是中原科举制度的产物，这种由朝廷用公开考试的方法分科取士的制度始于隋朝，考试过关的人即为及第，被称为举人、进士。唐代专置秀才科，明以后"秀才"专用于称府、州、县的生员。后来人们对一般读书人也泛称为"秀才"。广西壮族地区历史上有记载考取进士级别的最早年代是宋开宝五年（972年），壮族地区开始建立州县府学最早的为唐初的柳州府学，广西最早建立书院的时间是南宋绍兴年间（1131—1162），以上这几个时间段与刘三姐传说形成的时间相近。具体来说，传说中刘三姐与秀才对歌，这些"秀才"应该是泛指读书人，而广西壮族地区出现的读书人，只能是古代在此地兴建州县府学或书院教育之后，是汉文化教育制度的产物。也就是说，壮族地区有了读书人，才有所谓的"秀才"，才有用汉字抄写的歌书。

而壮族在古代是没有自己的文字的，但是，壮族的传统文化却得到了很好的传承，在此，山歌功不可没。我们现在能听到的刘三姐山歌已不是三姐的原创，也不是纯粹的壮歌，它是壮、汉、瑶、仫佬、苗、侗等民族集体智慧的结晶，刘三姐的山歌在传唱中发展，又在发展中传唱。正是刘三姐在广大地区广泛传歌，促进了民族融合和各民族的交流，因而，深受各族人民的爱戴，各族人民将其尊为歌仙，不是偶然的，而是必然的、是大家公认的。因此，刘三姐不愧于歌仙的称号，她不仅是壮族人民心目中的女神，也是周边民族人民心目中的女神。

四、歌仙：刘三姐的神化——刘三姐为什么变成神仙

刘三姐及其歌才的传说遍及整个华南珠江流域，构成了一个刘三姐民俗文化圈。根据覃桂清先生、过伟教授的梳理，刘三姐传说流传的地域范围涉及广西的贵港、桂平、平南、容县、玉林，合浦、梧州、苍梧、横县、扶绥、大新、都安、上林、马山、东兰、环江、罗城、宜州、柳州、龙胜、三江、融安、融水、柳城、鹿寨、来宾、象州、金秀、蒙山、阳朔、灵川、桂林、灌阳、富川、贺州、平乐、恭城、昭平、钟山等县市，广东省的新兴、阳春、肇庆、罗定、梅州、翁源、乳源、郁南、开建、怀集、澄海、从化、新安、台山、海丰、连山、连县、连南、电白，湖南省的江华、永州、大庸，以及贵州省的独山、麻尾，云南省的滇东，香港，台湾的新竹、苗栗等地区。广西柳州民歌中有唱道："如今广西成歌海，都是三姐亲口传。"其实，广西西部

流传布洛陀、嘹三妹的右江地区许多县市因为历史上接受汉族文化影响相对较晚，并没有刘三姐传说，可以说这里仍然保留着嘹三妹的原生态传说。广西有刘三姐传说的40个县是壮族地区，可是刘三姐传唱的山歌是汉族山歌，这是一个壮、汉、苗、瑶各族民众拥戴刘三姐的文化共生现象，在此意义上刘三姐传说属于地方性神话传说。

"三月三"，是壮族地区最大的歌圩日，又称"歌仙节"，相传是为纪念刘三姐而形成的民间纪念性节日。

在刘三姐的传说故事中，有很多关于刘三姐化石、成仙的记载。在宜州，传说刘三姐被二哥所害，掉到江中淹死后会还魂，"二哥擦泪起疑心，问妹是鬼还是人？三姐笑笑说真话，落江死后我还魂。"广西贵港一带相传，刘三姐与秀才张伟望在西山对歌，歌声倾倒了西山的所有男女，后两人化石仙去："二人经登山顶，偶坐而歌，若出金石，闻声于天。至七日，望之则见其形而不闻其声矣！乡人曰：'二人竟歌已久，可请下山。'乃遣数童登山以请，而童子讶然报曰：'奇哉奇哉，二人化石矣！'众皆惊骇。莫不亲诣钦慕，罗拜乞庇焉。"另外，在陆次云的《峒溪纤志志余》《声歌原始》中也有白鹤秀才和刘三姐对歌后化石成仙的记载，甚至"至今月白风清之夜，犹隐隐闻玲珑婉转之音"。而在广东春湾、广西富川等地，则相传刘三姐不仅是歌仙，且有呼风唤雨之术，可保佑人寿年丰、国泰民安；在马山、东兰一带，则相传刘三姐有飞沙走石之术；在宜州传说三姐会隐身术和法术，可以从哥哥守在门口的板凳下溜出而哥哥不知，可以用哥哥给的麻篮提水而不漏；在柳州也流传着刘三姐骑着鲤鱼升天成仙的故事："立鱼峰上姐成仙，泥塑便是姐容颜；庙门挂上一块匾，后人世代敬歌仙。""三姐骑鱼上青天，飞到天上做神仙；三姐成仙人人敬，世世代代供香烟"，等等。这些传说表现了壮族人民敬仙、慕仙的心理。神仙在仙境而非凡尘，在大自然的山水之间。壮族人民喜欢仙境，向往仙境，因此歌圩也选择在优美的山水之间。化石、成仙的故事表现了壮族人民的美好愿望：希望他们的三姐永垂不朽，化石使后人世世代代都可以看见她；而成仙赋予她永恒的生命和美好的理想——神仙是长生不老的，是无所不能的，又是通人性的，是有求必应的，是造福百姓的。这是人与自然和谐思想的极境——人与自然融为一体。刘三姐文化中这种尊重自然、顺应自然、热爱自然的思想，是道家哲学中"天人合一"思想的体现，是人道与天道的合一，体现了人世的道德原则与大自然的客观规律的一致性。

各地传说有所差异，刘三姐的歌仙形象却是很多传说都认同的。民间口传塑造了兼有世俗性和神圣性的刘三姐形象。广西贵港、桂平、广东肇庆、高要、新兴、阳春等传说均说刘三姐与白鹤少年（或秀才）张伟望对歌，两人一连唱了七天七夜，最后化为两块石头。广东梅县、翁源及江西等地传说中，与刘三姐对歌的是撑几船歌书的罗隐或饱学先生，为三姐用"自古山歌从口（心）出"所败。广西永淳县（今横县）的传说：由于刘三姐歌才出众而远近闻名。有四个广东人，姓李、陶、祝、石，同到粤西搜采山歌，他们将歌书装满一船，停在永淳江边，想一道去访三姐与她对歌。刚好三姐在江边洗衣，问了四人姓氏，三姐随口唱道："姓李唔见李花白，姓陶唔见桃花开，姓祝（竹）要来塘边种，姓石要来路底埋。"四人翻遍歌书也答不上，最后把歌书烧光，把船打沉在江边。这些民间传说反映了壮族歌化的社会生活风貌、人们崇尚歌唱活动的心理。在广西贵港一带，至今仍保留着接请刘三姐临场助歌的风俗。当地每逢佳节和婚娶喜庆都要举办"歌堂"盛会，男女集于主家堂屋里对歌唱和。在开歌堂之前，要先派人到刘三姐与秀才对歌的遗址去唱歌延请刘三姐来坐正堂，希望三姐和秀才帮助大家唱歌。歌词云：刘三姐，秀才郎，我请你来坐正堂。我请你来正堂坐，歌声不出你来帮。这些突出刘三姐超人歌才的传说和习俗是民间将唱歌神圣化的一种表现，把世俗的歌唱活动寄寓在刘三姐的神奇力量中。壮族视歌唱为神圣，诚如民国学人刘锡蕃的《岭表纪蛮·蛮人好歌的原因》所说："无论男女，皆认为唱歌为其人生之切要问题。人而不能唱歌，在社会上即枯（孤）寂寡欢，即缺乏恋爱求偶的可能性，即不能通今博古，而为一蠢然如豕之顽民。"善唱歌者被视为聪明才智的标志，博得大家的尊崇而享有盛誉。在歌圩这样赛歌盛会里显露过人才智会赢得众人的尊重，进而取得社会地位。因此，歌仙刘三姐是在这种社会文化习俗中被虚构出来的理想人物。在这样以能歌为美的文化中，歌仙刘三姐成了智慧与美丽的象征。民间赞颂刘三姐的歌比比皆是，"柳州有个鱼峰山，山上有个鲤鱼岩，岩里有个刘三姐，唱歌好来成歌仙。"在明清时代的文献中有把刘三妹视为歌神，设神坛或立庙加以祭祀的记载。这种祭祀，人们称之为"歌祭"。明末清初人屈大均在《广东新语》中记载了人们在岩洞中祭祀刘三妹的情况:"土人因祀之于阳春锦石岩。岩高三十丈许,林木耸蔚,老樟千章蔽其半,岩口有石磴,苔花绣蚀若鸟迹书。""凡作歌者,毋论齐民俍(按:壮古称之一)、瑶、僮(壮)人、山子等类,歌成,必先供一本,祝者藏之。求歌者就而录焉,不得携出,渐积遂至数箧。"在广西,大凡比较大的歌圩都设在一个较大的岩洞附近。人们在洞内设神台,每年在歌圩开台之前,都进洞祭拜歌仙刘三姐。民间对刘三姐的尊崇,使她甚至演变为一个多义性、全能性的象征符号与地方保护神。

同时,刘三姐也被壮族民间尊为爱情之神,其根源在于:刘三姐是歌仙,唱歌是青年男女交友恋爱、对歌谈情的主要方式,刘三姐理当是爱情女神,与壮族神话传说中的爱神姆六甲一起被尊为爱神。

在壮族神话故事中,姆六甲是壮族创世神话中的创造之神,生育之神,管理天界花园,专司人间生儿育女的大权。即便如此,在壮族神话中,姆六甲仍然是流传最广、影响最深的女神,是壮族人始终敬拜侍奉的神祇之一。在壮族的神话中,花婆神主管的花园在天上,园中盛开的鲜花是人间的命魂,白花为男、红花为女,如人间生男女,天上便开白花或红花,如人间有人夭亡,天上的花园便花蔫花落。"花"在广西壮族民间的文化意象中,有代表生命、代表爱情的意义。在广西贵港、横县、武宣、来宾、贺州等地的民间歌圩神台上和许多花婆庙、盘古庙的神台上都有刘三姐的神像和神位。把刘三姐与花婆神摆在一起,不仅强调了她作为歌神在创造嗷歌(情歌)方面的作用,更强调了她作为爱神对人类繁衍的意义。这些地方的民间还有请刘三姐到姆六甲花园"查花"的习俗;在百色的田东、田阳等地,历史上有一种专门以花寓情,以花示爱,被称为"育花歌"的情歌,这类情歌与刘三姐遗歌的经典之作"妹相思,不作风流待几时,只见风吹花落地,不见风吹花上枝"文化内涵相近。这些传说习俗说明,刘三姐形象的生命意境与"花"有关。早在远古的布洛陀时代,歌、情、婚就已经是一体化、制度化的习俗,沿袭为后来的"以歌传情""依歌择配"的好歌习俗和婚姻制度。刘三姐的出现是姆六甲的衍变和延续,刘三姐的传说正是女神神话不断演化、发展的结果,刘三姐的神职、身份也正是女神信仰与好歌的文化习俗相互渗透又不断分化而独立发展的结果。

五、歌圩：刘三姐的传唱——刘三姐的传唱为什么成为壮族歌圩

壮族民间认为，"歌圩"是刘三姐传歌才形成的，刘三姐是歌圩普遍形成的重要标志。歌圩的歌就是刘三姐的歌。刘三姐被广西民间视为"歌仙"，宜州是刘三姐歌谣最有代表性的地区，被认为是刘三姐的故乡。

壮族是古百越民族的后裔，自古以善于歌唱而著称：在壮族地区，传统上基本都有歌圩，歌圩是壮族群众在特定的时间、地点里举行的以唱歌活动形式为主的节日性聚会，壮语称为"圩欢""圩逢""笼峒""窝坡"等。一般来说，壮族举办歌圩的时间主要在春秋两季：春季歌圩以三四月间为最盛，尤以农历三月初三最多；秋季歌圩集中于八、九月份，尤以中秋节为多。歌圩的举办地点各地不尽相同，但每一个歌圩一般都在一个相对固定的地方举行。

壮族歌圩历史悠久，源远流长，萌芽于氏族社会时期，形成于唐代，在宋代得到发展，兴盛于明清时期。

最早的壮族歌圩源于氏族部落时代的祭祀活动，并经历了不同时代的发展阶段。在广西崇左宁明县古老神奇的岩画上，我们可以看到距今已有三千年以上的歌圩场面，这告诉我们壮族祖先在几千年前就已经有了集体歌唱的风俗习惯。关于歌圩的由来，广西各地民间都有自己的传说故事，具有代表性的有以下几种：祷祝丰年、以歌择偶、悼念殉情者、赛歌招商、刘三姐传歌等。这些传说故事不完全是史实，只能作为的参考。从人类社会发展的历史来看，歌圩的群众性和歌唱性的特征与原始宗教活动关系密切。在原始宗教支配和影响下的人类童年时代社会里，人们的生产、生活及各种群体活动，往往都是宗教观念的表现形式。人类学研究表明，初民认为人的两性关系及生育机能，对自然界具有感应作用和影响。从这种原始观念出发，他们把男女欢会作为祈福禳灾、促使作物丰产和人畜兴旺的一种手段而举行庄严的仪式，并把参加这种活动作为一项宗教义务来履行。从这个意义上来说，壮族歌圩脱胎于原始宗教仪俗，是乐神活动的必然演化，这是无可置疑的。原始

社会文化生活有两个显著的特点，一是"集体性"，二是"综合性"，是伴随着人类的劳动生产而产生和发展的。歌圩的活动，虽以男女欢会和对歌择偶活动为主体，但并非仅以恋情作为唯一的内容和目的。它是在某种特定观念的作用下所举行的唱歌聚会和社交活动，属一种综合性的民族传统文化形态。歌圩是由自然崇拜而产生的原始宗教礼俗不断演化发展为男女欢会的节日活动。原始民族群体性的祭祀歌舞活动是原始部族社会集团图腾信仰和祖先崇拜的主要表现形式。在祭祀中用歌舞向神灵祈求恩惠，从中获得精神寄托并且以此来激起群体的热情、兴奋和快感，特别是在歌唱当中，全体成员按一定的曲调和节拍进行，产生统一的社会感应力，获得抒发情感的身心愉悦。

随着社会的发展和原始公社的解体，这种原始仪式性的群体歌舞，其内容、性质及表现形式，逐渐发生了演化和变异，其活动主要是由"娱神"向"娱人"过渡，从"舞化"朝"歌化"发展。所谓"娱人"，就是以满足人们的审美需要为主要目的。这也是壮族"歌圩"从原始氏族部落群体娱神歌舞中演化而来的轨迹。从原始仪式的"舞祭"变成了"歌祭"。而有的正式仪式的"歌祭"又已经淡化或变异，"歌"与"祭"趋向分离，产生了举祭后群体自由对歌的形式，特定的祭期和祭地，遂成为人们一年一度欢会聚唱的媒介和契机。壮族的"歌圩"，就在这样的历史文化背景下，及其发展的过程中逐渐形成的。

据古代文献的记载，歌圩早在宋代就已经流行。南宋周去非的《岭外代答》载，壮人"迭相歌和，含情凄婉，皆临机自撰，不肯蹈袭，其间乃有绝佳者"。这里所说的就是男女青年聚会的歌圩。宋代《太平寰宇记》的记载"男女盛服……聚会作歌"。这说明当时的歌圩很兴盛。宋元以后，壮族山歌的发展尤为突出，歌圩也成了文化娱乐和男女谈情说爱的场所，并出现了抛绣球的游戏。到了明代歌圩又有了发展，并定期在固定地点举行。关于歌圩的起源，广西先后形成了很多有关歌圩的传说。民间有祈祝年丰、对歌择偶、纪念歌仙刘三姐等多种。学术界对壮族歌圩的起源也有很多研究，主要有祭祀娱神和对偶婚二说，他们认为歌圩应源于氏族部落时代祭祀性的歌舞活动，随着社会的发展，这种原始性的以娱神为主的群众集体歌舞逐渐向娱人过度，从而形成了今天这个有着深厚民歌传统的民族。

　　"刘三姐乃歌圩风俗之女儿"，刘三姐作为歌圩的女儿在进入文字记载之前就在广西以口口相传的方式广泛流传，为当地民众所拥戴。刘三姐在唐代由传说定型为人，由人羽化为神仙，并获得广泛认同，且被作为神迹和灵验的描述，人们建庙宇供奉，对歌前请三姐，对歌后送三姐，神灵化的象征符合民众当时的社会心理，这种神格化的刘三姐传说更加具有稳定性。从唐代起，为了纪念歌仙壮乡形成的相对固定的歌圩。每年壮乡各地都有赶歌圩的习俗。各地赶歌圩的时间不同，有的地方是正月初三，有的地方是农历三月三，有的是农历八月十五，或每逢喜事自然形成歌圩。每逢歌圩日，壮族青年男女穿戴一新，呼朋引伴，或上山坡，或下河边，或在大树下，或进岩洞，山歌互答，斗智斗勇，唱歌传情，倚歌择偶，绣球定情。歌圩就在这大自然中形成，无须搭歌台，不需要做繁杂的组织工作，山歌独特的魅力会把人们聚集在一起。在这美丽的大自然中，青年男女尽情抒发爱慕之情，大胆自由地追求心中所爱。这与儒家的"父母之命""媒妁之言"那种禁锢人性的封建观念不同，它更顺应人性发展的趋势——自由自觉地生存，体现了人与自然的和谐美。

　　唐代的歌圩，即成为青年男女择偶和纪念和歌神爱神刘三姐的场所，青年自由聚会在一起，以唱歌方式进行社交活动的场所，聚会的人员多，就像赶圩市一样热闹。除了歌圩之外，还有歌堂，如婚庆时举行唱歌活动，坐夜敬时青年聚会一起，唱歌取乐。当然，来歌圩或歌堂的聚会者，并非每一个人都是为唱歌而来，有的是来看热闹的，有的是来听歌的，但有一条可以肯定，即来者不分族属，不分男女老少。除了在劳动时唱山歌以外，大部分山歌都是在歌圩或歌堂上唱的。因此，歌圩或歌堂就成为山歌文化的载体。这些活动长此以往，就成了习惯，山歌得以万口相传，至今便成了传统山歌。传统歌圩作为山歌文化的载体，除了具备娱乐功能和传达信息的功能，还有择偶功能，青年人通过歌圩和歌堂唱歌，男女之间有了交往，爱慕之情油然而生。可以说，传统歌圩丰富了广大群众的文化生活。

　　歌圩山歌对唱多为情歌，歌词"模拟"表达出男女恋爱中不同阶段、不同情态下的心理感受，对歌者以比兴借喻营造一种洒脱、调侃、亲切而热辣的异性情感交流情境，哪一方的反应迅速、"肚子里头的歌多"（一般是受过一定教育或生活阅历广、对歌经验丰富的歌手），则编出的歌寓意深、比方恰切，"出歌"快、狠、准，令人捧腹之余又回味不尽。即使在宣传政策法规或店铺生意的赛歌台上，你问我答的对歌往往也包含某种"打情骂俏"的趣味，总之只要让对方穷于招架甚至"没有歌答"，即为胜利者。歌场高手"交锋"，就像拉丁人的爱情之舞探戈，讲究即兴挥洒、淋漓畅快、虚实相生，歌词宛转桃达而情礼兼备方为上品，男女歌手间则如同短暂邂逅的有情人，即时上演一段相见恨晚、缠绵悱恻的人生际遇。于是社会中的某一群体（包括歌者与听众）得以围拢在一处，趁机脱离沉重的日常生活，抛开凡庸人生琐事，融入自己熟悉的群体娱乐中。歌唱，此时此处类似一种斗智斗勇的"实景游戏"，歌中人半推半就，时喜时悲，你怨我怒，或得或失，暂得扮演与自己固有社会身份、职责乃至年龄角色不相符的形象，笑骂间相互感染，窃窃品味平凡人生也需拥有的异色。农闲时，不少人往往坐到天色昏暗才依依唱别，三五散去，歌场渐悄然，而不绝的旋律则植入脑海般，萦绕不去。

壮族歌圩主要包括歌圩祭祀仪式、倚歌择配、赛歌赏歌以及其他文体娱乐活动：

1. 歌圩祭祀仪式

传统的大型歌圩在举行之前一般都要先举行祭拜仪式，主要是祭拜歌仙刘三姐、始祖布洛陀和生育神花婆等。

2. 倚歌择配

倚歌择配就是通过山歌对唱来选择恋爱对象，一般需要经过下列对唱阶段：

（1）游歌（沿路歌）：为引起对方注意而即兴唱的一些与赶歌圩有关的山歌。

（2）见面歌（初会歌）：一般是相互问候，互通姓名、住地，并相互谦恭赞许。

（3）求歌：即请求与对方正式对歌。

（4）和歌（接歌）：被邀请的一方，对唱"求歌"者开始唱答。

（5）盘歌：即一般的对歌、双方相互盘问唱答，考察对方的聪明才智，以增进相互了解和初结情谊。

（6）相交歌（甜歌）：这是男女之间彼此倾心、相互爱慕，为抒发情怀、披露心声而唱的"甜蜜之歌"，是双方交结情谊的一种标志，有初交歌、深交歌之分。

（7）信歌（定情歌、赠物歌）：是男女互赠信物，以表示确定关系、结缔姻缘所唱的歌。

（8）思歌（念情歌、相思歌）：恋人在"定情"之后或"会情"之时。常以各种"思歌"抒发思恋的情怀，诉说相思的衷肠。

（9）离别歌（别歌、相送歌）：对歌将结束时，男女双方难分难舍而对唱的山歌。

（10）约歌（约定歌、约会歌）：约定下次歌圩再见面的歌。

3. 赛歌赏歌

壮族歌圩的赛歌赏歌主要包括盘歌、猜歌、对子歌，盘歌以及抢歌以连故事山歌盘问唱答；猜歌是谜语猜测唱；对子歌是按楹联格式，通过山歌出上联对下联；连故事歌则是双方把一个历史传说或故事，情节连接唱述别具特色的抢歌，斗歌就是发歌正在酬唱中的一方"抢"过来和自己对唱，并以斗智、斗艺的唱答。

4. 其他文体娱乐活动

歌圩会期，常常伴有抛绣球、抢花炮、斗蛋、博扇（古俗）活动同时也有师公戏、采茶、壮剧等文艺演出。歌圩以壮族歌谣文化为主体。兼有戏剧、曲艺、体育等文化，还有民间信仰文化。从歌谣的内容考察，涉及天文、地理、历史、科技、哲学、伦理道德、宗教、艺术等各个领域，具有重大的文化价值和现实意义。

在广西，每年的农历三月初三是壮族的传统歌节，又称"三月三歌节"或"三月歌圩"。"歌圩"在壮语中又称为"圩欢""圩逢""笼峒"或"窝坡"。尽管"歌圩"在壮族地区有不同的称谓，但均有"坡地上聚会""坡场上会歌"或"欢乐的节日"的意思。在广西有很多著名的歌圩，比较著名的歌圩有巴马的盘阳河畔、田阳的乔业、都安的棉山、宜山的下涧、田东的仰岩、柳州的鱼峰山等处。三月初三这一天，家家户户做五色糯饭，染彩色蛋，欢度节日。每次歌节会持续两三天，歌圩活动主要内容：

（1）以歌传情，即男女青年以歌为媒，唱歌求偶，所唱有见面歌、求歌、接歌、对歌、交情歌、定情歌、誓盟歌、思恋歌、离别歌、相约歌等歌式。参加者也多以未婚男女青年为主体，有时老人和小孩也前来助兴游乐；

（2）赛歌赏歌，歌手们通过赛歌来展示智慧，有盘歌、猜歌、对子歌、故事歌和斗歌、抢歌、和歌等歌式，众人也多以赏歌为乐；

（3）游艺自娱，有抛绣球、斗蛋等活动，还有壮戏、师公戏、唱采茶和其他歌舞表演。歌圩所唱涉及内容也很广泛，有天文地理、神话传说、岁时农事、社会生活、伦理道德、恋爱婚姻等各个方面，几乎无事不歌。

六、歌谣：刘三姐的影子——刘三姐的歌声为什么传遍大江南北

刘三姐歌谣是流传于广西壮乡的宜州、柳州、桂林等岭南一带的民间山歌、歌谣的总称。刘三姐歌谣大体分为生活歌、生产歌、爱情歌、仪式歌、谜语歌、故事歌及创世古歌七大类，它具有以歌代言的诗性特点和鲜明的民族性，传承比较完整，传播广泛。刘三姐歌谣在全国乃至全世界都产生了深远的影响，它不仅具有见证民族历史和情感表述方式的文化史研究价值，还具有民族学、人类学、社会学、美学等方面的研究价值。2006 年 5 月 20 日，刘三姐歌谣经国务院批准列入第一批国家级非物质文化遗产名录。

传说由于刘三姐到各地传歌，八桂大地刮起了山歌旋风，使广西成为歌海。如今，宜州民间仍流传着许多刘三姐的歌谣，有山歌唱道："三姐生在龙江滨，家住下枧流河村；门前河里鱼欢跳，屋后青山鸟常鸣。"几乎村村寨寨都有歌本、歌谱。唱山歌的风气在这里十分盛行，这里有"女人不会唱歌难出嫁，男人不会唱歌难娶媳"的说法，可见，山歌在村民们的生活、爱情、生命中的地位和作用。宜州的下枧流河寨是刘三姐的故乡，宜州人以刘三姐为荣，唱民歌都是男女对歌，幽默风趣。例如：下枧河畔翠竹多，山风吹来响嗦嗦，搬来板凳并排坐，我俩同唱风流歌。下枧两岸竹子多，砍下竹子编竹笋，歌你破篾妹来编，哥你唱歌妹来合。

据说，刘三姐在壮族地区传歌，深受民众爱戴，并被尊奉为歌神和爱神。歌圩成为后人传播和继承刘三姐山歌的载体，也成为人们纪念刘三姐的场所

与节日。

　　每年农历三月初三，是壮族人民的传统歌节，俗称"歌圩"。所谓歌圩，意思是野外坡地的集会。节日期间，青年男女身着盛装，从四面八方汇集在一起，女孩子三五成群，男青年四六结队，他们相互对唱，一唱一答，从白天唱到晚上，从晚上唱到天明，有时几天几夜，歌声不绝。

　　据传说歌圩的来历，是古时候有一年大旱，田中的禾苗都快枯死了，人们万分焦急，便聚集在一起敲锣打鼓，唱歌求神，求天下雨。不几日，天果然下起雨来，这一年，人们获得了大丰收，于是便认为唱歌可以乐神，可以免除天灾人祸，所以遇到灾难时，便聚集在一起唱歌，这种仪式慢慢地就发展成歌圩。每当歌圩之期，善于唱歌的青年男女，除唱歌乐神之外，自然地唱及相互之间的爱慕之情。就像一首山歌中唱的，"天旱庙中去求神，你盼雨来我盼晴（情）"，这样一来，歌圩又渐渐变作以歌唱爱情为主了。按传统习惯，歌圩要举行3天，三月初三是歌圩的始日，这一天家家都要吃用三月花、枫树叶等植物染成的五颜六色的饭。

　　据说这是吉利的象征，吃了它可以使人像树木花草一样兴旺发达，健康长寿，到了中午12点，举行歌圩开台式。在歌圩中，一对对青年人，无论对方是怎样素不相识，各处异地，只要是台中人，唱上一支"引路歌"，立时就会在山坡上、溪水旁展开一场对歌的持久战。

　　高高棉山一朵花！

　　香过福龙到宜山！

　　有心想把花来采！

　　跋山涉水不怕难……

　　歌的闸门打开后，整个棉山沉浸在歌的迷恋之中，无论你走到哪里，都可见一对对青年男女用心对歌在比聪明、智慧，因为对歌中一旦被对方唱倒，那是十分丢人的事情。

　　三月初四是歌圩的高潮。男女青年通过唱盘歌，来盘问身世，最终互相了解，表达真正的爱情。

　　最后一天，定情的一对对青年互赠礼物，唱起"送别歌"，等到明年歌圩再相会。

　　三天歌圩，唱三天情歌，由此可见，情歌是壮歌中最主要的一部分。壮族情歌非常优美动听，常采用比喻、暗示、影射、衬托和双关语等手法来表达自己的思想、观点和态度。他们唱花歌、育花歌、果歌、鸟歌、蝴蝶歌等，用歌唱虫鱼鸟兽、赞颂草木山川、描绘各种花卉和星星月亮来表达彼此爱慕之心，互相倾吐友情，共同培植爱情之花。往往经过"初遇歌""试探歌""对问歌""初恋歌""深交歌"，最后"定情歌"，定情后要山盟海誓。

　　唱完了山盟海誓，就要分手了，于是双方约定下一次相会的时间和地点，同时还要再三嘱咐对方分手后要恪守信誓。唱完了"约会和嘱咐"，就真的要分手了，双方依依惜别，难舍难分，唱起"送别歌"。

　　壮族的民歌不仅形式多样，体裁多种，而且韵律结构也非常独特，主要有欢、加、西、比、排五种形式，还有勒脚歌和排歌等。

　　"欢"是壮族民歌中最常见的一种歌体，主要流行于广西中西部壮族地区。主要特点是在韵律上腰脚韵或头脚韵互押。如一首五言凹句欢，是头脚韵体。

　　人多力量大！大家一条心！

　　杀绝军阀兵！赢得自由日……

　　"欢"短小精悍，旋律优美，便于吟唱。

　　"西"也是壮族地区流行较广的一种歌体，主要流行于广西南部壮族地区。"西"在韵律上最大的要求是押脚韵，一般是厌一平，一韵到底。"西"形式比"欢"自由，比较易于掌握，长歌较多。

　　"加"是另种壮族民歌体。"加"的韵律是脚韵，通常唱完第一句之后，接着以"姣媚"，"姣炼"等作为全歌的定韵。民间流传的刘三姐唱的歌，多是这种歌体，叫人赞不绝口。

　　壮歌中有一朵奇彩异花即壮族排歌。它即是壮歌中的自由体，又是博采众长的长歌式。

　　"排"是用结构相同或语气一致的句式来描述客观事物，表达思想感情，使语句整齐匀称。用于叙述，可以把客观事物描写得细致充分；用于抒情，可以把感情表达得酣畅淋漓。壮族人民喜用"排"，"排歌似布匹，丝线接着来"。排歌就像壮族民歌里的机关枪，连珠炮，具有火力密集的优势。排歌明快流畅，回肠荡气，体现了壮族各式民歌共有的纯朴含蓄、刚健清新、豪爽风趣、韵味浓郁的民族风格。

壮族人无论男女，从四五岁的童年时代就开始学唱山歌，父教子，母教女，形成幼年学歌，青年唱歌，老年教歌的习俗。无论下地种田，上山砍柴，婚丧嫁娶，逢年过节或青年男女间的社交恋爱等，都用山歌来表达情意。有些地方甚至家庭成员之间的对话、吵架有时也以歌代言。因而壮族人民的生活、生产、爱情等内容就成为人们歌咏的源泉，形成了独具特色的歌谣。

"在家用歌来纺纱，下地用歌伴犁耙，赶纤用歌做买卖，歌伴三姐走天下。"山歌成为壮民族生活必不可少的生活用品，也是壮族歌化生活的体现。"人生一世草一秋，莫耍鬼怪搞阴谋，是非曲直当面讲，莫要转身指后头。"壮族人民用歌评价人们的品行，倡导善良正直的为人处世，团结互助、不要搞阴谋诡计等都是壮族人们所遵循的重要品行。"上河涨水水推沙，下河鱼儿摇尾巴，打得鱼儿街前卖，换得油盐换得茶"平实的语言，贴切的比喻，合理的夸张，道出了壮族劳动人民生活疾苦的现实，"拿起镰刀会割禾，拿起竹篾会织篓，如今遇上渔家妹，手攀渔网学穿梭。"勤劳是壮族人民所崇尚的高尚的劳动品德，认为只有勤劳，才有幸福生活。通俗明白的生活歌，从正面引导人们树立热爱劳动，勤俭持家的生活态度。

"采茶姑娘时时忙，早起采茶晚插秧。早起采茶顶露水，晚插秧苗伴月亮。"这些都是反映壮族生产劳动的歌谣。在这些歌谣里，壮族劳动人民敢于同大自然作斗争的民族品质和激励人们努力生产，崇尚科学的优秀品质得到了见证。劳动充满乐趣，劳动就有收获，劳动能创造美好生活。"家有千金不算富，坐吃不动山也崩，哪怕贫穷如水洗，勤劳双手是万能。"生产歌语言朴素、自然、充实，反映了壮族人民勤劳朴实的劳动观念。

爱情是各民族人民歌咏的主题，也是人们的择偶标准、建立感情、恋爱互信等方面反映。壮族存在"恋爱自由，婚姻自主"的习俗，"竹篙打水浪飞飞，好情结交不用媒，多个媒婆多把嘴，免得人家讲是非。"感情是爱情的基础，诚实、互信、互爱、互敬是牢固爱情的纽带，是组成家庭的最重要因素，歌谣用浅显的语言，指出壮族人民重情，爱家的健康爱情观"吹箫就要找同音，唱歌就要找同心，琵琶挂在鹦鹉嘴，随唱随弹好开心"。情歌反映壮族青年男女追求幸福的道路上寻求相知相信、同志同乐的平等恋爱观，情歌也表现了对封建礼教的蔑视和反抗。

刘三姐歌谣体现了壮族民族性格。壮族是一个豪爽旷达、乐观率真、慷慨大方、以情为重的民族。只要有客人来，壮族同胞就"有鸡必杀，有鸭必汤，无鸡无鸭煮锅南瓜秧。炒把黄豆送土酒，边饮边笑乐洋洋"。这是壮族纯朴的民族道德情操的生动体现。这样的民族性格在刘三姐歌谣中得到直接的体现。在壮乡，一句耳熟能详的歌词"我今没有好茶饭，只有山歌敬亲人"真诚地唱出了乡亲们的心声，以歌声表达对亲朋的尊敬胜过茶水的招待。从"青山绿水一竹排，荡尽人间旧尘埃。龙江风景观不尽，君子有幸泛槎来"中可以看到壮族人对待客人总是真心相待，热情相助。在宜州一带，壮族人豁达乐观，积极向上，安然知足。尽管环境艰苦，生活贫困，人们依旧纵情放歌，该乐则乐，继而唱出："黄连树下弹琵琶，身在苦中也作乐。咳嗽也当山歌唱，肚痛也要唱山歌""出门三天不带米，拿妹歌声当干粮"。刘三姐歌谣让我们感悟到其中蕴含的壮族群众的人生观、价值观、审美观，感悟到当地人民健康自然的生命存在形态、乐观率真的生命意识和生存智慧，深深领悟到刘三姐歌谣的审美内蕴，这些是真的，是善的，也是美的。刘三姐歌谣展现了刘三姐这个集真善美于一身的完美形象，直接体现了壮族人民的美学趣味和美学理想，蕴含着独特的美学意蕴。

同时，刘三姐歌谣以当地的方言即口语特别是以大量的熟语、俚语（指民间非正式、较口语的词句）作为基本词汇的语言交流方式，只要押韵或者近韵，无论字句重复与否，无论句子长短与否，都可以随机组合，把要说的话加上韵即兴吟唱或演唱，具有短、平、快的特点。

刘三姐传世歌谣在表现形式中，还广泛地使用"夹汉"语词和用韵，赋、比、兴的表现手法和绝句体式的使用等，这些歌谣事实上就是包括汉、壮在内的及其他众多少数民族在语言、语言艺术及其表达方式等方面的交流与文化认同。

在刘三姐歌谣中，除了直接表现歌曲思想内容的歌词外，还有很多与歌词内容没有多少关联，也不属正词基本句式之内，完全是属于衬托性的词句。这些由语气词、形声词或称谓词等构成的语句，我们统称为"衬词"（一般写乐谱时用括弧括起来），与这些衬词配上的乐曲则称为"衬腔"。刘三姐歌谣中的衬词，形式多种多样，内容十分丰富。它们以短小精悍的词句，极为鲜明的个性，浓烈的情感，充分表达了人们的喜怒哀乐，从而赋予当地歌谣极为鲜明而生动的民族特色，成为整个歌谣不可分割的组成部分。有不少歌谣，甚至就以衬词命名。例如:《柳琊咧》歌曲中大量运用"柳琊咧"这三个字作为衬词，使歌曲具有活泼、轻快的特点，由于这些衬词赋予歌谣极为浓郁的壮民族生活情趣和鲜明的艺术特色，即便歌谣旋律改填新词（很多词不是固定的），它们也被保留下来，可见这些衬词在刘三姐歌谣中的地位。宜州当地常见的衬词有"哩、侬啊喂、标啊桐啊喂、呜喂、柳琊咧、那侬呀嗨、那喝了嗨"。

七、歌魂：刘三姐文化之魂

（一）刘三姐文化的符号：刘三姐

历史上，广西少数民族，不论男女，凡长到四五岁，就开始学唱山歌。父亲教儿子，母亲教女儿，形成年幼学歌、青年唱歌、老年教歌的传统习俗。在农村中无论下地种田、上山砍柴、婚嫁丧葬，逢年过节及青年男女间的交际等，都用山歌来表达情意。

在漫长的发展进程中，歌圩中出类拔萃的歌手被推举为歌王，成为众人推崇的对象。而居于歌王之上的，就是被誉为"歌仙"的刘三姐了。

有关刘三姐唱歌、对歌和传歌的故事主要流传于广西、广东、贵州、云南、湖南、江西、台湾和香港等省、自治区和特别行政区内的 69 个县市。其中，广西有贵港、宜州、来宾等 38 个传播地，占 55%。显然，广西的传播地点最为密集，覆盖面遍及广西东南西北多个地域，而其他各地大多为流传的辐射地带。

壮族民间传说认为，刘三姐生于唐代，从小聪慧过人，能歌善唱，12 岁即出口成章，妙语连珠，以歌代言，名扬壮乡，后曾到附近各地传歌。慕名前来与她对歌的人络绎不绝，短则一日，长则三五天，个个罄腹结舌，无歌相对，无言以答，羞赧而退。她的才华遭到流氓恶霸的嫉恨，后被害死于柳州，死后骑鲤鱼上天成了仙。

准确地说，刘三姐并非某一个具体的人，而是壮族群众根据自己对山歌的体验和理想追求而塑造出的心目中一位创造了山歌和爱情的歌仙。"刘三姐乃歌圩风俗之女儿。"刘三姐不但与歌圩紧密相连，更是歌圩文化的集大成者。

同时，刘三姐也是壮汉文化交流、碰撞、融合的产物。秦汉以后，中原民族大量南迁，尤其是唐代，汉族文化在岭南广泛传播，不仅使"官话"（汉语西南方言）成为壮汉民族之间交流的通用语言，而且壮族传统的五言四句体的"欢"（即山歌）也吸收了汉族七言四句体的诗歌、民歌形式，但仍保留壮族押"腰脚韵"的传统。

因此，从本源上来说，"刘三姐山歌"是壮族及其先民创作的以"刘三姐"艺术形象为表征的传统歌谣文化的积淀和升华，同时又在民族杂居的地区流传并衍生演化，进而形成了丰富多彩的刘三姐文化。

（二）刘三姐文化的形成

最初，刘三姐用传唱民歌的方式与地主恶霸斗智斗勇的故事广为流传，不仅在广东、广西家喻户晓，甚至在贵州、湖南、云南、江西等地也是为人所熟知，被壮族、汉族、瑶族、毛南族和仫佬族等多个民族尊为歌仙、歌神。在这些民族聚居的地方，经常可以看到以刘三姐为名的碑、庙、山、洞。现在，广西很多地区都立有刘三姐的塑像或刘三姐庙。每当有新的壮歌集问世，必先捧一本供在她的像前。有些地方的歌圩，第一项议程是抬着她的像游行。自宋代起，就有许多文人学士通过诗词歌赋等多种文化形式来传诵刘三姐，这些广泛传播的文学形式使得刘三姐的人物形象越来越丰满，逐渐形成了造歌、唱歌、传歌、最后化石成仙或骑鲤鱼上青天这一主题文化。尤其是广西壮族将歌圩文化与刘三姐文化紧密联系在一起，形成了极富特色的文化风俗活动。可以说，刘三姐文化充分地表现出了民族性、包容性、地域性、开放性等多种民族文化特征，具有悠久的历史、深厚的积淀。新中国成立以来，刘三姐文化发展经历了三个主要时期：一是在 20 世纪 50 年代，由刘三姐传说的口传形式和歌圩形式转变成为刘三姐戏曲创作及演出形式。二是在 20 世纪 60 年代，《刘三姐》电影的公映使得刘三姐传说走向全国，迈向世界。三是 20 世纪 90 年代，广西在旅游产业开发中兴起的刘三姐文化热。

（三）刘三姐文化的主要内容

刘三姐文化现象是广西持续时间最长、覆盖面最广、最具影响力和代表性的文化现象。刘三姐文化是在民间传说歌仙刘三姐基础上形成的以壮民族为主体的区域性文化。

刘三姐文化历史悠久，内涵丰富，表现在刘三姐传说、刘三姐歌曲音乐、刘三姐戏剧、刘三姐广播影视、刘三姐文学、刘三姐美术等方面。

1. 刘三姐传说

刘三姐，又名刘三妹。刘三姐民间口头传说始于唐代，至今已有一千多年。最早的文字记载，见于南宋王象之《舆地纪胜·三妹山》。我国著名民俗学家钟敬文认为，刘三姐传说是我国南部著名传说之一。其中有一传说，广西罗城刘氏兄妹流落宜山下枧河河边的中枧村，因妹排行第三而名刘三姐（妹）。三姐勤劳善良、聪明伶俐、能歌善对，无人能胜，远近闻名。莫村财主莫怀仁见三姐美貌善歌，欲纳为妾，遂觅来广东水客 3 人与三姐对歌，被三姐所败。三姐顺流漂至柳州，在鲤鱼峰对歌，连唱三天三夜。后又在桂林七星岩对歌，连唱七天七夜，终与恋人变成一对黄莺飞去。广西的贵港、恭城、扶绥等市（县），以及湖南、广东、云南、贵州的汉族和少数民族地区都有大同小异的刘三姐传说。明代孙芳桂《歌仙刘三妹传》及清代王士禛《池北偶谈》、张尔翮《贵县刘三妹歌仙传》、陆次云《峒溪纤志志余》、道光八年（1828 年）宜州《庆远府志》等，都有刘三姐与秀才对歌的记载。在长期的流传过程中，经过各族人民不断加工、丰富，刘三姐传说的故事情节由简到繁，日臻完善。中华人民共和国成立后，特别是 1958 年广西壮族自治区成立以来，刘三姐文化受到广西各级党委、政府和各族人民的高度重视。经过发掘、整理和推广，刘三姐文化已成为壮族文化的代表。2001 年 9 月，广西壮族自治区党委宣传部在宜州召开的刘三姐文化品牌研讨会上，将刘三姐定位为壮族民间歌手和"歌仙"。

2. 刘三姐歌曲音乐

广西民谣称"如今广西成歌海，都是三姐亲口传"。广西人民出版社于1959 年 12 月出版的《刘三姐》（歌舞剧剧本）附录刘三姐曲谱 28 篇和《绣球舞曲》，其中《山歌好比春江水》是第一场的开场歌曲。广西民族出版社于

1995 年 3 月出版的《刘三姐山歌集》，辑录了古籍和民间传说中刘三姐所唱的山歌以及民间歌手所唱的关于刘三姐的山歌。1996 年，由张仁胜作词、傅磬谱曲的歌曲《老王》，其引子、间奏与尾声运用歌舞剧《刘三姐》主题歌音调作为伴唱。1998 年，为庆祝广西壮族自治区成立 40 周年，广西交响乐团在南宁举办"刘三姐交响乐音乐会"，张效东任指挥。其中有幻想曲《歌仙刘三姐》、管弦乐组曲《刘三姐》、钢琴与乐队《刘三姐主题变奏曲》等。1999 年，著名歌唱家宋祖英首唱歌曲《大地飞歌》（郑南词、徐沛东曲）中的歌词"唱起那欢歌友谊长，长过了刘三姐门前那条河"蕴涵了以刘三姐文化为重要内容的广西民族特色。自 1999 年以来，每年举办的南宁国际民歌节都以刘三姐歌曲开台或压轴。2002 年 4 月，广西民族出版社出版了李海峰、邓庆主编的《刘三姐传世山歌》。2003 年，广西音像出版社出版了《刘三姐故乡情》CD 歌碟，广西音乐家协会录制，内含电影《刘三姐》插曲《花针引线线穿针》等 14 首刘三姐歌曲。2005 年 9 月，广西民族音像出版社出版歌碟《刘三姐的歌》，选录梦蝴蝶演唱组演唱的《心想唱歌就唱歌》等 15 首刘三姐歌曲。2006 年 6 月，国务院公布的第一批国家级文化遗产目录"刘三姐歌谣"名列其中，它含宜州区有关的"彩调""壮族歌圩"和"壮族铜鼓习俗"。2007 年 8 月，广西民族出版社出版了黄柯云、莫瑞扬、谢树强选编的《男男女女做歌——刘三姐歌乡百姓山歌选录》。

3. 刘三姐戏剧

1954 年，宜山县根据民间传说编写的《刘三姐》戏剧在当地演出。1958 年年底，柳州市和平彩剧团演出曾昭文编写的《刘三姐》彩调剧。1959 年 8 月，邓凡平等编写的《刘三姐》彩调剧由柳州彩调团演出。1960 年 4 月，广西举行《刘三姐》文艺会演大会，演出了彩调剧、歌舞剧、歌剧、桂剧、木偶剧、壮剧、粤剧等各种形式的《刘三姐》剧目共 43 场。会后，广西组织人员将柳州创作演出的《刘三姐》彩调剧改编为民间歌舞剧，并抽调演员组成强大阵容排演。同年 10 月，刘三姐歌舞剧团赴北京献演，随后在全国巡回演出，历时 15 个月，在 24 个省、直辖市、自治区共演出 500 多场。1962 年 2 月，日本艺术家演出歌剧《刘三姐》。1977 年，广西彩调团重排《刘三姐》，剧本在《光明日报》上重新发表。1979 年 9 月，以广西彩调团为主体的《刘三姐》演出团为庆祝中华人民共和国成立 30 周年进京献演，文化部颁发《刘三姐》剧本创作为一等奖，演出二等奖。1981 年，《刘三姐》演出团赴中国香港、新加坡演出成功。1982 年 3 月，《刘三姐》歌舞剧在美国麻省理工学院克瑞司第剧场首演成功。1995 年 3 月，广西民族出版社出版的《刘三姐剧本集》，辑录了古今刘三姐题材的剧本，包括清代戏剧家蒋士铨的昆曲《刘三妹》、现代戏剧家欧阳予倩的歌剧《刘三妹》、宜州邓昌伶的神话剧《刘三妹割草》、宜州桂剧《刘三姐》等。2004 年，受广西壮族自治区文化厅委托，江波、尹天植、龙杰锋在 1960 年版民间歌舞剧《刘三姐》的基础上进行改编，融入迷笛、踢踏舞等时尚元素，创作了新版《刘三姐》歌舞剧。新版《刘三姐》歌舞剧从 2005 年 4 月 29 日起至 2006 年年底，先后在北京、南宁、杭州、重庆、上海等地共演出 23 场，观众约 4.5 万人次。

4. 刘三姐广播影视

1960 年，中央人民广播电台将《刘三姐》全剧录音播放，中国唱片公司出版唱片向全国发行。同年，长春电影制片厂将舞台本《刘三姐》改编为苏里导演、乔羽编剧、雷振邦作曲的彩色故事片《刘三姐》。唱片和影片在全国发行后引起巨大反响，刘三姐歌曲广泛传唱。1963 年，新加坡首映影片《刘三姐》，盛况空前。1978 年 9 月，上海电影制片厂和广西电影制片厂将《刘三姐》摄制成舞台艺术片。1979 年，新加坡再映《刘三姐》，连映 186 天，票房超过美国影片《飘》。1996 年 10 月，中国国际青年艺术中心在宜州下枧河一带拍摄了 16 集电视连续剧《刘三姐》。

5. 刘三姐文学

《新观察》于 1955 年 9 月发表萧甘牛、萧丁三整理的民间故事《刘三姐》。1956 年，上海文化出版社出版萧甘牛的民间文学读物《刘三姐》。同年，北京通俗读物出版社出版萧丁三等的民间故事集《刘三姐》。1986 年 8 月，漓江出版社出版何培嵩创作的中篇报告文学《刘三姐与黄婉秋》。1991 年 12 月，漓江出版社出版柯炽创作的长篇文学传奇《刘三姐》。2000 年 12 月，广西教育出版社出版过伟评点的《中国女神·民间歌仙刘三姐》。

6. 刘三姐美术

1962 年，邓二龙创作了广西第一件在全国获奖的连环画作品《刘三姐》。

（四）宜州刘三姐文化

宜州是近代刘三姐文化的发源地。

《庆远府志》记载："刘三女太，相传唐时下枧村壮女，性爱唱歌。"1955年，宜山高中教师萧甘牛在下枧村、中枧村、莫村一带的民间搜集整理了故事《刘三姐》，发表于上海《新观察》；1956年，宜山文化馆干部周伟、罗茂坤和彩调艺人吴老年发表了长篇叙事山歌《"歌仙"刘三姐》，龙塘乡乡长黄文祥创编并演出了山歌剧《刘三姐》；1957年，宜山桂剧团演出八场桂剧《刘三姐》，宜山克强中学校长邓昌龄创作了《刘三姐》彩调剧本。1960年，广西1200万观众的《刘三姐》大会演上京演出、四进中南海、全国巡回演出362场，拍成电影红遍港、澳、台、日、东南亚，远至美国、荷兰，及至当今桂林的大型山水实景演出《印象·刘三姐》，均出自宜州。宜州民间蕴藏着丰富的、高品质的山歌资源，也蕴藏着无数杰出的歌才资源。20世纪90年代以来，广西举办了多次山歌大赛，产生了56名歌王，其中宜州占16名，有夫妻歌王，有姐妹歌王，大多是农民，歌王谢庆良曾五次应邀到中央电视台演唱山歌，歌王潘红梅曾应邀到香港凤凰卫视演唱山歌。2006年，宜州山歌被文化部公布为"国家非物质文化遗产保护项目"，认定了传承人。

八、刘三姐文化评析

刘三姐文化的内涵极为丰富，既有物质文化也有精神文化，同时又是多个民族文化的综合体。其中，历史悠久、文化丰富的壮族作为广西人口最多的少数民族，已经被社会公认为是承载刘三姐文化的主体民族。而如果追溯至唐代，与壮族具有极深渊源的仫佬族、瑶族、毛南族实际上都是属于壮侗语系这一个民族共同体，也就是僚族。直至宋代以后，僚族才逐渐分化成各个民族，正是因为这些民族的文化在刘三姐文化形成的初期同属一个母文化，至今还有许多共同的文化特征，故而这些民族所流传的刘三姐故事也具有很高的相似性。相应的，刘三姐文化也就自然而然地融入了这些民族的文化特征。

刘三姐文化具有的民族特征主要表现在：

一是体现了壮族的开放性。壮族是中国人口最多的少数民族，青山绿水的自然环境和农耕经济养成了他们朴实、温柔、善良、乐观、合群的性格特征，也养育了美丽大方、充满灵气的一代歌仙刘三姐。刘三姐文化以壮族文化为特色，成为壮族歌圩、民歌、风俗的代表和精神象征。刘三姐文化具有极大的民族开放性，其并不为某一民族所独有，而是包容了汉族与其他少数民族文化，体现了壮族的民族精神。

二是地域的独特性。刘三姐文化现象是以广西地域文化为表征的独特文化现象，它集中表现了广西以山歌为代表的山水文化和稻作文化。广西是以歌代言、以歌解事、以歌传情、以歌明理的刘三姐式传统习俗的传播源。民歌是刘三姐文化的特征。广西民歌内容丰富，形式多样。唱民歌、传唱刘三姐歌曲是这里的普遍现象，而刘三姐形象也受到广西人民的崇拜和喜爱。广西是刘三姐的故乡，刘三姐是广西文化的代表这一事实得到国内外的公认。

三是时代的变异性。刘三姐文化随着时代的变化而变化，在不断变化中被赋予新的内容。可以说，一个时代有一个时代的刘三姐。古代刘三姐是美丽聪明、勤劳勇敢、播种爱情的歌仙，近现代刘三姐是敢于斗争、疾恶如仇、不畏强暴的化身，新时期刘三姐是追求理想、开拓创新的象征。刘三姐文化还培养了不同时代的《刘三姐》演员，包括傅锦华、黄婉秋、杨步云、唐佩珠、王予嘉等。

刘三姐文化是被誉为"歌仙""歌圣"的刘三姐和无数壮族民间歌手长期在壮族民间传歌培育形成的成熟的壮族民间音乐的主要形式之一，它涵盖了聪明善良、勤劳好歌、乐观向上的壮族人民特征，它展示了壮族几千年精神文化历史长卷，是壮族人民在长期的生活中的集中反映。

本研究认为，刘三姐文化现象的核心价值在于她是多民族共同创造并相互认同的文化符号，其形成和发展加速与增强了多民族之间的相互认同，并为多民族的共同繁荣和发展提供了一个良好的和谐的内部文化环境，具体表现在：

第一，从时间上来说，从有具体文字记载至今，她也已经流传一千多年；从地域上来说，她的传说遍布广西、广东、湖南、江西、福建、云南、贵州甚至台湾和香港等地；从民族而言，刘三姐这一形象不仅为壮族也为汉族、瑶族、苗族、侗族、毛南族、仫佬族、布依族、黎族、京族、水族等民族所认同和喜爱，其中各民族争相称刘三姐为其先民甚至始祖，以及各地区所进行的刘三姐故乡之争等便是集中体现。

第二，从刘三姐传说产生的时代及其女性性别特征而言，刘三姐这一文化符号也是对主要以汉族为主的唐代文化认同的结果。

第三，从刘三姐作为"歌仙"的形象以及各民族对"歌仙"形象的认可而言，其深层内涵是多民族对主要以道家文化为基础的道教这一宗教文化认同的结果。

第四，基于第三点，进而从各民族流传的刘三姐传说中化石或骑鱼成仙等故事或情节来看，这其实就是对中华各民族中大多数民族存在的石、鱼及女性崇拜或图腾文化认同的结果。

第五，从刘三姐作为众多民族的"传歌者"形象以及各民族对民（山）歌的肯定和学习而言，其作为多民族文化传播和交流的身份就是多民族认同的结果。

第六，从刘三姐传世的歌谣及其内容上来看，大多表现了各民族共同的喜怒爱憎、审美情趣及社会理想等，事实上也是多民族文化交流融合和认同的结果。

第七，从刘三姐传世歌谣中的表现形式看，其语言中的"夹汉"现象和用韵、赋、比、兴的表现手法和绝句体式的使用等，事实上就是包括汉、壮在内的及其他众多少数民族在语言、语言艺术及其表达方式等方面的交流与文化认同的结果。

更有意思的是，凡是有刘三姐文化符号流传的区域（尤其是广西）和民族，无论在历史上还是现实中都是社会相对稳定繁荣，多民族团结和谐，冲突矛盾少，体现了各族人民融合和谐发展文化特质。

第二节　旅游总体规划

一、规划背景

（一）宜州文化旅游资源新解

宜州是已有 2100 多年历史文化名城，也是广西旅游的一颗璀璨的明珠，曾是龙江河谷的中心和黔桂走廊的咽喉，是最早接受和吸纳中原文化区域之一。这一地理位置使宜州的文化旅游资源呈现出深厚性、独特性、多样性和原生性的特征，成为广西不可多得的民族生态文化圣地。

1. 孕育了壮民族精神文化遗产

龙江河谷是桂西北主要的地质沉降带，历史文化的积淀相当深厚。宜州是壮族古代文明的重要发源地，壮族的祖先——柳江人 3 万年前就在这片土地上生息繁衍。宜州是壮族先民的部落联盟——西瓯国的主要疆域，壮族的原生态文化遗存相当丰富，怀远镇古波屯发现的古崖壁画和古龙河崖葬中出土的新石器时代玉斧就是典型的例证。宜州又是壮族山歌文化的发源地、歌仙刘三姐的故乡。宜州还是壮族原生态生殖崇拜文化的重要发源地，花婆神的传说和民俗至今还在古龙河一带的山村中存留。宜州位于茶马古道北支线的起点，南宋时是广西的三大博易场之一，壮族古集市文化的遗存也非常丰富，2100 多年的历史孕育和积淀了壮族开放、机智、勇敢、善良的民族精神特质，这一特质尤其在具有 1000 多年的壮民族的山歌文化及歌仙刘三姐文化上表现得淋漓尽致。

2. 潜龙文渊福地

宜州是一块潜龙卧虎、仙山佛地、人杰地灵、宜人之州的龙脉文脉福地。

唐高祖李渊曾孙李璎唐贞观四年任宜州刺史。宋度宗赵禥袭皇位前在宜州任节度使。北宋三元及第，历任三朝，官至参知政事的冯京出生于宜州，其祖父所葬之山被号为"天门拜相山""状元山"，葬于"奇穴"的祖坟今尚存。北宋江西诗祖、大书法家黄庭坚，被贬殁于宜州，纪念他的"山谷祠"

今尚存。宋宝祐年间在城东北三里处"以币百万，建为铁城"的古城峒及宋人刻于石壁的《铁城颂》《铁城记》尚存。明惠帝朱允炆手蘸义马之血书于岸石的"泣血"碑刻至今长留龙江之滨。太平天国翼王石达开偕十位大员所作的 11 首唱和诗，刻于北山白龙洞口，是唯一存世的太平军诗刻。白龙洞自唐代便是佛门圣地，洞内有宋代五百罗汉名号碑和佛教界珍稀的《婺州双林寺善慧大士行迹应现图》摩崖石刻；洞壁留有宋代以来军政要员、名流墨客的题诗刻字 30 多处。会仙山白龙洞的五百罗汉名号碑是全国最早的罗汉名号碑，石达开的唱和诗刻也是全国仅有的一处太平天国诗刻。清代嘉庆皇帝赐 142 岁宜州寿星蓝祥诗碑也堪称全国一绝。会仙山被人们称为岭南人文第一山。

这些独特文化，塑造了宜州潜龙文渊、人灵地杰的福地基础，使其文化在全国具有独特性和垄断性。

3. 地缘文化的多彩地带

宜州位于汉族文化与壮族文化的交汇处，龙江河谷又是黔桂重要的历史文化走廊。独特的地理位置使宜州文化资源呈现出多姿多彩的特点。刘三姐的山歌是壮族山歌与汉族山歌水乳交融的产物。中国著名的喜剧剧种——彩调也是宜州重要的文化遗产，许多传统剧目至今仍盛演不衰。儒、佛、道三教的文化在宜州兼容并蓄，会仙山和白莲洞是儒、道、佛三教重要的文化圣地，历史碑刻之多在广西各县市中是绝无仅有的。宋代江西诗派的开山祖师——黄庭坚也在宜州留下了他的绝世之作。他的衣冠墓和山谷祠是广西重点文物保护单位。

4. 天人合一的自然生态奇景

宜州的下枧河、古龙河、祥贝河的田园山水风光旖旎，可远观，可近赏，可身入，与沿岸的壮族原生态文化浑然一体，在全国的喀斯特地形中独具特色。龙江河的水上石林如江南名园的奇石林，它集桂林山水和云南石林景观之美于一处，荟萃天地灵秀，被地质学家称为"喀斯特之魂"和"水中石林"。

宜州是民族文化资源的富集区，它深层次的历史文化富矿还有待挖掘，许多历史文化之谜也有待破解，民族文化资源是宜州最宝贵的财富。

5. 独特的壮民族文化瑰宝

宜州是壮族文化的重要发祥地，壮族先民自秦汉以来就生活在今天的宜州区境内。两宋时，壮族称谓首次以"撞"名出现，《宋史·李增白列传》载"如宜州则土丁、保丁、义丁、义效、撞丁共九千余人，其奇撞一项可用"。又宋高宗绍兴二年，岳家军征贺州，与杨再兴战，该史事中有"与撞军统制王经皆至"一文。此处提及的撞军，就是李增白所说的撞丁。撞丁，便是壮族，仅在宜州一带有，其他州县是没有的。这是壮族称谓在历史上的首次出现，从那时起，历经元、明、清以后，今天称为壮人或壮族。

宜州的壮族有自己的语言文字，其语言属壮语北部方言，其文字是唐宋时期借用汉字偏旁和声韵创造的方块壮字，今天的壮文是以拉丁文字为基础的拼音文字。始于自然崇拜，宜州壮族信仰土地神、社王、雷王、水神、龙、山神、灶王、花婆及祖先。在文化方面，结合着四时和农事，发展了自己的民间戏曲和音乐，创造了踩花灯、鲤鱼跳龙门等音乐舞蹈形式，还创造了自己独有的勒脚体壮歌"欢"和七言体山歌。著名的彩调剧《刘三姐》，也是在宜州壮族中流传的刘三姐故事和宜州山歌基础上创作完成的。

宜州壮族的主要节日有春节、三月三、五月初五、六月初六、八月十五等，其中三月三和八月十五为歌节，每逢此时，男女云集，对歌会友，互赠信物、定情相许、结伴终身，是宜州壮族最盛大的节日之一。

（二）刘三姐文化旅游现状分析评估

1. 宜州刘三姐文化旅游现状评析

宜州刘三姐文化开发主要在下枧河，目前开发的产品主要有教游客唱山歌、模拟经典电影《刘三姐》中刘三姐与三个秀才、莫老爷斗歌片段以及流河寨刘三姐故居抛绣球、拜堂、山歌表演和壮古佬民族礼仪迎宾、婚俗表演、民族歌舞表演以及彩调文化展示等项目。已有的产品具有较强的体验性和参与性，也符合现代旅游市场发展需要，在旅游开发中是的独特卖点。

然而，在我国旅游市场已经开始转型、个性化、特色化越来越突出的当下，宜州刘三姐文化旅游的以下困境，阻碍了刘三姐文化旅游的快速发展。主要表现在：

——旅游区主题形象模糊，看不到明晰的主题形象。

——旅游产品布局组织的逻辑性不够强，缺乏层层深入，引导游客消费的欲望。

——旅游品牌项目内涵还需要不断提炼与提高，体验性、参与性和知识性、娱乐性还需要进一步凝练。

——功能布局与旅游组织方式还需要进一步科学合理布局。

——旅游区导游词讲解缺乏趣味性、幽默性、主题性和诙谐性，导游词单一，仅局限于历史的介绍和山歌的介绍。

——各个功能区及景区景点产品衔接性不够，主线不明晰，动静结合不够。

——文化体验表现方式与广西及其他少数民族地区开发的民俗文化旅游产品存在比较严重的同质化。

——项目的经济效益性以及游客的二次、三次消费不够强。

2. 广西刘三姐文化旅游开发评析

——宜州：刘三姐歌声

宜州是刘三姐的故乡，也是壮乡山歌的发源地，是广西刘三姐山歌文化生态保护区的核心区域，开发了下枧河刘三姐文化旅游项目、组建了刘三姐文化表演队、设置了刘三姐书院、注册了刘三姐故乡之旅商标品牌、举办了刘三姐文化旅游节、成功申报刘三姐歌谣国家级非物质文化遗产、命名了刘三姐大道、更名流河乡为刘三姐乡、设计了刘三姐广场及刘三姐庙、开发了三姐绣球等旅游商品。

——柳州：鱼峰山上觅仙踪

柳州的鱼峰山和小龙潭是刘三姐传歌和成仙的地方，开发有歌仙祠、三姐岩及鱼峰山公园。

——桂林：山歌山水一相逢

桂林是刘三姐传歌成名的地方，也是《刘三姐》电影拍摄外景地之一。利用刘三姐品牌开发有大榕树、刘三姐水上公园、《印象·刘三姐》、刘三姐景观园、刘三姐茶园等旅游项目。

广西刘三姐文化旅游开发中，以桂林的刘三姐文化旅游开发得最为成功，桂林的刘三姐文化旅游不仅在形式上创新，而且在表现手段和表演手法上都不拘泥于历史，进行了大胆的创造，将视觉、听觉、触觉效果表现得淋漓尽致。而宜州的刘三姐文化旅游开发则更多的是强调刘三姐山歌文化（歌谣文化）的演绎，保持了原生态性；柳州的刘三姐文化则局限于观光游览方式，以静态的展示方式进行开发。

总的来说，刘三姐文化旅游开发不是搞历史考证，因此，不应该拘泥于过度强调其原真性，应该从"卖资源"向"卖产品"转变，结合旅游市场消费特征开发出适销对路的旅游产品，只有这样，才能将宜州的刘三姐文化品牌尽情地释放，发挥其最大的社会、经济、文化效益。

桂林的做法，值得宜州借鉴。

（三）宜州刘三姐故里景区发展的新机遇

宜州依托刘三姐品牌及刘三姐故里景区，曾成为河池旅游的龙头，也是广西县级市发展文化旅游的典范，但随着周边县市旅游的后发跨越，宜州在旅游竞争格局中逐渐失去了竞争优势。

伴随着广西打造广西第三大国际旅游目的地——红水河国际旅游目的地以及"旅游强区""旅游强市""千亿元产业"战略的实施，宜州迎来了新一轮旅游发展大机遇。这为刘三姐故里景区的提升改造提供了前所未有的发展机会。

刘三姐故里景区的提升与改造完善不能脱离宜州旅游发展的总体定位，因此，在制订刘三姐故里景区的提升改造方案时候，需要从宜州在整个广西乃至西南地区的旅游地位与定位来考量，脱离了这些大环境、大背景，刘三姐故里景区就只能是一个没有生机的孤点。

从大的格局来审视宜州旅游，可以发现，宜州正好处于大柳州旅游圈和大桂林旅游圈的辐射范围，距离国际旅游城市桂林为 2 个小时车程，距离广西工业城市柳州也仅为半个小时车程。同时，宜州处于红水河国际旅游目的地的范围内，红水河国际旅游目的地正是广西目前倾力打造的国际生态文化养生旅游板块。依托桂林、柳州这些强大的客源市场和红水河国际旅游目的地的总体战略定位，并借助刘三姐这一国际性的文化品牌力量，宜州旅游未来发展潜力巨大。

同时，依托桂柳、宜柳高速交通的完善以及金城江机场的建设等，处于河池地区与柳州地区中心地带和交通枢纽地带的宜州，将能充分凭借柳州机场、金城江机场、桂林国际机场吸引和分流国际客源，为宜州的旅游市场开拓奠定了良好的外部发展机遇。

此外，广西已将刘三姐品牌提升到自治区政府层面进行推进建设，在广西旅游总体发展战略中，宜州—柳州—桂林刘三姐文化品牌之旅已成为自治区旅游局重点建设与推广的旅游品牌。

因此，宜州凭借优越的区位和市场机遇，刘三姐故里景区定位必须是高起点、高要求、高水平的，必须从大规划、大产业、大发展、大市场和大品牌的视角来思考其提升与改造问题，从而实现宜州旅游"二次创业""再次提升"。

二、旅游市场定位与预测

（一）国际旅游市场发展趋势分析

（1）旅游业将成为世界经济增长与发展的机遇。据世界旅游组织统计，人们每年参与各种形式的旅游活动达到 40 多亿人次。旅游已经成为当下最主要的经济活动之一：旅游业收入占 GDP 的 5%；每 12 个工作岗位就有一个在旅游业；旅游服务占全球服务出口的 30%。旅游业能够带动就业、拉动经济增长，在良好的管理下，旅游业成为世界经济持续发展的一个关键机遇。

（2）以新型国家崛起为代表的新旅游目的地和客源地出现，国际旅游区域的重心正向东方转移。2010 年，新兴经济体的旅游人数占国际旅游人数的 42%；截至 2011 年，该比例增长到了 47%。2011 年，9.8 亿人次国际旅游人数当中约有一半来自新兴国家，旅游消费最多的是中国、俄罗斯、巴西和印度。

据预测，2012 年全球国际旅游人数增长有可能放缓，增幅将在 3% 至 4% 之间，但有可能首次突破 10 亿人次大关。中国是这一趋势的代表——中国成为当今全球第三大旅游目的地，2011 年，中国旅游业保持平稳较快发展。国内旅游市场保持较快增长，入境旅游市场实现平稳增长，出境旅游市场继续快速增长。全年共接待入境游客 1.35 亿人次，实现国际旅游（外汇）收入484.64 亿美元，分别比 2010 年增长 1.2% 和 5.8%；国内旅游人数 26.41 亿人次，收入 19305.39 亿元人民币，分别比 2010 年增长 13.2% 和 23.6%；中国公民出境人数达到 7025.00 万人次，比 2010 年增长 22.4%；旅游业总收入 2.25 万亿元人民币，比 2010 年增长 20.1%。同时，中国已将自身定位为全世界最重要的客源地之一，吸引着全球的目的地管理者和私营企业。

（3）科技革新为旅游业的扩展创造新机遇。联合国世界旅游组织官员认为，过去十年内的科技发展革新了人们旅行的方式，并为旅游业的扩展创造了新的平台。通信技术的发展使得人们可以跳过旅游中间商，直接进入旅游市场进行选择。高速公路和机场、高铁的建设，使旅游地的科技性大大提高。人造主题公园则充分运用现代高科技，如声学、光学、计算机模拟系统等，增加旅游对游客的吸引力。

有关统计显示，目前电子商务在旅游领域的应用正以惊人的速度增长。现阶段，全球旅游产品的在线销售额约占总旅游销售额的 15%，四五年后，该数字将增至 20%~25%。世界旅游商务理事会近期发布的一份报告认为，今后 5 年间，世界主要旅游客源地约 1/4 的旅游产品订购将通过互联网进行。

（4）世界旅游消费需求向多元化方向发展。随着旅游方式朝个性化、自由化的方向发展，传统的观光旅游、度假旅游和商务旅游已不能满足旅游者的需求，各种内容丰富、新颖独特的旅游方式和旅游项目应运而生、层出不穷。目前，国际旅游消费需求的基本态势是：从人们出游的组织方式来看，在追求个性化的浪潮下，散客旅游特别是家庭旅游成为全球流行趋势；从旅游动机和目的来看，生态旅游、文化旅游、奖励旅游、探险旅游、科考旅游、潜海旅游以及其他各种形式的主题旅游，构成了人们外出旅游的主旋律。

（5）国际旅游市场竞争与合作并存。国际旅游市场蕴藏着无限商机，也成为竞争最激烈的市场之一。一些国家和地区为了增强旅游竞争力，与邻国结成密切协作关系，相互借鉴先进的技术和管理经验，对共同的客源市场开展联合促销，对人员进行统一培训、轮训，旅游区域合作、地区旅游一体化的步伐加快。

（二）国内旅游市场发展趋势分析

（1）当前我国经济运行良好，各项经济指标稳步增长。人民生活水平稳步提高，居民可支配收入和闲暇时间不断增加，城乡居民家庭恩格尔系数逐年下降，文教娱乐支出占家庭收入比重逐年上升，旅游成为生活的重要组成部分。

（2）旅游成为我国国民经济新的增长点，为我国经济社会全面发展做出了重要贡献。全国旅游市场总体上呈现以下趋势：入境旅游持续增长；国内旅游稳定增长；出境旅游继续增长；旅游产业规模不断扩大。

（3）基于旅游产业关联作用强、带动能力大的特征，各级政府层面已经充分意识到这种产业类型在扩大就业、增加人民收入等方面的重要作用，在制定产业发展战略的时候纷纷将旅游业作为主导产业类型进行优先发展，而人民收入的提高和出游能力的增强则从供给方面创造了旅游产业发展的条件。

（4）旅游行为从传统的观光游览型向休闲度假型转变。近年来，国内旅游市场上，休闲度假的游客逐年增多。2000年，以休闲度假为目的的游客只占16.8%，到2011年，上升到30.1%。另一方面，观光游览型的游客比例徘徊在40%左右，渐趋稳定。这说明，国内游客目前的出游方式仍处于以参观性、热点旅游景区和团队旅游为主的观光游览型，但随着人民生活水平的提高和节假日时间的增长，人们将向更高层次的休闲度假方向发展。

（5）自驾车旅游时代即将到来。自驾车旅游的兴起是社会经济发展到一定阶段的必然结果，也是我国旅游业发展进入更高层次、更新阶段的重要标志。近年来，我国私家车拥有量持续增长，仅华东地区目前就已经有中小型私家车约150万辆。按每年出游7次、每车载客4人计，华东地区每年私家车出游人数在4000万人次以上。随着汽车租赁业的发展，还将有越来越多的"有本无车者"加入自驾车出游的队伍中。根据2010-2011年进行的一项调查，江浙沪旅游市场中自助游游客的比例高达75%以上，而其中31.6%的游客是自驾车旅游者。

（6）散客成为近程市场出游主体，个人出游和与亲朋结伴同游成为市场主体。城镇居民在本省及邻省出游的，以阖家出游、朋友结伴为主，去中远程目的地旅游则以旅行社组织的团队为主。

（7）纯旅游增加，旅游消费档次提高，以观光游览、休闲度假为主要目的的旅游迅速增加，旅游消费逐渐纳入常规开支预算范畴，消费档次明显提高。

（8）游客的旅游需求个性化日趋明显，景区营销市场已由卖方市场转化为买方市场。旅游产品的文化内涵、接待质量竞争将更加激烈，景区与旅行社的产品创新必须适应市场需求，必须建立更多的营销渠道、强化广告宣传方有成效。

（9）随着我国人民生活水平的提高，休闲农业和乡村旅游应运而生。将环保、特色、科技与休闲结合起来是休闲生态农业发展的重要趋势，由于休闲生态农业所具有的"农游"合一的特殊性质，特别是其对于农业发展、农村建设的特殊意义，一直以来其发展问题不仅广受专家学者关注，更是得到了政府部门的高度重视。

（10）文化旅游正从"卖资源"向"卖产品"转变，文化旅游越来越突出参与性、体验性、娱乐性和趣味性，而不是陈列式或简单的参与试表演，更加重视游客对文化的视觉、听觉、触觉、味觉的体验要求。

（三）市场定位

根据刘三姐文化品牌价值、市场基础、开拓条件、开发潜力以及市场需求分析，可以确定新一轮旅游开发的市场定位：主体市场仍然是两广、湖南和港澳台市场，潜在市场是内地市场，外围市场是国际市场。

1. 市场战略定位

（1）国内市场定位：稳定两广市场和湖南市场，开拓西南市场和北方市场，争取其他机会市场。

利用刘三姐文化品牌在西南地区和广东地区的影响力，稳定发展两广市场、湖南市场和海南市场；依托西南出海大通道，积极开拓云南、贵州市场；依托柳州、桂林客源市场，主打桂林—柳州—宜州刘三姐品牌之旅，开拓北方市场和其他机会市场。

（2）入境市场定位：主攻东南亚市场，拓展日韩、印度、俄罗斯市场，积极争取欧美市场。

依托桂林国际旅游目的地和以南宁为核心的北部湾国际旅游目的地及以河池为核心的红水河国际旅游目的地市场，主攻东南亚市场，分流拓展日韩、印度、俄罗斯等广西重要国际客源市场，积极争取分类欧美国家市场。

2. 分期市场定位

分期市场定位见表6-1。

表6-1　分期市场定位

分期	两广及湖南市场	国内其他省份市场	海外市场
近期（2012-2015年）	桂林、柳州、南宁、长沙、湘潭、邵阳、郴州、桂东城市、桂南城市、珠三角城市群	海南、云南、贵州、重庆、四川、北京、上海、东北三省	港澳台及东南亚
中期（2016-2018年）	广西和湖南、广东其他城市	华东、华中和华北城市群	东南亚、日韩、欧美
远期（2019-2020年）	湖南、广西、广东全省区	华东、华中和华北、西部	环亚太地区、欧洲

（四）游客规模预测

1. 预测条件设定

广西强区实现，河池红水河国际旅游目的地建设加快，桂林—柳州—宜州刘三姐品牌之旅构想真正得到实现。

宜州刘三姐故里景区提升规划方案得到贯彻实施且全部完成，5A景区改造指标建设完成。

河池机场建成及宜州外延的高铁、高速公路等进一步得到改善。

宜州"刘三姐"品牌之旅形象得到传播营销。

2. 游客量预测

多年来宜州旅游得到了较快发展，旅游接待人数及旅游收入增长较快，其中入境旅游人数增长年均达32.65%，国内旅游人数增长年均在16.93%（见表6-2）。

表6-2　2001~2012年宜州旅游接待人数

年份	入境旅游人数（人次）	增长比例（%）	国内旅游人数（万人次）	增长比例（%）
2001	1020	168.42	32.88	34.2
2002	1108	8.63	41.1	25

续表

年份	入境旅游人数 （人次）	增长比例（%）	国内旅游人数 （万人次）	增长比例（%）
2003	1016	−8.3	38.4	−6.57
2004	1300	27.95	47.1	22.66
2005	1560	20	53.3	13.16
2006	1985	27.24	61.5	15.38
2007	2451	23.48	63.66	3.51
2008	2763	12.73	73.84	15.99
2009	3604	30.44	83.77	13.45
2010	4361	21	103	2.296
2011	5549	27.24	129.5	26.5
2012（1至8月）	3712	同比增长 13.3%	102.13	同比增长 15.8%

宜州接待游客量主要是依靠宜州刘三姐故里景区，年均接待游客量所占比例占宜州接待游客总量的 70% 以上，由于缺乏宜州刘三姐故里景区历年的接待游客量数据，因此，本规划对市场的预测以宜州接待游客量进行预测，作为刘三姐故里景区游客规模预测参考值。

预测的基础以宜州 2011 年接待游客量作预测起点，以略高于当年的年均增长率作为预测的参考值，取宜州接待游客总量的 70% 作为刘三姐故里景区游客接待量参考值，得出宜州及刘三姐故里景区游客规模预测量（见表6-3、表6-4）。

表6-3　2012-2020 年期间宜州客源市场预测

年份	增长比例 （%）	接待量 （万人次）	年份	增长比例 （%）	接待量 （万人次）	年份	增长比例 （%）	接待量 （万人次）
2012	23	159.9	2015	25	283.02	2018	20	513.82
2013	18	188.68	2016	23	348.12	2019	18	606.31
2014	20	226.42	2017	23	428.19	2020	16	703.72

表6-4 2012-2020年期间刘三姐故里景区客源市场预测

年份	增长比例（％）	接待量（万人次）	年份	增长比例（％）	接待量（万人次）	年份	增长比例（％）	接待量（万人次）
2012	23	111.93	2015	25	198.11	2018	20	359.67
2013	18	132.08	2016	23	243.68	2019	18	424.42
2014	20	158.5	2017	23	299.73	2020	16	492.6

三、提升改造规划

（一）规划范围、内容与建设期限

1. 提升改造规划范围

规划范围为刘三姐故里景区（宜州区游客集散中心码头至下枧游客中心）。

2. 规划内容

规划内容包括：一是深入挖掘宜州历史文化、民族文化和刘三姐文化，重点提炼刘三姐文化，在此基础上，提出刘三姐故里景区的文化主题。

二是从整个刘三姐故里景区综合考虑打造宜州区游客集散中心（冯京公园）码头、流河寨、马山塘、壮古佬、下枧游客中心的水上精品旅游线路的主题、提升改造内容以及导游词的编制。

三是重点规划与提出流河寨的具体改造方案、仙缘桥和刘三姐庙的建设方案。

3. 提升改造规划建设期限

规划建设期限为2012年11月1日至2014年12月30日。

第一期重点是提升改造流河寨景区和编制新的导游词；

第二期重点是建设歌仙庙、仙缘桥以及新版本的旅游活动设计；

第三期重点是马山塘及壮古佬景区的完善建设。

（二）提升改造策略

1. 品牌化策略

刘三姐故里景区在已有品牌基础上，通过内外联合规划，从旅游产品、旅游线路、区域合作、主题定位、内涵提升、形象设计等多层次规划刘三姐文化旅游品牌，以宜州"三姐故里，情歌之乡"（备选方案："三姐故里，山歌之都"或"歌都宜州，情醉歌圩"）作为大品牌，并以此为导向，在今后规划出"歌源刘三姐、歌圩刘三姐、歌海刘三姐、歌魂刘三姐……"等系统子品牌，与桂林《印象·刘三姐》、柳州歌仙刘三姐品牌联动发展，实现宜州旅游的突破。

具体在内部通过打造"宜州下枧河：船说刘三姐""流河寨刘三姐歌圩文化区——情醉歌圩"，以及未来拟打造"刘三姐歌谣非遗展示基地"等项目的提升，进一步提升宜州刘三姐故里品牌游；在外部，通过与桂林、柳州的合作，打造宜州—柳州—桂林"寻找歌仙刘三姐"品牌之旅区域联动线路，以"寻找歌仙刘三姐"为主题，共同打造刘三姐文化之旅大品牌，以品牌化建设规划，增强宜州刘三姐文化旅游品牌影响力。

2. 参与性策略

参与性是刘三姐文化旅游提升的重要途径，已有的产品虽然具有一定的参与性，但这些参与性项目如对歌、婚俗表演等无论在内涵上还是参与的程度上，均需进一步提升以增强参与性，通过游客角色的转换，让游客真正成为项目游玩的主人。为此，在保留原有的对歌、婚俗表演项目外，本规划新增加了定情物作坊、山歌对唱、封歌王、经典电影再现、歌仙庙求缘等参与性强的旅游项目。

3. 体验性策略

我国旅游已从观光旅游向休闲度假转型，并逐步从休闲度假向体验旅游迈进。文化旅游最具有体验性，因此，刘三姐故里景区的旅游产品及旅游活动在提升规划上，重点突出其体验价值，从祭祀歌仙庙求缘到对歌选歌王到封歌王歌后，再到海誓山盟墙的规划、仙缘桥规划等，将充分利用刘三姐文化，规划具有视觉冲击、听觉盛宴、触觉体验等体验产品，实现刘三姐文化旅游的深度体验与提升。

4. 娱乐性策略

娱乐性满足了游客"求知、求新、求乐"的旅游体验要求，根据游客旅游是追求快乐的需求定律，深入挖掘刘三姐爱情文化，将娱乐氛围渲染得淋漓尽致。为此，本规划中"船说刘三姐""情醉歌圩对歌选歌王""定情物DIY""歌王封典""经典电影再现——刘三姐与秀才斗歌"以及已有的婚俗表演、壮族民俗歌舞展演等，都带有较强的娱乐性质，以娱乐性突破传统文化旅游的说教式展示弊端，让游客在娱乐当中感受刘三姐文化的深厚内涵。

（三）提升改造的指导思想

经过多年的打造，宜州刘三姐故乡品牌已经名扬海内外，现在，需要的是对刘三姐文化进行深度的挖掘与提炼，凝练出适合市场需求的旅游元素。

经过研究，本书认为：刘三姐文化不仅仅是歌谣文化，而且应是体现勇敢、机智、智慧、聪明、伶俐、富有理想的壮族民族精神特质的民族文化，它的核心是以山歌和爱情文化为载体的，它的外延实质就是以歌谣为代表的壮民族民俗文化和中原与岭南文化融合的地域性文化符号。对刘三姐文化的研究，要与时代相结合，重新诠释刘三姐的文化内涵，只有这样才能推进文化产业的发展。

基于对刘三姐文化的深度认识，我们认为，在刘三姐故里景区的提升改造中，所采用的战略指导思想是：

以已有的刘三姐文化旅游品牌为基础，遵循体验性、参与性、差异性和娱乐性的原则，采取层层深入、情景再现和深度体验的规划；突出刘三姐机智、善良、勇敢、开放的文化精神，以山歌爱情文化为主题，将静态的文化转化为活态的动态项目；以文商旅一体化为商业运作模式，重视旅游项目的社会、文化、经济效益，充分挖掘刘三姐的山歌爱情文化底蕴，设计具有独特卖点和多重消费的情景化体验项目；完善刘三姐故里景区主题品牌形象和基础设施、服务设施，将其打造成为国家5A级旅游景区和享誉全国的刘三姐品牌之旅。

（四）"龙江码头—下枧河游客中心"旅游活动主题主线规划

刘三姐故里景区主题主线在规划中，需要充分考虑突出"观光—休闲—体验"一体化，重视"参与性、趣味性、娱乐性、知识性、体验性"和坚持专业与专题相结合、动态与静态相结合、水上与岸上游览相结合的原则。

依据壮民族倚歌择配，即通过山歌对唱来选择恋爱对象的程序规划刘三姐故里景区的主题主线。

一般来说，壮族倚歌择配需要经过下列对唱阶段：

游歌（沿路歌）：为引起对方注意而即兴唱的一些与赶歌圩有关的山歌。

见面歌（初会歌）：一般是相互问候，互通姓名、住地，并相互谦恭赞许。

求歌：即请求与对方正式对歌。

和歌（接歌）：被邀请的一方，对唱"求歌"者开始唱答。

盘歌：即一般的对歌、双方相互盘问唱答，考察对方的聪明才智，以增进相互了解和初结情谊。

相交歌（甜歌）：这是男女之间彼此倾心、相互爱慕，为抒发情怀、披露心声而唱的"甜蜜之歌"，是双方交结情谊的一种标志，有初交歌、深交歌之分。

信歌（定情歌、赠物歌）：是男女互赠信物，以表示确定关系、结缔姻缘所唱的歌。

思歌（念情歌、相思歌）：恋人在"定情"之后或"会情"之时。常以各种"思歌"抒发思恋的情怀，诉说相思的衷肠。

离别歌（别歌、相送歌）：对歌将结束时，男女双方难分难舍而对唱的山歌。

约歌（约定歌、约会歌）：约定下次歌圩再见面。

哭嫁：出嫁时哭唱山歌，以答谢父母的养育之恩。同时，壮族有不落夫家的习俗。这些都是山歌爱情文化的真切反映。

1. 旅游活动主题：山歌爱情

根据刘三姐文化的这些内容，将刘三姐故里景区旅游活动的主题定位为：山歌爱情。

2. 旅游活动主线：相会—相识—相知—相爱—相思—相亲

山歌爱情以"相会—相识—相知—相爱—相思—相亲"这一爱情主线进行旅游活动规划。

（五）改造提升的基本思路：转型、升级与完善

刘三姐故里景区的提升应该基于现有的基础上进行，在保留现有旅游项目及设施的基础上，着重在于根据市场的变化提升其品牌内涵、主题形象和情景化的体验旅游项目，而不是摒弃已有经过多年打造且证明是成功的开发成果。因此，本规划将在保留已有的旅游项目、设施的基础上，围绕"转型、升级与完善"六字方针，进行全面的提升改造，规划按照主题形象来布局整个旅游区的旅游项目提升完善和旅游活动安排。

1. 转型

面对已有的产品主要是文化观光、大众化的体验娱乐以及比较单一的消费模式，向情景化文化娱乐、体验式观光、休闲式度假、多元化景区消费转型，从单一旅游区向多元化旅游区转型。

2. 升级

升级就是面对激烈的市场竞争和个性化、多元化的市场消费需求，不断提升旅游区的主题形象、产品质量、景区的导游词、服务管理质量以及旅游区项目的文化内涵与素质。

3. 完善

就是完善各个旅游功能区的定位、完善各个旅游功能区的服务设施与基础设施、完善导游词、完善旅游线路的设计、完善水上旅游和陆路上旅游的活动内容、完善各旅游功能区的文化景观。

依据刘三姐文化的内涵与外延，将刘三姐故里景区完善思路按照"宏观—中观—微观"的思路进行完善，层层递进地进行规划：

从冯京公园的集散中心码头（龙江旅游码头）至望妹石到流河寨这一区域规划为刘三姐故事文化区，重点突出宜州历史文化与刘三姐文化形成关联性、以对宜州文化及刘三姐文化的新诠释，完善龙江河和下枧河沿岸景观命名及其解说词，这一区域以导游讲解的方式进行完善，并命名为"船说刘三姐"，并将"相会—相识"这一文化主题在这里展示。

流河寨是刘三姐故里景区的核心部分，本区域在保留刘三姐故居、定情树、古井等景点的基础上，改造与增加了部分硬件建设项目。该区域重点突出刘三姐的山歌爱情文化，从"相知（歌仙庙求缘）—相爱（对歌选歌王歌后）—相思（定情物 DIY）"的这一主题思路进行全程规划，以动态的、互动的、参与性强的项目进行提升改造，同时，与流河寨对面的望妹石生态农业园相结合，规划刘三姐歌圩文化景区。

最后从流河寨至壮古佬这一带规划为刘三姐传歌文化景区，诠释经典（即电影《刘三姐》经典片段再现）和刘三姐歌谣文化展示主题，以突出宜州壮族特色文化。

（六）功能再定位：流河寨——刘三姐歌圩文化集中展示

随着我国休假制度的完善和闲暇时间的增多、国民素质提高以及生活水平的提升，传统的观光旅游已经很难满足游客多元化的发展需要，旅游已经从观光发展到休闲度假阶段，并向文化体验转型，因此，根据市场发展趋势和刘三姐文化的内涵，对刘三姐故里景区的功能及其功能区进行提升定位。

在功能定位上，在原有的山水观光、文化体验定位的基础上，进一步增强旅游区的情景演绎、文化娱乐、文化展示和文化体验功能。

根据刘三姐文化内涵，并结合旅游功能和主题主线定位，将刘三姐的家——流河寨提升作为刘三姐歌圩文化集中展示区，形成以下枧河和刘三姐山歌为特色的山歌爱情文化走廊。通过功能的提升，突显刘三姐文化山歌爱情主题。

（七）"宜州刘三姐故里景区"目标再定位：世界级山歌歌都、国家 5A 级旅游景区

景区提升改造的项目必须从战略目标上要进行全面升级，按照国家 5A 级旅游景区标准进行升级改造，为今后将"宜州刘三姐故里景区"打造成为宜州世界级山歌歌都、刘三姐品牌之旅旅游目的地、壮族民族精神展示基地，为成为著名的国家级文化产业示范基地奠定扎实与良好的基础。

（八）"宜州刘三姐故里景区"形象品牌再定位：三姐故里　情歌之乡

从刘三姐文化成长足迹分析，刘三姐出生在宜州，传歌升仙在柳州，传播成名在桂林，因此，广西的桂林和柳州等地利用刘三姐文化，紧紧抓住刘三姐成长足迹，规划出了与之相对应的刘三姐文化旅游品牌，如桂林成功规划打造了《印象·刘三姐》国际知名品牌，柳州成功打造了较为著名的"歌仙刘三姐"品牌。宜州作为刘三姐出生地，定位要高，且要避免与桂林、柳州等地刘三姐文化品牌定位形成差异化。

研究认为，宜州刘三姐故里景区的形象品牌定位应该要大气、且符合刘三姐文化精神实质，能够为广大受众接受，具有广泛的群众基础，只有这样，

才能形成特色和利于市场营销。为此，将宜州的刘三姐文化形象品牌定位为：

三姐故里　情歌之乡

备选方案：歌圩故里　山歌之都

歌都宜州　情醉歌圩

爱情宜州　歌仙故里

宜州开发刘三姐文化，应根据刘三姐文化出生地及发源地这一主题和脉络来定位，因此，其形象品牌突出定位为："三姐故里"，以突出宜州作为刘三姐的"歌源、歌海、歌迹"等子品牌特色，并使用"三姐""故里"这样通俗易懂的词语，让游客直截了当地认知，宜州是歌仙刘三姐的故里这一文化符号。（或者用"歌仙故里　山歌之都"也可以，"歌仙"一词显得大气且容易得到游客的肯定与认可，因此中国人喜欢将超越常人的人神化为仙为圣，如将李白称为诗仙等。同时，突出宜州的山歌文化，尤其是突出天下山歌三姐传这一主题和文化内涵。）

同时，除了强调宜州作为刘三姐的故里这一地理坐标和符号外，还从市场的角度来定位宜州刘三姐主题形象，从市场来看，"健康、爱情"是人类追求的永恒主题，目前，市场主打爱情文化的城市或旅游目的地尚不多，而刘三姐文化的核心形象就是山歌爱情的象征，因此，本规划在市场中重点突出刘三姐山歌爱情文化这一主题，而刘三姐山歌爱情的在壮族地区最具有代表性和典型性的文化符号就是——歌圩。歌圩是壮族青年男女对歌择偶的专属场所，也是壮族文化的特有文化符号，更是壮族爱情文化符号的杰出标识，因此，从市场的角度看，将宜州刘三姐故里景区文化主题形象定位为"情醉歌圩"或"情歌之乡"，作为流河寨这一景点的营销主题与口号，采取借势发力、借势造势策略，实现大品牌"三姐故里"，营销小品牌"情醉歌圩"或者"情歌之乡"之目的。

可以通过注册"歌源""歌海""歌仙""歌魂""歌圩"等商标来保护和增强"三姐故里　情歌之乡"这一旅游品牌内涵和无形资产。

（九）"宜州刘三姐故里景区"旅游宣传广告词升级：情动天下　歌迎八方——刘三姐故里景区欢迎您

为更好地传播宜州旅游品牌，需要设计主打和辅助的旅游宣传广告词。

宣传的主打广告词为："情动天下　歌迎八方（备选方案：唱着山歌请您来）——刘三姐故里景区欢迎您。"

主打广告突出刘三姐山歌爱情文化这一主题，以"情歌""天下""八方"来突出广告词的大气、霸气，以"动"字撩起游客的出游冲动与欲望，以"迎"字突出宜州人民的热情好客以及以歌会友、以歌连情、以歌代礼的特色。从而达到"震撼大气，突出主题，渲染亮点，打动游客"的市场营销效果。

辅助性旅游广告词为：

仙音壮味刘三姐，情醉歌圩流河寨；

歌都宜州，情醉三姐；

爱情宜州，歌仙故里；

歌仙故里，宜爱之州；

踏歌起舞，爱在宜州；

情醉歌圩，寻爱宜州；

因为爱，去宜州；

寻找刘三姐，歌源在宜州。

四、旅游线路规划

根据游程时间、活动内容及游客层次需求，围绕主题，策划两类重点旅游线路，以满足团队和散客的旅游需要。

（一）团队旅游线路

1."游程3.5小时"的水路旅游线路（"刘三姐故里"品牌之旅）

市区旅游集散中心（冯京公园）码头至流河寨码头（聆听宜州历史文化、船说刘三姐的故事，欣赏龙江和下枧河风光）—流河寨情醉歌圩（感受和参与刘三姐山歌爱情文化魅力，走仙缘桥、敬仰刘三姐庙）—流河寨码头至壮古佬码头（再现经典电影《刘三姐》片段之旅）—壮古佬（体验宜州非物质文化遗产魅力）—马山塘新农村（观新农村建设、吃刘三姐家乡农家饭、品尝宜州民间美食）。

2."游程2小时"水陆两线交叉旅游线路

市区（坐车）—敬仰歌仙庙、走仙缘桥、流河寨情醉歌圩（感受和参与刘三姐山歌爱情文化魅力）—坐船—壮古佬码头（再现经典电影《刘三姐》片段之旅）—壮古佬（体验宜州非物质文化遗产魅力）—马山塘新农村（观新农村建设、吃刘三姐家乡农家饭、品尝宜州民间美食）

3."游程1小时"陆路旅游线路

市区（坐车）—参观歌仙庙、走仙缘桥、流河寨情醉歌圩（感受和参与刘三姐山歌爱情文化魅力）"刘三姐庙—仙缘桥—流河寨情醉歌圩"之旅—原路返回。

（二）散客旅游线路

1. 散客旅游线路之一

下榻马山塘新农村（观新农村建设、吃刘三姐家乡农家饭、品尝宜州民间美食）—壮古佬（体验刘三姐的宜州非物质文化遗产魅力）—壮古佬码头至流河寨码头（再现经典电影《刘三姐》片段之旅）—流河寨情醉歌圩（感受和参与刘三姐山歌爱情文化魅力，走仙缘桥、参观刘三姐庙）—流河寨码头返回马山塘新农村码头。

2. 散客旅游线路之二

下榻马山塘新农村（观新农村建设、吃刘三姐家乡农家饭、品尝宜州民间美食）—壮古佬（体验刘三姐的宜州非物质文化遗产魅力）—壮古佬码头至流河寨码头（再现经典电影《刘三姐》片段之旅）—流河寨情醉歌圩（感受和参与刘三姐山歌爱情文化魅力，走仙缘桥、参观刘三姐庙）—刘三姐庙乘车前往其他景区。

3. 散客旅游线路之三

市区乘车—参观歌仙庙—走仙缘桥—流河寨情醉歌圩—返回到刘三姐庙景区出口—乘车返回。

4. 散客旅游线路之四

市区乘车—参观歌仙庙—乘车返回。

五、旅游基础设施及服务设施提升规划

（一）水陆交通提升规划

水路交通利用两江作为水上通道，并且作为旅游线路组织的主要方式，以游船为运输工具连接各个景区景点。在龙江、临江沿途设"两港六码头"，其中两港是龙江旅游港、临江旅游港，分别建在宜州旅游集散中心龙江河畔和下枧桥南端临江河畔，各自形成龙江、临江的游船集结点，即旅游港。

因龙江旅游港靠宜州旅游集散中心而建，所以此港也就是水路交通的枢纽，上可达龙江水上地质公园，下可至三江口、临江旅游港。

沿途在龙江上游（水上石林河段）建设"鸡鸣山码头"；

将龙江一号桥现有的旅游码头改作货运码头，今后旅游区的生活与经营性物资全部由货运码头上下，实行客货分运；

在会仙景区附近入口设立"会仙码头"（由电瓶车连接会仙码头至会仙景区的陆路交通）在两江会合口建设"望妹石码头"；

在流河寨两岸改扩建"流河寨码头"和"歌仙码头"（兼顾流河寨两岸的水陆节点）；

对现有"壮古佬码头"适度扩建并进行口岸治理，改下枧桥现有的旅游码头为货运码头。

（二）旅游厕所规划

根据国标《旅游厕所质量等级的划分与评定》（GB/T18973—2003）标准，在旅游集散中心新增四星级旅游厕所 2 座、三星级旅游厕所 2 座。在流河寨新增四星级旅游厕所 2 座，歌仙庙布局四星级旅游厕所 1 座；壮古佬新增四星级旅游厕所 3 座。

所有的旅游厕所在外形设计上造型艺术感要强，全部采用环保材料建设。在建筑风格上，要体现壮族干栏建筑风格，但在功能上又不能拘泥于干栏建筑，将绣球、葫芦以及宜州历史文化作为厕所装饰和厕所文化设计内容。

在厕所排污上，采用开挖化粪池的方式进行排污，不定期清理化粪池，作为农家肥。

（三）旅游解说系统规划

旅游解说服务系统包括交通网络导引解说系统、旅游景区解说系统、接待设施解说系统、出版物解说系统等。

1. 交通网络导引解说系统

将在宜柳高速路重要节点及进入宜州段路口、广州、东莞、深圳、长沙、南宁、柳州、桂林重要人流地段、公路入口处、停车场设立大型的"宜州：三姐故里——流河寨歌圩"（备选：宜州：三姐故里——歌圩流河寨）旅游形象广告和旅游区导游全景图。

道路标识是游客游览的主要向导，它主要设在游览步道或游览线路的分叉中，对游客的游览活动进行引导。各个道路节点、线路上设立导引标识牌，设计中不仅包括文字的规范，字体与颜色的醒目，更重要的是在标识牌上要反映出线路变换、道路路况、其最近旅游点的距离等信息，尽量使游客明了地旅游。

2. 旅游景区解说系统

（1）重新编写一个突出"三姐故里　情歌之乡（备选方案：歌圩故里　山歌之都或歌都宜州　情醉歌圩）"为主题的导游词，包括景点讲解词、旅游购物导购词。导游词要科学、生动、规范，不允许有错别字，要有"中文、古壮文、英文"对照。

（2）在景区内游客必经之地和集中之地建设导游图、导游画册、牌示，在游客服务中心配备录像带、幻灯片、语音解说、资料展示栏等多种表现形式完善解说系统，根据景区景点和游线走向在适当位置设置全景牌示、指路牌示、景点牌示、忠告牌示、服务牌示等。

（3）全景牌示。各旅游景区全景示意图是解说系统和人地感知系统规划设计的重点，设立在入口广场和出口广场处。展示整个旅游景区的总体平面布局结构和景点、道路、服务设施（小卖部、厕所等）及旅游线路的分布。同时，在旅游景区主要旅游线路旁侧沿线，也应该分别设置标明所在位置的导游图，帮助游客快速定位，并获取自己所需的信息。

（4）指路牌示。在旅游景区道路各交叉处和间隔一定距离在道路沿线向游客清晰地、直接地表示出本道路的方向、前方目标、距离、所需旅行时间及目的地的有关信息等。

（5）景点牌示。这类牌示用以说明每个景点的由来、性质、内涵等信息，体现旅游的教育功能，对游客有较强的吸引力，欣赏这些景点是游客游览景区的主要目的，游客也愿意花较多的时间来阅读这类景点牌示。景点牌示是旅游景区解说系统的重点，要将其历史、传说、文化特征、价值等描述清楚。

（6）忠告牌示。告知游客各种安全事项和禁止游客各种不良行为的牌示，用红色字体在各个景点及较为危险地段处设置"游客须知"等告示。游客安全和旅游资源及设施的保护是管理者的最主要任务之一，游客的任何不良行为都可能对旅游景区环境造成危害，应该在这些危险地段设置人性化的忠告牌示。

（7）服务牌示。在主要旅游路径设置各服务设施的导引牌示，包括指向厕所、小卖部、休息亭等牌示。

3. 接待设施解说系统

包括旅游者入住和到访的各类宾馆、旅馆、餐饮设施、旅游购物等场所的解说系统。该类解说系统提供有关接待设施的最新信息，对附设设施的使用方法、位置、预订等配置清晰的说明，同时还应有一些提醒信息，如"小心楼梯""小心地滑""自身财物，慎防遗丢""贵重物品，细心护好"等，体现解说系统的人情化。

4. 出版物解说系统

景区解说系统的印刷、出版物可供旅游者随身携带，它是重要的自助旅游信息支持方式。这些印刷、出版物应内容全面、印刷精美，同时还可利用宣传折叠单、相关报纸、杂志等出版物介绍景区及其周边旅游相关信息，形成出版物解说系统。

5. 导游解说物要求

各功能分区和主要游览线路的导游标识牌要美观、合理，且要与周围的环境协调，标识种类包括导游全景图、景点介绍牌、标识牌等，其内容应细化到各景点之间的距离，在游客中心建立旅游区信息触摸屏。

导游标识的设计在材料上就地取材——竹子、树木、鹅卵石、青石。外形和色彩上要符合景区形象要求，图案精美。同时标注可采用中英文对照以及国际通用符号。

导游标识或景物说明，尽可能不要直接刻印在原石上，以免造成自然景物的损伤。

（四）游客中心规划

游客中心布设在水上地质公园、旅游集散中心、流河寨、望妹石生态农业园、壮古佬、刘三姐旅游集镇各一座。游客中心包括以下内容：

（1）游客中心位置优越、标识醒目、规模恰当，明示免费服务项目。

提供特殊人群服务项目，包括残疾人轮椅、盲道、无障碍设施，老年人使用的拐杖，儿童使用的童车等。

（2）在游客中心内部设置电脑触摸屏，介绍各景点设施及服务。

（3）在游客中心内设置影视介绍系统。

（4）提供游客休息设施。

（5）提供本旅游景区导览宣传资料。

（6）咨询服务人员配备齐全。

（7）提供游程线路图。

（8）明示景区活动节目预告。

（9）提供导游人员明细公示。

（10）提供饮料及纪念品服务。

（五）垃圾处理系统规划

景区垃圾桶造型美观且包含刘三姐文化内容。比如，在垃圾桶外面刻有一些经典山歌或在造型上模仿绣球、壮族铜鼓、葫芦或者壮族人民生产生活的用具／工具等。经过艺术加工后变成具有艺术价值的垃圾桶。

垃圾桶布局要合理，人流密集区域，每500平方米布置一个垃圾桶。

日常垃圾日清日洁，及时运走，并派清洁工及时打扫垃圾卫生。

（六）人性化休闲服务设施及配套服务设施

旅游集散中心需要适当配置医务室和供游客休闲、休息的临江休闲长廊、休息长廊以及一些大树底下的休息长凳、亭廊，适当增加一些小的流动性商业布点。

流河寨在古井旁设置有游客等候区，布置有休息石桌、石凳，并提供有茶水。在刘三姐故居与表演场之间，设计有休闲长廊，提供品茶、宜州小吃、咖啡等，作为游客等候区的服务设施。同时，为方便游客购物邮寄，在流河寨游客中心布置有邮政代办点。并设置有员工更衣室、休息室和员工食堂。

刘三姐歌仙庙前面设计有歌仙广场，广场四周布置有休息的石凳、购物长廊和垃圾桶、厕所等，方便游客休息。

壮古佬休闲服务设施保持现有的不变。

（七）龙江码头－下枧河游客中心的"一票通"设计

游遍宜州"一票通"意义在于：有效整合丰富的旅游资源，刺激消费、拉动内需，最大限度吸引市内外游客，促销宜州刘三姐旅游品牌。根据刘三姐景区旅游发展的实际，"一票通"设计方案为：

1. 旅游"一票通"的方式

景区旅游一票通设计为三套方式：一是针对本地市民的月票、季票和年票；二是针对宜州区周边的柳州、忻城、罗城、河池两市两县的享受市民待遇的月票、季票和年票；三是针对其他游客的"一票通"联程票。其中针对其他游客的"一票通"联程票又分为三种："桂林—柳州—宜州"刘三姐景区一票通联程票、龙江—下枧河—壮古佬刘三姐故里景点一票通联程票和宜州区各个景区景点一票通联程票。

本规划只设计龙江—下枧河—壮古佬刘三姐故里景点一票通联程票方案。

2. 参与一票通的景区景点

参加一票通的景区景点为冯京公园、龙江—下枧河游船船票、流河寨景区（包括歌仙庙）、壮古佬、马山塘新农村景点、下枧河游客中心景点。

其中冯京公园包括宜州博物馆、中国村民自治展示中心为免费景点。

龙江—下枧河游船需购买船票。

流河寨包括歌仙庙及景区需购买门票（不包括购物项目）。

壮古佬包括民俗表演和刘三姐非物质文化展示（免费项目），观看演出需购买门票。

马山塘新农村包括餐饮，其他为免费项目。

下枧河旅游包括刘三姐实景演艺和品茗、宜州美食（观看演出需购买门票）。

3. 一票通实施机构

宜州区旅游局具体负责旅游一票通设计制作、宣传发行、票款使用与管理等具体事务。

4. 销售

由宜州区旅游局授权，在宜州区各旅游景区以及柳州、南宁、桂林和一级目标市场的旅行社、大型超市、星级酒店、旅游集散中心、汽车站、火车站、机场等地设立销售代理机构。销售代理机构须统一悬挂由宜州区旅游局监制的销售点标志牌，未经授权的单位和个人不得销售。

未售完的一票通办理。销售代理机构持现金到宜州区旅游局统一办理。当期未售完的一票通可于每年 12 月 31 日前到宜州区旅游局按原价退票或换新票。

旅游一票通实行统一编号，游客到授权的销售代理机构购买，任何销售代理机构不得擅自提价或降价销售。

5. 旅游一票通的使用

（1）持票人可在有效期内游览实行旅游一票通的景区各一次。旅游一票通仅含景区首道门票和船票、演艺门票，不含讲解、导游、停车、游乐项目、购物、交通工具及其他收费。

（2）旅游一票通实行无记名方式发行，办理后不予退票，丢失不补。

（3）旅游一票通价格中含游客意外保险。

（4）有效期内，若景区票价或管理体制发生变化，旅游"一票通"持有人所享有的权利不受影响。

（5）持票人应保持票面整洁，涂改、撕毁无效。

（6）旅行社使用一票通的，不享受其他奖励政策。

6. 票款的管理与分配

（1）旅游一票通由宜州区旅游局委托宜州区地税局到指定的印刷厂印制，由宜州区地税局负责对旅游"一票通"票款收支情况进行监督。

（2）旅游一票通票款一部分返还景区，一部分用于旅游"一票通"的设计制作、宣传促销、销售代理、设备购置等支出（具体返回由宜州区旅游局与各业主协商后确定）。

（3）宜州区旅游局于每季度末向景区通报票款收入情况，并将票款收入按比例返还景区。综合参考各景区硬件设施、开发投入、门票价格、游客数量等情况，确定按以下方式计算各景区返还数额：返还景区数额＝景区门票价格 × 调整系数 × "一票通" 价格 ×80%÷ 各景区分配参数之和（具体分配参数由宜州区旅游局与各业主协商后确定）。

六、市场营销再突破

（一）旅游营销中心

想要在宜州旅游市场进行突破，首先需要在一级目标市场省会城市以及重要旅游客源城市建立旅游营销中心，派驻营销人员在这些城市负责市场开拓和宣传营销工作。

1.近期建立的营销中心

南宁、桂林、广州、深圳、长沙、北京、上海

2.营销中心运作模式

一是与一级目标市场的知名旅行社合作，如广州的"广之旅"、深圳的"南湖国旅"、上海的"春秋旅行社"、桂林的"桂林国旅"和"和顺旅行社"、北京国旅、长沙国旅，依托这些旅行社营销宜州旅游。

二是派出营销人员，在这些一级目标市场划分片区，负责各个片区的市场营销。

三是营销中心隶属于宜州区旅游局，属于宜州区旅游局的下属企业，按照企业制度进行独立核算，不列入行政事业单位编制，可以从营销中心城市直接聘用或从宜州派遣员工。

3.旅游营销中心的任务

一是负责与一级目标市场的旅行社、旅游代理机构进行合作，负责与合作单位的协调、沟通、票务结算、制订营销方案等工作；二是利用营销中心加强与一级目标市场的外事机构、政府接待机构、企事业工会、社会团体以及各类协会联系沟通，单独开拓入境市场、企事业团队旅游、散客市场；三是负责实施一级目标市场的户外广告、活动营销、票务预订、大客户市场营销等工作；四是扩展和代理销售"一票通"票务以及与目标市场的汽车站、

机场、学校、火车站、大型超市等人流量集中场所机构联系，沟通代销"一票通"事宜。

（二）营销推广

——按照本规划方案，着重打造刘三姐山歌爱情文化主题，推广"三姐故里，情歌之乡；歌仙故里，爱情之旅；三姐故里，情醉歌圩；歌仙故里，山歌之都；歌都宜州，寻爱之旅"。

——联合桂林、柳州，推广"寻找刘三姐"之旅。

——联合国家民委和广西民委，推广刘三姐文化精神就是壮族的"机智、勇敢、善良、开放"的民族精神学术论坛；

——继续举办"刘三姐国际山歌文化节"，利用山歌作为主题，推广"山歌之都"。

——申报刘三姐文化为世界文化遗产，利用"申遗"推广宜州刘三姐歌源品牌。

——与"世纪佳缘""珍爱网""江苏卫视'非诚勿扰'"等著名的婚庆企业单位联系合作，规划世界性的"相亲""集体婚礼""定情物设计大赛""情歌歌王歌后"国际大赛、"爱情宣言"大赛等以爱情为主题的营销活动，推广爱神刘三姐旅游形象。

——网络营销。聘请网络推手从微博、博客、网络事件评述等方式进行营销。聘请网络达人、驴友、自由撰稿人等免费体验宜州刘三姐故里景区产品，然后利用网络平台发布以"猎艳、探秘、探奇、爱之体验……"等主题的网络营销。

——免费营销。免费营销主要是通过以折扣、赠送、补偿代替等方式进行营销，比如：发放免费景区门票给推手，让他们在游玩过程中发表相关博文、微博等进行营销。对在同一条旅游线路上的一些景点免费加点，购买到一定量的旅游产品后免费增加礼物或者景点等。利用免费营销，可以扩大景区的影响力，起到以最小的成本取得最大的营销效果的目的。

第三节　流河寨景区提升改造建设项目

一、流河寨景区提升改造建设主题："情醉歌圩"

流河寨提升改造围绕着"情醉歌圩"这一主题来进行改造。歌圩是壮族男女倚歌择偶的场所和刘三姐山歌爱情文化的符号，也是刘三姐传歌场所，因此，流河寨的提升改造紧紧围绕着这一主题展开与建设。

二、流河寨景区提升改造的基本思路

流河寨作为刘三姐山歌爱情文化的重要载体，根据"能留则留、增加内涵、扩大外延、动静结合、突出主题、合理布局"的原则，按照以下思路进行提升改造：

（一）对已有建筑的提升改造基本思路

规划保留现在的寨门、歌圩表演场、刘三姐文化展示馆（即现在废弃的餐厅）、刘三姐故居、新建的休闲茶楼及休闲亭，但必须对这些原有的建筑设施进行外观及立面修缮改造，突显壮族建筑风格。改造建设后作为迎宾表演场、刘三姐文化展示馆、景区办公楼和歌王赛封王大典仪式场所、旅游厕所等，以满足旅游项目功能需要。同时，保留藤缠树（定情树）、古树等景观。

同时，对现在的工艺作坊房、媒婆屋、阿牛房、刘二家等破旧建筑进行拆除，重新设计作为游客中心（内设医务室）、定情物作坊和仙泉井（古井）景观、游客休息小广场等设施。改造现在的山歌文化墙为爱情墙。

扩建流河寨码头，新建歌仙庙和歌圩对歌台、仙缘桥、踏歌栈道。

（二）人性化服务设施提升改造思路

按照国家5A级旅游景区建设的标准，个性化服务设施是国家5A级旅游景区所必需的，流河寨在增强文化内涵的同时，对以人为本的个性化服务设施进行充分考虑，基本思路是在歌仙庙前布局歌仙广场和游客休闲的长廊、石凳石桌，供游客和当地市民搞活动、休息、购物，并设计四星级旅游厕所。而在现在废弃的餐厅靠近下枧河岸（仙缘桥桥头旁）也设计四星级旅游厕所；考虑到有些游客不购物或参加旅游活动，因此，规划在现在的刘二家（古井）一带布设休闲小广场，广场上有遮阴的大树及休闲的石桌石凳，作为等候区和游客休闲区。并将媒婆屋后面设计为四星级厕所，保留现在刘三姐故居与表演场旁新建的休闲茶楼，适当增加休闲桌椅，供游客品茗、喝咖啡、吃宜州小吃。

同时，根据"以空间换时间"的规划理念，重新布局项目，设计环线旅游线路，避免游客走回头路，方便景区管理，流河寨内各个步道交叉口及各个建筑、步道、旅游点中均布局有醒目的指示牌、导游牌和警示牌，保障游客不迷路，避免游客走错路。

三、流河寨景区提升改造建设项目

（一）码头区提升改造

1. 码头改造

现在的码头较小，满足不了游船停泊的需要，拟以现在的码头岸线的基础上，外河外延伸6米，两侧适当扩展至18米。提升改造的码头采取50米岸线斜坡踏步式设计。改造的码头总面积为108平方米。

系船环材料可采用铸钢或热轧热弯钢筋，并进行抗拉、抗剪强度验算及锚栓直径和锚固长度计算。系船环宜卧入码头顶面、直立墙面或坡面内。

2. "流河寨"摩崖石刻

为增加流河寨景区的文化内容，供游客照相留影，在码头旁的山崖处雕刻"流河寨"三个红色大字，每个字占地0.72平方米。这三个大字需请著名的书法家书写，然后刻上去，作为流河寨的文化景观之一。

（二）迎宾广场提升改造

迎宾广场现在保存得比较好，主要是对迎宾广场的基柱进行油漆翻新，并对屋顶进行加固即可。

同时，为了渲染迎宾氛围，在迎宾广场的左侧布局4个立地大铜鼓和4面大铜锣。锣鼓均是具有壮族雷纹、蚂拐耳等传统壮族特色的锣鼓。铜鼓高

0.8 米、直径 1.6 米，锣直径 2 米。

迎宾广场四周用红灯笼、瓦顶用葫芦、内部用绣球作为装饰，突出吉祥喜庆及爱情文化特色氛围。

在迎宾广场四周的柱子上悬挂着经典山歌：

"打个哨子弯又弯，哨子惊动那边山；

哨子惊动过路伴，问你想唱不想唱。

下枧河两岸坡对坡，扁担两头箩对箩；

今日有缘来相会，有缘相会就唱歌。"

山歌楹联用古色毛竹片刻写，每块楹联匾宽 0.48 米，高 2.6 米，用隶书撰写，字体深黑色。

（三）踏歌栈道建设

从表演场直接修建一条竹栈道桥到现在废弃餐厅这边。并命名为"踏歌栈道"。踏歌栈道长 17.4 米，宽 2.2 米。栈道两侧设计有仿竹生态水泥柱，在水泥柱和竹栈道上面刻写着一些调侃的、逗笑、带有方言的爱情山歌。如：

"山歌好唱乐悠悠，手纺棉花开歌喉。

一日三餐歌下饭，夜晚睡觉歌垫头。

出门用歌来走路，睡觉用歌当床铺；

交亲用歌当彩礼，过年用歌来杀猪。"

"刘三姐，本实贤，插尽南山九峒田；

走到田头企一企，禾根直直行行连。"

（歌中"企一企"是粤语，即站一站）。

"夜夜爱涯牵入房，唔知是仔正是郎。"

"手拿棒腿眼望郎，只怨棒糙不怨郎。"

"想娶老婆又无钱、阿妈摇头又一年。"

"想讨老婆没有钱，妈讲一年又一年。"

"鸭嘴不比鸡嘴尖，哥嘴不比妹嘴甜；

几时讨得甜嘴妹，煮菜不用放油盐。"

"改革开放三十年，妹拿麻袋来装钱；

杀只凤凰过十五，劁条老虎来过年。"

"年纪老点妹莫怕，有胡之人会当家；

若是同妹亲个嘴，好过上街买牙刷。"

（四）对歌台建设

在现在废弃的餐厅前面设计两个半露天对歌台，对歌台设计为亭子风格，台上设计茅草顶（先用水泥做好亭顶，再布设茅草或其他瓦或树皮作为亭顶），对歌台离地高 1.2 米，呈长方形，长 2.5 米，宽 1.8 米，四周设计有仿生态水泥柱作为护栏，基座用青砖垒砌，中间用泥土填充。在对歌台上设置有固定的无线电话筒，供游客对歌使用。

（五）刘三姐文化展示馆建设（原废弃餐厅的一楼改造）

废弃的餐厅通过立面翻新和修缮加固，二楼作为景区办公室，并于二楼"7"形的走廊上单独划出两个各 2 平方米的对歌台，供"阿牛哥和刘三姐"站在上面与下面的游客对歌用。

一楼作为"刘三姐山歌爱情文化"品牌之旅展示长廊，展示长廊有两大块内容构成，既"刘三姐文化展示区"和"壮族歌圩歌节视频区"，从视觉、听觉上全面了解壮族独特的"倚歌择偶、不落夫家"的爱情文化。

——刘三姐文化展示区

刘三姐文化展示区由"歌源、歌声、歌祖、歌仙、歌圩、歌谣、歌魂"七大块石刻展板组成。展板内容分别为：

1. 歌源展板及情景布设

歌源：山歌为什么诞生在宜州？宜州及其周边地区自古生活着壮族先民——百越民族的几个分支族群，这些壮族的先民主要居住在宜州的山洞里或山洞周边。他们最开始是在岩洞里聚众唱歌的，以打发采集、狩猎回来后待岩洞中的漫长寂寞时光，因为他们都是在山坡或山洞里唱歌，因此，叫作山歌。可见，宜州的壮族山歌已经有几千年的历史了。

情景图片：宜州古壮人狩猎唱山歌油画图。

2. 歌声展板及情景布设

歌声：从岩居穴处时代开始，壮族人民的歌声就没有断过。人们从小到大、从老到死、从生活生产到人际交往、从择偶婚配到愉悦身心、从巫蛊祭祀到记录历史等，无事不歌、无处不歌。可以说，壮族人民的一生就是以歌为伍、以歌为伴的一生。壮族人民在生产生活中，时时事事都离不开歌，他们以歌代言、以歌交友、以歌传情、以歌为媒，歌声飘扬在青山绿水间、峒溪旷野上、田间阡陌中、屋宇火塘边。

情景图片：小孩学歌、青年唱歌、老年教歌图。

3. 歌祖展板及情景布设

歌祖：民族文化的交流造就了歌祖刘三姐。宜州是广西受汉文化影响较早的区域，宜州境内先秦时期为百越属地，自汉武帝元鼎六年（前111年）设定周县，为宜州正式建置之始。自唐贞观四年（630年）起，这里又是历代州、郡、府、路治所和专区驻地，因此，从秦代开始，宜州陆续有中原汉族迁徙定于此，中原汉族文化与宜州的壮族文化不断交流融合，造就了歌祖刘三姐。刘三姐作为民族文化交流融合的象征就是在这样的背景下诞生的，她的诞生得到了壮汉以及瑶族、仫佬族等少数民族的认同，大家都认同刘三姐作为本民族的歌祖，这就是宜州乃至广西为什么是刘三姐的故乡的缘故。

情景布设：在展板前阵列有关刘三姐相关的研究成果（书籍、图画等）。

4. 歌仙展板及情景布设

歌仙：在广西乃至广东有许多刘三姐骑鱼升仙，化石成仙的传说故事。这些传说表现了壮族人民的敬仙、慕仙的心理。神仙在仙境而非凡尘，在大自然的山水之间。壮族人民喜欢仙境，向往仙境，因此歌圩选择在优美的山水之间。化石、成仙的故事表现了壮族人民的美好愿望：希望他们的三姐永垂不朽，化石使后人世世代代都可以看见她；而成仙就赋予她永恒的生命和美好的理想———神仙是长生不老的，是无所不能的，又是通人性的，是有求必应的，是造福百姓的。因此，刘三姐死后就被民间当作神仙祭拜了。

情景图片：宜州各地的歌仙庙、歌仙堂等祭祀刘三姐的实景图片。

5. 歌圩展板及情景布设

歌圩：它历史悠久，源远流长，萌芽于氏族社会时期，形成于唐代，在宋代得到发展，兴盛于明清时期。宜州壮族是古百越民族的后裔，自古以善于歌唱而著称：在宜州地区，传统上基本都有歌圩，歌圩是壮族群众在特定的时间、地点里举行的节日性聚会唱歌活动，壮语称为"圩欢""圩逢""笼峒""窝坡"等。一般来说，举办歌圩的时间主要在春秋两季：春季歌圩以三四月间为最盛，尤以农历三月初三最多；秋季歌圩集中于八、九月份，尤以中秋节为多。歌圩的举办地点各地不尽相同，但每个歌圩一般都在一个相对固定的地方举行。最早的壮族歌圩源于氏族部落时代的祭祀活动，后来逐步演变为青年男女唱歌择偶的场所。

情景布设：以宜州三月三歌圩节为蓝本，设计一个宜州歌圩情景沙盘，沙盘长 2 米，宽 1.5 米，底座高 1.2 米。

6. 歌谣展板及情景设置

歌谣：刘三姐歌谣是流传于广西壮乡的宜州、柳州、桂林等岭南一带的民间山歌、歌谣的总称。刘三姐歌谣大体分为生活歌、生产歌、爱情歌、仪式歌、谜语歌、故事歌及创世古歌七大类，它具有以歌代言的诗性特点和鲜明的民族性，传承比较完整，传播广泛。刘三姐歌谣在全国乃至全世界都产生了深远的影响，它不仅具有见证民族历史和情感表述方式的文化史研究价值，还具有民族学、人类学、社会学、美学等方面的研究价值。2006 年 5 月 20 日，刘三姐歌谣经国务院批准列入第一批国家级非物质文化遗产名录。

情景布设：将宜州民间歌本收集陈列在展板前。

7. 歌谣展板及情景布设

歌魂：刘三姐的歌魂实质就是情歌。壮族是一个开放的民族，青年男女自古至今都是通过倚歌择偶，自由恋爱的。倚歌择配就是通过山歌对唱来选择恋爱对象，一般需要经过下列对唱阶段：

（1）游歌（沿路歌）：为引起对方注意而即兴唱的一些与赶歌圩有关的山歌。

（2）见面歌（初会歌）：一般是相互问候，互通姓名、住地，并相互谦恭赞许。

（3）求歌：即请求与对方正式对歌。

（4）和歌（接歌）：被邀请的一方，对唱"求歌"者开始唱答。

（5）盘歌：即一般的对歌、双方相互盘问唱答，考察对方的聪明才智，以增进相互了解和初结情谊。

（6）相交歌（甜歌）：这是男女之间彼此倾心、相互爱慕，为抒发情怀、披露心声而唱的"甜蜜之歌"，是双方交结情谊的一种标志，有初交歌、深交歌之分。

（7）信歌（定情歌、赠物歌）：是男女互赠信物，以表示确定关系、结缔姻缘所唱的歌。

（8）思歌（念情歌、相思歌）：恋人在"定情"之后或"会情"之时。常以各种"思歌"抒发思恋的情怀，诉说相思的衷肠。

（9）离别歌（别歌、相送歌）：对歌将结束时，男女双方难分难舍而对唱的山歌。

（10）约歌（约定歌、约会歌）：约定下次歌圩再见面的歌。

情景布设：用流程图方式布局文字内容。增加宜州壮族男女对歌图片。

——"壮族歌圩歌节视频区"

通过设置投影仪，将宜州、武鸣、田阳、田东等地"歌圩对歌择偶""嘹歌洞对歌择偶""歌王大赛"等经典片段，经过剪辑后投放，让游客深刻了解到保存至今的原生态刘三姐歌圩文化还传承着，增强游客对刘三姐文化的认同感。

"歌圩歌节视频"文字脚本："壮族山歌历史久远，它萌芽于原始社会岩洞穴居时代，因此，山歌又有山岩洞之歌、田峒之歌等名称，现在田东、田阳、武鸣等广大壮族地区还保留着在岩洞聚会唱山歌的习俗；到了唐代，壮族山歌更加兴盛，出现了专门唱情歌择偶的歌圩或歌会，在歌仙刘三姐的传歌下，山歌成为壮族人民文化娱乐和倚歌择偶的精神食粮，'如今广西成歌海，都是三姐亲口传'，在宜州及广西每年都举办各类山歌比赛，极大地传承了山歌优秀文化"。

（六）山歌文化墙改造

1. 爱情墙

山歌文化墙改造为"爱情墙"（爱的誓言墙）拟将其提高到 2.5 米，在墙顶加盖斜坡瓦顶，瓦顶向两边延伸 0.7 米，用来遮风挡雨。

墙上用壮语、英语、汉语三种语言书写"这是我的爱情宣言"八个玫瑰色大字。空白处设计不同的爱情宣言砖墙，供游客书写或粘贴自己的爱情宣言。

2. 爱亭

在"爱情墙"墙入口处（刘三姐爱情文化展示长廊的尽头）设计有一个木亭，木亭为圆形，面积为 8 平方米，高 2.8 米，瓦顶，木结构，并命名为"爱亭"，专门出售由不同民族文字和外语书写的爱情格言贴画，或者是设计精美的留有空白处供游客书写爱情宣言的贴纸，供游客选择购买，增加景区收入。

（七）作坊房、媒婆屋、刘二家、阿牛宅院等地段的改造

1. 游客中心

规划将这些建筑全部拆除，将工艺作坊拆除后设计为一个具有 320 平方米的一层干栏式建筑，木结构，灰瓦顶，长为 16 米，宽 10 米。游客中心内布设有医务室和咨询台、景区宣传片影视厅、游客休息室、导游休息室、便民服务等免费服务项目。

2. 定情物作坊

从媒婆屋至古井这一带的建筑拆除后，改造作为荟萃世界各地的定情物作坊长廊，根据地形，作坊呈"S"形布置，一层，宽 6 米，总长 18 米，木瓦结构，分为普通材质的定情物作坊区和金属及陶器材质的定情物作坊区两部分。

根据世界各地具有代表性的定情物，做好模具，准备好各类语言的爱情格言、宣言，供游客自选和 DIY。

这里设计有少数民族定情物作坊区、东南亚国家定情物作坊区、西方国家定情物作坊区和古代定情物作坊区。每个作坊区均有师傅（聘请河池学院或其他高校的艺术系学生作为艺术指导师傅，既解决技术人员问题，也可作为学习的实习实训基地，节约人力资源成本）指导游客动手做自己想要的定情物，定情物制作的模具事先做好，游客根据自己的要求按照模具制作即可。定情物的制作方式包括拓片、雕刻品、书写品、定型制作等，材质包括泥陶、玻璃、木雕、竹雕、宣纸拓片、银质品、铜质品等，以满足不同游客的需要。

（八）古井的改造

1. 古井改造

古井改造命名为"仙泉井"，改造成为具有复古色彩的古井。以古井为中

心，向外延伸 3 米，全部铺设旧石板，同时，用旧石板设计三块各高 1.1 米至 1.5 米，厚 0.35 米，宽 6 米的浮雕，浮雕四周刻画着绣球、鲤鱼等图案，浮雕中间有反映刘三姐心地善良，用井水治好别人疾病的事迹，内容分别为：刘三姐打井水治疗草鞋妈妈眼瞎图、刘三姐用井水帮穷人治疗疾病图以及古人祭祀刘三姐救死扶伤图。同时，设计有一个四柱的石牌门坊，作为古井的门坊。四排石柱上分别用行草书法写着对联：

"上联：一眼古井传天下　下联：三姐仙迹留万世；上联：仙泉玉液，造就歌仙刘三姐；流河歌圩，陶醉天下有情人。"

门坊坊额用古篆字书写"仙泉井"。

2. 八角仿古亭与井水出售

在古井旁，设计一个仿古的八角石柱亭，八角亭面积为 12 平方米，高 2.8 米，八条石柱上用隶属黑体字刻着山歌：

"三姐出生在宜州，仙泉井水润歌喉；

歌声飞去千万里，传遍天下十二州。

三姐去了歌还留，山歌不断传千秋；

竹林年年标新笋，歌手代代都风流。"

八角亭借助刘三姐与古井的传说，设计作为出售古井"仙泉琼液"和用井水泡茶出售茶水的场所，增加景区收入。

3. 古井与刘三姐故事新编

故事脚本：流河寨的古井流传着很多与刘三姐相关的故事，据说刘三姐歌喉特别好、出口成歌、长得特别漂亮和后来羽化成仙，都是因为常年喝这口井中的仙泉水的缘故。

民间传说，刘三姐不但是能歌善唱的壮家姑娘，而且是心地善良、慈悲为怀的人。据说，刘三姐非常喜爱红鲤鱼。有一次，三姐到下枧河捕鱼，看到一群红鲤鱼向她游来，其中有一条大鲤鱼脊背上负了重伤，奄奄一息，刘三姐忙着将其救起，带回家，打上自家的井水，放在水缸里饲养，没过几天，鲤鱼的伤就好了。刘三姐把鲤鱼放回了下枧河，后来，刘三姐被财主莫老爷迫害，坠崖落入下枧河，据说是红鲤鱼驮着刘三姐向柳州游去，得到了老渔农的救治。刘三姐在柳州传歌化仙后，红鲤鱼再次驮着刘三姐奔向了仙界。

刘三姐还特别同情穷人，无论哪家的娃子病了或者哪位大爷大娘病了，刘三姐就会上山找药，用自家的井水熬药送给他们，说来也奇怪，不管是什么病，只要用了刘三姐家的井水熬的药，只要喝一次就好；据说，刘三姐出口成歌、美丽动人也是常年喝自家井水的缘故；于是一传十，十传百，方圆几百里的乡亲都知道刘三姐家的古井有着神奇的功能，不仅能够治病，而且喝了井水个个都长得落落大方、楚楚动人，而且都会唱甜蜜的山歌。当时，凡是喝了刘三姐家的井水的人，唱歌都唱得特别好。这事传到了财主莫老爷那里，莫老爷便请当时有名的陶、李、罗几个秀才与刘三姐及众乡亲对山歌。哪知，饱读诗书的三个秀才被刘三姐及众乡亲对得哑口无言、气急败坏、落荒而逃。后来，财主霸占了这口井，迫害刘三姐离开了流河寨。

至今，这井水还长年不断，甘甜清凉。

（九）旅游厕所改造与新建

规划将现在的媒婆旁、歌仙桥桥头与刘三姐文化展示馆之间，按照《旅游厕所质量等级的划分与评定》（GB/T 18973-2003）四星级厕所标准进行设计改造和新建。

厕所建筑面积为108平方米，男女厕所建筑面积比例4:6，室内高度为3.8米，设置有盲人道、自动感应门、残疾人专用蹲位、女厕所内设婴儿床或婴儿椅等。厕所内布局有反映宜州历史的图画，主要包括冯京、黄庭坚、朱允炆、李文琰、石达开、冯俊、蓝祥等历史人物故事，以增强厕所的文化内容，体现地方特色。

厕所内部建筑材质为青砖灰瓦，内部高级瓷砖贴面。排污采用开挖化粪池方式进行处理。

（十）刘三姐故居提升

刘三姐故居现有的建筑及摆设内容保持不变。

增加歌王歌后封王台，布局在刘三姐故居厨房旁，朝向表演场。封王台高2米，四周有仿生态水泥柱栏杆护卫，封王台上设置一个"龙椅"，龙椅用铜铸造，镏金。龙椅上竖着一把龙帘，既能遮风挡雨，又可作为装饰。封王台为正方形，长宽均为2.5米，设计有台阶登上，封王台后面为壮锦装饰，中间刻有"王"字。

（十一）休闲长廊及休息亭的提升

布局在刘三姐故居与表演场之间的休闲长廊及休息厅保持不变。为游客休闲、品茶、喝咖啡和吃宜州小吃场所。

（十二）景观设计与建设

1. 刘三姐砍柴、捕鱼晒网雕塑景观

在"爱情墙"前面的空地上布置刘三姐砍柴和捕鱼晒网雕塑景观，以反映刘三姐的生活情景。

雕塑用花岗岩或汉白玉雕刻而成，像高 1.68 米。

2. 保留现在的树缠藤、龙眼古树、竹林景观

3. 绣球小广场

在仙泉井与定情物作坊之间（即现在的刘二哥宅院）设计为绣球小广场，小广场中间设计一个用树脂制作的大绣球，绣球直径 3 米，绣球四周放置桌椅和石桌石凳，供游客等候休息用。

4. 红鲤鱼小鱼塘

在刘三姐故居的小水池处，设计约 12 平方米的鹅卵石铺垫的红鲤鱼小鱼塘，放养一些红鲤鱼，寓意"刘三姐生前非常喜爱红鲤鱼，后来骑鲤鱼升仙"这一文化内涵。

红鲤鱼小鱼塘旁用大石块刻有"红鲤鱼与刘三姐的故事"石刻。石刻内容为：据说刘三姐生前非常喜爱红鲤鱼，有一天，在下枧河捕鱼的时候看到一群红鲤鱼托着一条大红鲤鱼向刘三姐游过来，原来大红鲤鱼已经受伤、奄奄一息了，刘三姐赶忙捧着大红鲤鱼回家用自家井水饲养疗伤，没过几天，大红鲤鱼伤好了，于是刘三姐依依不舍地把大红鲤鱼放回了下枧河。原来，这条大红鲤鱼是从龙门摔下来受伤的，它是龙王的三太子。为了报答刘三姐的救命之恩，在刘三姐受到财主莫老爷迫害被推下下枧河的时候，大红鲤鱼就救起了刘三姐，并将她带到自己的家——柳州鱼峰山下疗伤。后来，刘三姐就留在柳州传歌，优美的歌声传到天庭，玉皇大帝下旨请刘三姐上天庭唱歌，大红鲤鱼再次驮着刘三姐上天升仙去了。

4. 刘三姐文化墙

在刘三姐文化馆与爱情墙之间的原"山歌文化墙"改造为"刘三姐文化

墙"。刘三姐文化墙采取浮雕方式进行设计，内容由三幅浮雕墙构成，分别为"刘三姐出生在宜州下枧河""刘三姐传歌羽化在柳州""刘三姐传播成名在桂林"。

刘三姐出生在宜州下枧河浮雕画面为下枧河、流河寨以及刘三姐、刘二哥捕鱼、砍柴为生的生活场景。

刘三姐传歌羽化在柳州浮雕画面为鱼峰山、刘三姐骑鱼羽化。

刘三姐传播成名在桂林浮雕画面为桂林山水、刘三姐在漓江上与阿牛哥唱着山歌谈恋爱。

（十三）指示牌设计与建设

1. 全景导游指示牌

全景导游指示牌设计为 5 块，分别布置在表演场入口前、歌仙庙入口处和出口处、绣球小广场和刘三姐故居前。

全景指示牌用木材质设计，用两条铁柱固定，牌示顶端用"人"型小瓦顶遮风挡雨。全景指示牌主要放置景区全景导游图，在导游图中用显眼的箭头标注当前位置，并写上"您现在所处的位置"。指示牌长宽分别为 1.1 米和 0.8 米。

2. 指路指示牌

指路指示牌用单木板设计成为"刘三姐用手指向路的方向"，手上的橱窗用玫瑰色隶书或楷书写着"仙缘桥，**** 米""歌仙庙，*** 米""前方移步为 爱情墙""距离此处 **** 米处为刘三姐故居""爱情墙出口""定情物作坊出口"等 7 块。指路指示牌立高 1.6 米，指示牌长宽分别为 0.8 米和 0.4 米。

指路指示牌采取中英文对照文字标识书写，使用的符号符合（GB/T 10001.1-2000)《标志用公共信息图形符号》第一部分：通用符号（GB/T 10001.1-2000，ISO7001：1990）。

3. 忠告指示牌

忠告牌指示主要是布局在表演场、歌仙庙、对歌台、定情物作坊、刘三姐故居、休闲长廊、游客中心这 7 处人流量集中的地方。忠告牌采取悬挂的方式挂在显眼之处。每块忠告牌宽为 0.5 米，长 0.9 米，毛竹材料制成。上面用楷书红色字写作"此处人流集中，请小心保管好自身物品""贵重物品，留意保管"。

忠告指示牌采取中英文对照文字标识书写，使用的符号符合（GB/T 10001.1-2000）《标志用公共信息图形符号》第一部分：通用符号（GB/T 10001.1-2000，ISO7001：1990）。

4. 警示指示牌

警示指示牌主要包括劝导游客请勿践踏植物、注意卫生、注意行路安全以及小心火灾等。警示指示牌由竹块或木块、铜板制作，每块宽 0.4 米，长 0.8 米。上面用玫瑰色隶书或楷书写着"叶为德者绿，花为善者开""生命常绿，请勿践踏""小心过桥""请到吸烟区吸烟""吸烟有害别人健康""这里的空气很清新，请勿吸烟污染""歌仙不喜欢随地扔垃圾者""文明举止，歌仙一目了然""下枧河河水很清，但很深，请勿戏水""请走正道，勿要另辟蹊径""仙泉琼瑶，纯净无邪，害怕杂物""香火有缘、火情无价""一木一草皆绿意，一言一行见文明""小草青青，脚下留情""手下留情，草木长青"等。

警示指示牌采取中英文对照文字标识书写，使用的符号符合（GB/T 10001.1-2000）《标志用公共信息图形符号》第一部分：通用符号（GB/T 10001.1-2000，ISO7001：1990）。

5. 解说牌

各个景点的解说牌，用鹅卵石或青石板石刻作为刻画。具体内容见各个景点导游词简介。

解说牌采取中英文对照文字标识书写，使用的符号符合（GB/T 10001.1-2000）《标志用公共信息图形符号》第一部分：通用符号（GB/T 10001.1-2000，ISO7001：1990）。

（十四）工程造价估算

1. 估算依据

（1）建筑安装工程投资。参照广西现行的建筑工程预算定额，并结合本地已建成的类似项目投资标准和项目的实际情况进行估算。

（2）道路建设工程投资。参照交通部 1996 年颁布的《公路基本建设工程投资估算编制办法》和《公路工程估算指标》，结合河池市近年来建设同等景区游道的造价指标确定。

（3）供电、通讯、给排水等工程投资。参照国家相关行业的投资估算编制办法，并结合当地实际造价指标进行估算。

（4）有关设备、材料等价格按《河池建设工程造价信息》（2011年第12期）公布的价格，信息价上没有的按市场询价计取。

（5）其他工程费用。勘测设计费按《计价格〔2002〕10号》有关规定计算，工程监理费按《发改价格〔2007〕670号》有关规定计算，建设单位管理费按《财建〔2002〕394号》有关规定计算，工程招标费按《计价格〔2002〕1980号》有关规定计算。

（6）材料价格按广西造价网公布的价格信息作为参考。

2. 工程估算

流河寨景区改造总投资估算为309.7776万元。其中旅游项目投资14项，投资额为228.56万元；旅游基础设施、服务及其配套设施投资5项，投资额为56.782万元；园林景观项目4项，投资额为22.4056万元；解说系统5项，投资额为2.03万元（见表6-5）。

表6-5　项目投资估算表

		项目名称	规模	单价（元）	投资总额（万元）	备注
旅游项目	1	游客中心	320m²	2100	67.2	木瓦结构
	2	爱亭	8m²	1100	0.88	木结构
	3	山歌文化墙改造	55m²	680	3.74	混凝土
	4	绣球小广场	28m²	2300	6.44	大理石铺设
	5	刘三姐山歌爱情文化展示长廊	132m²	5500	72.6	包括多媒体设备和塑像
	6	废弃餐厅的改造	335m²	380	12.73	立面修缮及维修
	7	对歌台	5.4m³	1800	0.972	混凝土
	8	鼓	4	5000	2	铜质
	9	锣	4	2800	1.12	铜质
	10	定情物作坊长廊	108m²	3800	41.04	木瓦结构
	11	古井改造	81m²	900	7.29	大理石

续表

	项目名称	规模	单价（元）	投资总额（万元）	备注
旅游项目	12 八角仿古亭	12m²	1570	1.884	大理石
	13 封王台	12.5m³	3200	4	混凝土，包括封王仪式道具及龙椅
	14 表演场提升改造	228	380	6.664	立面修缮及维修
	小计			228.56	
设施项目	1 码头	48m²	1500	7.2	包括系船附属设施
	2 踏歌栈道	长17.4m	3800	6.612	竹木结构，宽2.2m
	3 园区生态步道改造	590m	250	14.75	加固护边，路面防滑
	4 四星级厕所	108m²	2150	23.22	砖瓦结构
	5 休闲设施	一批	50000	5	添加石桌石凳
	小计			56.782	
景观项目	1 "情醉歌圩"大型广告牌	30m²	1780	5.34	钢板结构
	2 "刘三姐的家——流河寨"摩崖石刻	5.76m²	600	0.3456	
	3 刘三姐砍柴、捕鱼晒网雕塑	2尊	80000	16	花岗岩
	4 红鲤鱼小鱼塘	12m²	600	0.72	鹅卵石
	小计			22.4056	
指示牌项目	1 全景导游指示牌	5块	300	0.15	木质
	2 忠告指示牌	10块	120	0.12	毛竹材质
	3 警示指示牌	12块	180	0.216	竹木材质
	4 景点解说牌	5块	2800	1.4	鹅卵石
	5 指路指示牌	8块	180	0.144	竹木材质
	小计			2.03	
合计				309.7776	
备注	上述投资估算不包括设计费、人工费、税金、运输费、监理费、不可预测费、设备费等杂费，仅是项目成本费				

第四节　仙缘桥、歌仙庙（马鞍山）建设项目

一、仙缘桥建设方案

（一）名称：仙缘桥

名称含义："前世姻缘天注定"，走过仙缘桥，寻找歌仙赐缘，求得在倚歌择偶中歌压群芳，找到自己心仪的人。因在流河寨对面设计有纪念壮族歌圩和（刘三姐）爱神的"歌仙庙"，因此，为了配合歌仙庙文化建设，特将桥的名称命名为"仙缘桥"。

（二）桥的功能与设计方案（方案一）

1. 功能：旅游景观步行桥

2. 设计参数

为保证步行桥的轻盈、舒展，体现"踏歌起舞"意境，确定采用拉索铁索结构，有如竖琴的形态体现了对琴瑟合璧的设计创意。桥由 12 根大铁索并铺拉伸固定于桥两头而成，上面铺设木板固定。两侧设计有拉索护栏，拉索用麻绳包裹，防滑。

设计具体参数要求根据勘察后依据《钢结构设计规范》（GB50017-2003）来设计。

桥全长 42 米，宽 2.2 米，桥两头设计有固定的拉索基柱。

3. 仙缘桥门坊与石刻

在仙缘桥桥头设计一个门坊作为仙缘桥入口，门坊由四根高 3.6 米柱子和宽 2.2 米横梁支撑构成，上面为"人"字形瓦顶，用行草字体写"仙缘桥"三个大红字，大理石结构。供游客照相和点缀景观用。

在门坊旁设计一个爱情经典格言"在天愿作比翼鸟，在地愿为连理枝"，并篆刻一个落款印章。用红色草书书写。

4. 六角亭

桥的两端各设计一个 6 平方米的重檐六角亭，灰瓦木结构，六角亭四周

布置有休息石条，供游客休息，欣赏下枧河风光。

5. 工程造价

仙缘桥总投资估算为 101.16 万元。其中建筑项目投资 2 项，投资额为 3.4 万元；桥梁投资额为 95.76 万元；石刻投资额为 2 万元，具体见表6-6。

表6-6　仙缘桥建设项目投资估算表

项目名称			规模	单价（元）	投资总额（万元）	备注
建筑	1	六角亭	12m²	1800	2.16	木瓦结构
	2	门坊	7.92m²	1570	1.24	大理石
桥梁	1	桥梁	42m	22800	95.76	钢铁
石刻	1	石刻	1块	20000	2	花岗岩
合计					101.16	
备注	上述投资估算不包括设计费、人工费、税金、运输费、监理费、不可预测费、设备费等杂费，仅是项目成本费					

（三）桥的功能与设计方案（方案二）

1. 功能：景观与步行两用桥

2. 设计参数

将景观桥设计成壮族的风雨桥，桥为两层，一层为步行，两侧有休憩长廊，全部镂空；二层为休闲品茗、喝茶和观景用，休闲吧外部两侧设计为观景长廊（走廊）。

桥全长42米，宽5.8米，挑高6.2米，其中一楼挑高3.2米，二楼挑高3米。

桥身根据壮族干栏建筑的风格进行设计，突出干栏建筑的挑高、扶手、支撑和悬挂等结构特点，瓦顶不挑起。

桥入口设计为壮族干栏建筑的偏房风格，并在偏房（入口正中央）设计紫红字体的"仙缘桥"匾额。

桥梁基座用钢筋水泥作为建筑支撑物。

3. 工程造价

仙缘桥总投资估算为746.62万元。其中桥梁基座项目投资 1 项，投资额为14.7万元；桥梁投资额为573.92万元；其他投资额为158万元（见表6-7）。

表6-7　仙缘桥建设项目投资估算表

	项目名称	规模	单价（元）	投资总额（万元）	备注
1	桥梁	1510.32m³	3800	573.92	木瓦结构
2	桥梁基座	42m	3500	14.7	钢筋水泥
3	设计费等其他费用			158	环评、设计、勘察、科研等费用
合计				746.62	

二、歌仙庙（马鞍山）建设方案

（一）选址

歌仙庙选择在马鞍山半山腰中，面朝下枧河下游，极目远眺，下枧河喀斯特田园风光一览无余，尽收眼底。

（二）主题

基于歌仙庙是为了纪念歌仙刘三姐及开发旅游所用，没有必要完全按照宗教的寺庙规制进行设计，因而，歌仙庙在主题定位上主要是展示刘三姐"乐善好施、善良慈悲、以歌赐缘"的主题形象，不必定位过于严肃、肃静和神秘，否则，会导致游客过于严肃的敬畏心理而产生不愉悦的旅游心情。

（三）建筑布局与功能分区

建筑布局采取廊院式格局，划分为公共活动区、生活区和祭祀活动区。

1. 公共活动区

由歌仙广场构成，歌仙广场占地1200平方米，生态铺装，作为游客自由活动、市民举办祭祀节庆活动和游客休息区域。歌仙广场中间设计为占地95平方米、水深1.5米的放生池，供游客放生；两侧设置有花架、壮族图腾柱、人造跌水和移植遮阴的大榕树景观，并在大榕树下设置休息的石凳、石桌，供游客和市民休息。

2. 生活区

生活区围绕着祭祀活动区的主建筑来布局，排成两排，与祭祀活动区的主建筑构成一个倒立的"凹"字形布局。生活区中间为祭祀的大通道，两侧建筑由住持房、厨房以及香客、游人吃斋饭的斋堂、卖香火的香堂、抽签求缘的仙缘廊组成。建筑为一层建筑，总面积为296平方米，砖瓦结构。生活区的入口处为歌仙庙门坊，由四个石柱支撑形成三个牌坊门，中间的牌坊门高于两侧的牌坊门，牌坊用花岗岩设计，并刻上行草黑体对联，对联内容为："上联：一带仙桥增胜景；下联：满山绿水绕祥云。上联：歌舞升平沾神泽；下联：仙缘赐福仰三姐。"牌坊横额上书写古篆字体"歌仙庙"三个黑色大字。

3. 祭祀活动区

祭祀区由歌仙大殿构成，歌仙大殿为单开间，总建筑面积为260平方米。大殿中间为"歌仙刘三姐仙缘坐像"，刘三姐两侧为侍女立像。在刘三姐坐像后面用壮族婚姻、生育吉祥物葫芦和木棉花作为装饰，上书"歌仙堂"三个金黄镏金大字。歌仙殿内壁两侧为求缘许愿墙，供游客挂求缘许愿牌用。在刘三姐神像前，设有一个大香炉供游客上香用。

（四）建筑设计

1. 歌仙大殿

歌仙大殿以唐代中原古寺庙建筑风格为主，结合壮族文化元素设计。屋面以南方壮族风格翘角，灰筒瓦屋面，采用岭南风格镂空花脊，正脊中间以牛角葫芦造型，正脊两头采用鱼尾龙头，不是采用北派的龙吻，斜脊上增加三个壮族吉祥物——青蛙图腾，翘角采用凤尾，也是南方风格，外山脊雕铜鼓，墙面以青砖为主加铁红色梁墙面，体现古朴的寺庙风格，斗拱采用唐代风格空透式做法，梁，花板彩绘以金龙合彩彩绘，结合壮锦绘画体现传统与地方融合的风格，门和窗采用实木门窗雕刻花格刻壮锦图案。正面立柱采用四根凤雕刻石柱，代表中国女性的精神，也体现了刘三姐代表的是壮族"机智、勇敢、善良、开放"的精神和壮汉民族文化融合精神。歌仙大殿设有九级台阶，为最高级别，须弥座高出地面1.35米，设计安装汉白玉雕刻壮锦图腾，体现民族特色，洁白高贵庄重，整个布局平面尺寸与立面高度比例设计按唐代古建比例营造法则进行设计，其余牌庙大门、厢房、斋堂等设计风格与大殿保持一致。

2. 住持房

住持房供侍奉歌仙庙的住持休息、修炼所用，砖瓦结构，开镂空窗，一层建筑，配有厕所和洗脸间、练功室、会客厅、客房，建筑总面积为68平方米。

3. 厨房

厨房作为主持及为众香客、游客提供斋饭的地方，配置有洗菜间、主持餐厅和厨灶。砖瓦结构，开窗。一层建筑，建筑总面积为18平方米。

4. 斋堂

斋堂供香客、游客用斋饭所用，也是平时市民祭祀歌仙活动吃斋饭的地方，一层建筑，砖瓦结构，建筑总面积为85平方米。

5. 卖香火香堂

布局在门坊入口处，主要是出售香火、许愿牌和各类宗教吉祥信物。一层建筑，砖瓦结构，建筑总面积为45平方米。

7. 抽签求缘的仙缘廊

抽签求缘的仙缘阁主要是为香客、游客抽签、占卜、算命、看花用，呈长廊式布局，划分为8个小间，以展示宜州民间文化信仰。一层建筑，砖瓦结构，建筑总面积为80平方米，每小间建筑面积为10平方米。

8. 四星旅游厕所

规划将歌仙广场，仙缘桥入口旁，按照《旅游厕所质量等级的划分与评定》（GB/T 18973-2003）四星级厕所标准进行设计改造。

厕所建筑面积为110平方米，男女厕所建筑面积比例4:6，室内高度为3.8米，设置有盲人道、自动感应门、残疾人专用蹲位、女厕所内设婴儿床或婴儿椅等。厕所内布局有反映刘三姐传歌及壮族山歌的精辟漫画内容、经典山歌牌匾等。以增强厕所的文化内容，体现地方特色。

排污采取化粪池方式进行处理。

（五）景观设计

1. 植物景观

歌仙庙主要种植大榕树、松树、铁杉以及寺庙常用树种"玉树六花"。即"玉树"：菩提树、大青树、贝叶棕、假槟榔、塘棕和蒲葵；"六花"：荷花、文殊花、黄姜花、黄缅桂、鸡蛋花和地涌金莲。同时，在歌仙庙周边的空地上还可以种茶树。

2. 园林景观

（1）花架和花带。在歌仙广场两侧及主轴步道线两侧布置有花架和花带，作为环境渲染，避免歌仙庙活动区过于严肃，消除游客的敬畏心理。花架总长 26 米，宽 2.4 米；花带总长 18 米，宽 2.8 米。

（2）图腾柱。图腾柱布局在歌仙广场道路两侧，主要包括壮族的图腾，如水牛、鹭、鹅、虎、马鹿、大象、金鸡、羊、狗、猴、蛙等。图腾柱高 4.6 米，直径 0.8 米。大理石雕刻而成。

（3）人工跌水。在广场通往歌圩大殿通道上，适当布设一些人工跌水，设置六处，增加动态景观和生机。

（4）景观亭。在广场和生活区布局三个亭子，每个亭子高 2.8 米，占地面积均为 3 平方米，作为点缀用。

（5）放生池与刘三姐骑鱼升仙雕塑。在歌仙广场中间，设计一个放生池，占地 95 平方米、水深 1.5 米，种植睡莲。在放生池中，塑像设计为一群大大小小的红鲤鱼在水里簇拥着水花，水花上连着祥云一簇簇，托起已经离开水面准备升天的最大的鲤鱼，刘三姐面向流河寨的方向，侧骑在最大的鱼背上缓缓升起；塑像总高 3.8 米，花岗岩雕刻。并在塑像旁设计一个石碑，上面刻着"三姐骑鱼上青天，留下山歌万万千；如今广西成歌海，都是三姐亲口传"。

（6）门坊。门坊由四个石柱支撑形成三个牌坊门，中间的牌坊石柱高 3.6 米、直径为 0.45 米，两侧门坊石柱高 2.8 米、直径 0.45 米，石柱用大理石制作。门坊门额为条形，最短的石条为 8 米，最长的石条为 14 米，大理石制作。门坊的石柱和门额石条均浮雕有鹿、松鼠等吉祥动物和祥云。

（7）广场长廊。在接入歌仙庙入口两侧的广场，设计两组广场长廊，对称分布，均呈"7"字形布局，每组长廊总长均为 18 米，宽 6 米，高 2.8 米，木和砖瓦结构。左侧广场长廊设计作为旅游厕所和游客休息长廊；右侧广场长廊设计为小卖部和游客休闲长廊。

（六）马鞍山建设规划

马鞍山作为歌仙庙建设的布局场所，规划修建环山步道，命名为"庆远古道"；登山游道，命名为"登仙道"。环山步道设计为青石板路。登山游道设计为 1.2~1.8 米生态步道，生态步道外侧设计仿生态护栏，护栏高 1.2 米。

在生态步道沿线的山腰及山顶修建 2 个休息观光亭，分别命名为"望仙亭""马鞍亭"，每个亭占地面积为 6 平方米，水泥柱和琉璃瓦结构。

在马鞍山入口设计有停车场、售票处及新农村等（不列入本规划投资范围）。

（七）指示牌

1. 歌仙庙（马鞍山）全景导游指示牌

歌仙庙全景导游指示牌 4 块，分别布局在仙缘桥出口、歌仙庙门坊旁、歌仙广场两侧。

全景指示牌用木材设计，用两条铁柱固定，牌示顶端用"人"形小瓦顶遮风挡雨。全景指示牌主要是放置景区全景导游图，在导游图中以显眼的箭头标出当前位置，并写上"您现在所处的位置"。指示牌长宽分别为 0.8 米和 1.1 米。

2. 指路指示牌

指路指示牌用单木板设计成为"刘三姐用手指向路的方向"，共设计 5 块，一块放在仙缘桥出口处，内容为"前方为歌仙庙"；另外一块布局在歌仙庙入口门坊旁，内容为"前方过桥为流河寨"、另外的放在马鞍山登山入口处及进入马鞍山的路口处。指示牌长宽分别为 0.4 米和 0.8 米。

指路指示牌采取中英文对照文字标识书写，使用的符号符合（GB/T 10001.1-2000）《标志用公共信息图形符号》第一部分：通用符号（GB/T 10001.1-2000，ISO7001：1990）。

3. 忠告指示牌

忠告指示牌主要是布局在歌仙广场、歌仙庙、马鞍山登山生态步道这 3 处人流量集中的地方。忠告牌采取悬挂的方式挂在这些地方的显眼之处。每块忠告牌宽为 0.5 米，长 0.9 米，毛竹材料。上面用楷书红色字写作"此处人流集中，请小心保管好自身物品""贵重物品，留意保管""山路危险，高血压者谨慎登山""注意登山安全",忠告牌共设计 12 块。

忠告指示牌采取中英文对照文字标识书写,使用的符号符合(GB/T 10001.1-2000)《标志用公共信息图形符号》第一部分:通用符号(GB/T 10001.1-2000,ISO7001:1990)。

4. 警示指示牌

警示指示牌主要为劝导游客请勿践踏植物、注意卫生、注意行路安全以及小心火灾等。警示指示牌用已有的竹块或木块、铜板制作,每块宽 0.4 米,长 0.8 米。上面用灰黑色隶书或楷书写着"脚下留情、草儿留青""花草树木的微笑,源于您的爱心""小心过桥""文明举止,歌仙一目了然""香火有缘,火情无价""万木花草皆有情,高抬贵手请留情"等 8 块。

警示指示牌采取中英文对照文字标识书写,使用的符号符合(GB/T 10001.1-2000)《标志用公共信息图形符号》第一部分:通用符号(GB/T 10001.1-2000,ISO7001:1990)

(八)投资估算

1. 投资估算依据

(1)工程项目投资,参考《广西建设工程造价信息》2005 年第 1 期的造价指标,进行估算;

(2)工程建设的其他费用,按《广西工程建设其他费用定额》中的取费标准估算;

(3)参照河池市和柳州市同类工程项目的单价结合项目实际情况进行估算;

(4)有关设施(备)、材料、配套工程按询价及市场价进行估算。

2. 投资估算

歌仙庙总投资估算为 566.456 万元。其中建筑项目投资 8 项,投资额为 192.5 万元;歌圩广场投资额为 132 万元;园林景观项目 8 项,投资额为 146.748 万元;马鞍山游道建设 2 项,投资额为 94.65 万元;解说系统 4 项,投资额为 0.558 万元(见表 6-8)。

表6-8 歌仙庙建设项目投资估算

项目名称		规模	单价（元）	投资总额（万元）	备注
建筑	1 歌仙大殿	260m²	3800	98.8	砖瓦结构，雕龙画栋
	2 住持房	68m²	1500	10.2	砖瓦结构
	3 厨房	18m²	1500	2.7	砖瓦结构
	4 斋堂	85m²	1500	12.75	砖瓦结构
	5 卖香火香堂	45m²	1500		砖瓦结构
	6 抽签求缘的仙缘廊	80m²	1500	12	砖瓦结构
	7 旅游厕所	110m²	2150	23.65	砖瓦结构
	8 广场长廊	216m²	1500	32.4	砖瓦木结构
	小计			192.5	
设施项目	1 歌圩广场	1200m²	1100	132	生态铺装
	小计			132	
景观项目	1 植物景观	1项	630000	63	树种采购
	2 花架和花带	花架总长26m，花带总长18m	2600	11.44	花架总长26m，宽2.4m 花带总长18m，宽2.8m
	3 图腾柱	12根	12400	14.88	
	4 人工跌水	6处	8000	4.8	
景观项目	5 休息观光亭	33m²	2560	8.448	木或大理石结构
	6 放生池	95m²	600	5.7	水深1.5m
	7 门坊	四个石柱，三条门额石条	94800	9.48	大理石
	8 三姐骑鱼升仙雕像	一组	29	29	花岗岩
	小计			146.748	

续表

项目名称		规模	单价（元）	投资总额（万元）	备注
马鞍山游道	环山道（包括观景亭）	570m	650	37.05	
	生态步道	1200m	480	57.6	
	小计			94.65	
指示牌项目	1　全景导游指示牌	6块	300	0.18	木质
	2　忠告指示牌	12块	120	0.144	木材质
	3　警示指示牌	8块	180	0.144	木材质
	4　指路指示牌	5块	180	0.09	木材质
	小计			0.558	
合计				566.456	
备注	上述投资估算不包括设计费、人工费、税金、运输费、监理费、不可预测费、设备费等杂费，仅是项目成本费				

第五节　旅游活动创意文案、实施细节及导游词

一、旅游活动规划思路

旅游集散中心至下枧游客中心这一区段，是重点体验刘三姐山歌爱情主题文化的旅游区，按照体验性、趣味性、娱乐性和参与性原则进行规划，规划围绕"相会—相识—相知—相爱—相思—相亲"这一主线进行，即：

游客在旅游集散中心了解和认识宜州后，开始踏上"刘三姐山歌爱情之旅"，在游船上，通过结合沿河两岸景观和导游的解说及示范，让游客认识山歌文化及壮族倚歌择偶这一独具魅力的爱情文化，游客从中学习山歌，体验山歌无穷的乐趣。

游客到达流河寨后，策划一系列体验性、娱乐性山歌爱情文化旅游项目，

使流河寨成为整个游线的高潮，再现"刘三姐与阿牛哥"以歌会友、以歌传情、以歌相恋相爱的情景，让游客过一把"歌王瘾"。

接着，在下枧河上，游客们继续欣赏和体验电影《刘三姐》中刘三姐智斗秀才的经典片段，让人穿越历史，回归到那遥远的历史中。

最后，在壮古佬中深度体验宜州非物质文化的魅力，观看彩调、抢花灯、捞火球、打陀螺或打鸡仔，在那里，寻找童年的乐趣。

二、具体旅游活动流程

根据规划主题及独特的卖点内容，结合游客游览的心理变化需求，按照"先静后动，先展示后体验，先知后觉、层次递进、步步深入"，最终实现导购式旅游消费的思路，将旅游游览与旅游购物有机结合起来，实现多元化旅游消费目的。为此，按照 3.5 小时的游程设计刘三姐故里景区活动流程（见表 6-9）。

表 6-9　刘三姐故里景区 3.5 小时活动内容详细流程规划

序号	时间（分钟）	地点	主题	"动态体验"活动及建设内容	"静态体验"重点硬件建设项目	备注
1	5	游客集散中心龙江码头	山歌之都情歌之乡突出宜州历史文化特色	播放宜州著名民歌的《迎客山歌》，欢迎游客	宜州刘三姐歌谣展示馆、中国村民自治展示中心（已建成）、宜州历史文化博物馆（筹建）、冯京公园（突出宜州兼容并包、开放的民族精神造就了三元及第冯京状元这一文化内容）	宜州历史文化博物馆（筹建，重点介绍刘三姐文化对宋庭宗赵禥潜邸宜州、冯京连中三元、142 岁寿星蓝祥影响以及宜州孕育刘三姐文化的历史文化因素）
2	62	游客集散中心至望妹石	歌源刘三姐突出刘三姐文化主线脉络	船说刘三姐（导游讲解的方式，介绍刘三姐为什么要唱山歌、唱的是什么山歌及其对壮族倚歌择偶影响等）	根据刘三姐文化特色，对龙江河及下枧河的沿途景观进行重新命名，以突显刘三姐文化主题	

续表

序号	时间（分钟）	地点	主题	"动态体验"活动及建设内容	"静态体验"重点硬件建设项目	备注
3	20	望妹石至流河寨	歌源刘三姐突出刘三姐传歌文化特色	重点是突出刘三姐如何唱山歌这一特色。在游船上抽出一些经典的刘三姐山歌，传授给游客，教游客唱两三首简单易记的山歌，为到流河寨对歌奠定基础		
4	2	流河寨码头	情醉歌圩	游客下船后，"阿牛哥、刘三姐"挂绣球给游客，其中将部分藏有山歌歌词的绣球随机挂给游客，为后面的活动铺下伏笔	拓宽码头，立起大型形象宣传牌"情醉歌圩"和摩崖石刻"刘三姐的家——流河寨"	部分绣球中设计有经典山歌歌词（具体见导游词）
5	3	流河寨表演场	踏歌起舞	由六个"刘三姐、阿牛哥"敲起锣鼓，踏起欢快的舞蹈，唱着"呢啰嗨、喔喂"山歌迎接游客	对表演场进行改造，增加锣鼓设施	
6	1	流河寨踏歌栈道	山歌展示	在踏歌栈道上用指示牌设计一些经典的山歌，增加游客对山歌的理解		
7	2	流河寨仙缘桥	过仙缘桥			
8	8	歌仙庙	祭仙求缘	祭祀歌仙刘三姐，许愿求缘	歌仙庙	

· 265 ·

续表

序号	时间（分钟）	地点	主题	"动态体验"活动及建设内容	"静态体验"重点硬件建设项目	备注
9	2	仙缘桥	回到对歌台	游客从歌仙庙过来，参加对歌比赛		
10	7	对歌台	倚歌比智——歌定情	游客分成男女两队，男队与刘三姐对歌选出歌王候选人，女队与阿牛哥对歌选出歌后候选人	将现在废弃的餐厅改造为对歌台和刘三姐爱情文化展示长廊，一楼作为刘三姐展示长廊，二楼作为办公室和"阿牛哥、刘三姐"对歌台，"餐厅"前面空地上设计两个对歌台，供游客对歌用	
11	6	刘三姐的家——流河寨	寻找刘三姐——刘三姐品牌之旅	参观，了解刘三姐倚歌择偶文化和广西刘三姐品牌之旅概况	刘三姐爱情文化展示长廊由"壮族歌圩歌节"视频、刘三姐唱情歌羽化成仙、壮族婚俗展示三大板块构成	具体见流河寨改造方案
12	5		爱情墙	爱情墙	表白自己的爱	将现在的山歌文化墙改造为"爱情墙"，供游客表白和挂连心锁
13	10		定情物DIY——歌定终生	可以自己动手制作喜爱的定情物	将现在的游客中心（作坊楼）、媒婆屋、阿牛哥宅子拆除，设计成为定情物作坊长廊，设计成为两层建筑，二楼作为游客中心和储藏室	具体见流河寨改造规划方案
14	3	歌仙古井			将现在的古井改造为歌仙古井，编故事，讲刘三姐美丽、聪明、歌喉好是因为喝了此井的水	

续表

序号	时间（分钟）	地点	主题	"动态体验"活动及建设内容	"静态体验"重点硬件建设项目	备注
15	6	刘三姐故居	封王大典	将刚才在歌圩选拔出来歌王歌后候选人，在这里通过与"阿牛哥、刘三姐"互相抛绣球的方式，选出歌王歌后，然后进行封王仪式（即"定亲仪式"）	直接利用刘三姐故居进行	具体规划内容见流河寨改造规划方案
16	3	流河寨码头	依依惜别	唱着离别情歌，惜别游客		
17	40	流河寨至壮古佬的下枧河上	经典电影再现	保留现有的刘三姐与秀才斗歌情节		
18	25	壮古佬	踏歌起舞	保留现有的迎宾、歌舞表演、婚俗节目或者是新编彩调、开发宜州体育竞技项目	直接利用现有壮古佬的设施	
				210分钟		

三、活动创意策划文案、实施细节及导游词

（一）旅游活动之一：认识宜州（宜州历史与名人介绍）

1.地点：车上

2.主题：三姐故里　山歌之都

3.内容：了解宜州的历史文化

4.活动细节说明

重点介绍宜州历史文化与名人故事。

5.导游词

各位朋友，欢迎大家来到历史文化名城、山歌之都、歌仙故里、情歌之乡——宜州。我叫×××，是×××旅行社（公司）的导游员，我们的服务宗旨是"笑迎天下客，满意在宜州"。

首先让我介绍一下宜州概况。宜州是壮族歌仙刘三姐的故乡，中国优秀旅游城市、全国文化先进市、广西优秀旅游城市、中国最具民俗特色的旅游目的地，是一座拥有2100年历史的文化古城，同样也是一座充满活力的新兴城市。

宜州区位优势突出，交通便利。目前，宜州由河池市代管，位于广西壮族自治区的中部偏西北，东邻柳州89公里，西距河池市72公里，全市人口65万，市境面积3915.8平方公里。宜州交通便利，黔桂铁路和323国道横贯市内，柳州至宜州高速、宜州至金城江一级公路从宜州区穿过，全市拥有高等级公路100多公里，是广西高等级公路里程最长的县级市。宜柳高速公路直通柳州、南宁、北海、桂林，宜州到柳州市和白莲机场只需45分钟，到南宁和桂林只需2个半小时。

宜州有"宜人之州"之称。宜州地处亚热带，雨量充沛，年平均气温19℃左右，一年四季皆宜旅游，被誉为"宜人之州"。

宜州历史悠久。宜州与山水甲天下的桂林同年建制，在汉武帝元鼎六年（前111年）开始建县，至今已有2100多年历史。自唐贞观四年（630年）至1958年的1300多年间，宜州一直是历代州、郡、府、路、司、行政地区的首治之县，为岭南桂西北地区政治、经济、文化、商贸中心和军事要地。1993年9月经国务院批准将宜山县改为宜州市。也是历代名流，迁客骚人任职、迁谪、考察、羁旅之地。在先贤的影响下，在浓郁文化气氛的熏陶中，历代宜州人刻苦习文，勤奋读书，先后有几十人留下著作文集。

宜州是壮族古代文明的重要发源地。壮族的祖先——柳江人3万年前就在这片土地上生息繁衍。宜州区是壮族先民的部落联盟——西瓯国的主要疆域。秦始皇统一岭南后，宜州成为古代龙江河谷的中心和黔桂走廊的咽喉，成为历代兵家必争之地，曾有古山歌唱到"铁链锁孤舟，千年永不休。天下大乱，此地无忧。天下大旱，此地半收"。可见宜州地理位置的重要。因此，在公元 111 年汉朝中央政府开始在宜州建制，这里成为最早接受和吸纳中原文化的区域，独特的地理位置、地理条件和民族文化交融，孕育了原生态壮族文化，现在遗存的文化相当丰富，比如，怀远镇古波屯发现的古崖壁画和古龙河崖葬中出土的新石器时代玉斧就是典型的例证。宜州区又是壮族山歌文化的发源地、歌仙刘三姐的故乡。宜州区还是壮族原生态生殖崇拜文化的重要发源地，花婆神的传说和民俗至今还在古龙河一带的山村中存留。宜州区位于茶马古道北支线的起点，南宋时是广西的三大博易场之一，壮族古集市文化的遗存也非常丰富。

在古壮族民族精神的影响下，宜州人杰地灵、卧虎藏龙，不仅在唐代诞生了歌仙刘三姐，而且曾经是皇帝潜邸和三元及第状元诞生地，也成为古代历史上世界最长寿的寿星蓝祥的诞生地，更是全国闻名的仙山佛地。

南宋宋度宗赵禥袭皇位前在宜州任节度使。北宋三元及第，历任三朝，官至参知政事副宰相的冯京便出生于今庆远镇状元湾。冯京在皇宫内外身居要职、为官清正，给历代宜州人留下颇为深刻的影响，宜州曾建三元祠来纪念他。像冯京一样的宜州本地英才，以他们的智慧和人格潜移默化地影响着宜州的文化。他的祖父所葬之山号为"天门拜相山""状元山"，葬于"奇穴"的祖坟今尚存。

北宋江西诗祖、大书法家黄庭坚，被贬殁于宜州，纪念他的"山谷祠"至今尚存。宋宝祐年间在城东北三里处"以币百万，建为铁城"的古城峒及宋人刻于石壁的《铁城颂》《铁城记》尚存。明惠帝朱允炆手蘸义马之血书于岸石的"泣血"碑刻至今留于龙江之滨。太平天国翼王石达开与十位大员所作的 11 首唱和诗，刻于北山白龙洞口，是唯一存世的太平军诗刻。白龙洞自唐代便是佛门圣地，洞内有宋代五百罗汉名号碑和佛教界珍稀的《婺州双林寺善慧大士行迹应现图》摩崖石刻；洞壁留有宋代以来军政要员、文人墨客的题诗刻字 30 多处。清代嘉庆皇帝赐 142 岁宜州寿星蓝祥诗碑也堪称全国一绝。会仙山被人们称为岭南人文第一山。

宜州又因其地理环境的特殊，屡屡吸纳历代贤士俊杰，接受外来文化的熏陶和濡染。宋代大诗人、四大书法家之一的黄庭坚谪居并逝世于宜州,留下许多脍炙人口的诗词、日记以及著名的书法珍品《范滂传》。明代地理学家、旅行家徐霞客在宜州30多天的考察中,在其游记中留下了2万多字对宜州山川风物的精彩描述。抗战期间,浙江大学迁至宜州,会聚竺可桢、马一浮、丰子恺等一大批文化名人,给宜州输入一股新鲜的活力,宜州顿时成为继桂林之后的广西又一抗战文化名城。

宜州是壮族歌仙刘三姐的故乡。据《宜山县志》记载,刘三姐为唐代宜州下枧河壮女,生来喜爱唱歌。随着有关刘三姐的戏曲、电影、书籍的广泛传播,如今刘三姐的山歌和故事已扬名海内外。山清水秀、风光如画的下枧河,孕育了一代歌仙刘三姐。下枧村及沿河的许多景点如对歌台、扁担山、手巾岩、定情树、铜盆山、鲤鱼石等,都蕴含着一个个刘三姐的传说和故事。为了集中再现刘三姐故乡的民俗风情文化,在下枧河村旁建立刘三姐风情苑,苑内有刘三姐故居、当年农家作坊及表演场等,为游客展现刘三姐当年的生活情景和壮族丰富多彩的民俗风情。如今,这里成为宜州一处极富吸引力的景点。

唱山歌、对歌是三姐流传下来的壮乡民俗风情精华。民间至今仍流传着许多赞美刘三姐的歌,如:

水深引得鲤鱼跃　山高引得凤凰来
自从出了刘三姐　引得人人爱唱歌
撒下苦籽生苦菜　种下甜籽结甜瓜
三姐撒下山歌种　山歌不败万年发
爬坡要爬下枧坡　游河要游下枧河
刘三姐家在下枧　歌满河来歌满坡。

如今歌圩是壮乡民间广泛流行的传统盛会。逢年过节,尤其是三月三和八月十五,男女老少穿上节日盛装,带上五色糯米饭和彩蛋结伴赶歌圩。其中三月三歌圩称为"春歌",是一年中最隆重的一次。参加者多至万人,连唱三天三夜。在圩场上人们触景生情,出口成章,创作出不少优秀作品。歌圩成为广大群众显耀才华、比试歌喉的盛会,也是未婚男女相亲会友、以歌传情的场所。山歌可以说是壮乡民俗文化中的一朵奇葩。

宜州壮族民族文化丰富。宜州境内聚居有壮、瑶、水、仫佬、毛南等三十多个少数民族，长期生活在这块土地上的各族人民，创造了宜州多彩独特的民族文化，地方彩调、桂剧、渔鼓戏剧独具特色；壮族婚俗、壮族歌圩、各类民间体育等民风民俗情趣盎然；传统民间小食琳琅满目。迷人的山水风光，众多的文物古迹，美丽的民间传说，古朴的民族风情构成了宜州独具特色的旅游资源。

宜州壮族文化丰厚灿烂，现在还保存有非常深厚的文化内容。壮族，是宜州人口最多的一个少数民族，共有42万人。壮族先民自秦汉以来就生活在今天的宜州境内。两宋时，壮族称谓首次以"撞"名出现，《宋史·李增白列传》载"如宜州则土丁、保丁、义丁、义效、撞丁共九千余人，其奇撞一项可用"。宋高宗绍兴二年，岳家军征贺州，与杨再兴战，该史事中有"与撞军统制王经皆至"一文。此处提及的撞军，就是李增白所说的撞丁。撞丁，便是壮族，仅在宜州一带有，其他州县是没有的。这是壮族称谓在历史上的首次出现，从那时起，历经元、明、清以后，今天称为壮人或壮族。

宜州的壮族有自己的语言文字，其语言属壮语北部方言，其文字是唐宋时期借用汉字偏旁和声韵创造的方块壮字，今天的壮文是以拉丁文字为基础的拼音文字。

宜州壮族民俗特色鲜明。始于自然崇拜，宜州壮族信仰土地神、社王、雷王、水神、龙、山神、灶王、花婆及祖先。在文化方面，结合着四时和农事，宜州壮族发展了自己的民间戏曲和音乐，创造了踩花灯、鲤鱼跳龙门等音乐舞蹈形式，还创造了自己独有的勒脚体壮歌"欢"和七言体山歌。著名的彩调剧《刘三姐》，是在宜州壮族中流传的刘三姐故事和宜州山歌基础上创作完成的。

傩面舞是刘三姐故乡流行的一种特色鲜明的民俗舞蹈，起源于远古时代壮族民间驱鬼避邪的原始巫舞。傩面是一种色彩对比强烈、造型狰狞的面具。舞者头戴傩面，手执古兵器，表演捉鬼降魔内容。经过漫长的历史发展，傩面舞已逐渐演变成为民间喜闻乐见的娱乐活动。傩面舞舞姿欢快古拙，是舞蹈的一种"活化石"，曾在国外引起轰动。在旅游活动中，通过艺术加工，各种傩面可作为与京剧脸谱相媲美的旅游工艺品。同时，在表演傩面舞时可热情邀请游客戴上面具共舞，这必将成为大受旅游者欢迎的旅游项目。

彩调流行于桂北一带，是民间戏曲中一朵瑰丽的野山茶花。宜州是彩调发源地之一，已有 100 多年的历史。在 1892 年重修的《庆远府志》中，称为"采茶歌"。宜州传统彩调剧目有《王三打鸟》《王二报喜》《龙女与汉鹏》《刘三姐》等。庆远镇龙塘村福龙屯吴老年的彩调造诣很深，1956 年还受到毛泽东、刘少奇、邓小平等中央首长的接见。当时宜州为广西各地彩调、歌舞团培养输送了不少彩调人才。至今，彩调在民间仍是最受欢迎的戏曲之一。

桂剧早在清末就在宜州流行，从那时起，民间艺人在桂剧发展过程中做出过多方面贡献，1927 年成立了第一个桂剧班子。因此，宜州也可说是桂剧发源地之一，在城乡受到广大群众喜爱。

此外，壮乡还流行蚂拐舞和背新娘的婚俗等。

宜州壮族的主要节日有春节、三月三、五月初五、六月初六、八月十五等，其中三月三和八月十五为歌节，每逢此时，男女云集，对歌会友，互赠信物、定情相许、结伴终身，是宜州壮族最盛大的节日之一。

宜州的民间小吃，如豆腐圆、豆腐肴、珍珠粥、鲜层糕、印板馍、马打滚、竹筒饭等也独具特色。

宜州历史文化胜迹荟萃，碑刻记载了宜州深厚的历史文化。

宜州是广西人文资源最丰富的县市之一，许多文物和遗址在全国具有独特性和唯一性。会仙山被人们称为岭南人文第一山。

历史上许多名人如宋代杨文广、诗人黄庭坚、明代旅行家徐霞客、明惠帝、太平天国翼王石达开及现代名人竺可桢、蒋百里、丰子恺等都曾流寓此地，留下了不少遗迹、诗文和题刻。如白龙洞内的摩崖石窟造像，因石施艺，端庄古朴，具有很高观赏价值。如上洞口唐末僧人陈禹臣石像，身高近 3 米，左手捧着圆珠，右手食指上伸，坚毅自若。民间传说，白龙洞与相隔十里外的南山相通。陆禹臣与南山寺中数十名僧人为寻仙求道，燃烛穿洞而来，不料行至中途，蜡尽烛灭，遇蟒坠崖，仅剩陆禹臣一人。他临危不惧，毅然咬破食指，燃血照明，终于历尽艰险，摸出白龙洞口。因全身鲜血燃点殆尽，遂立地升天，化作石人留迹于此。这个传说颂扬了陆禹臣为达到目的表现出的坚毅和执着，给人以启迪。

洞外崖壁上还有宋代以来名人碑刻 60 余幅，其中最负盛名的是太平天国翼王石达开的唱和诗刻。翼王驻军庆远度过三十寿辰，"偕诸大员巡视芳郊"，"登此古洞"，读了清人刘云青的题壁诗后，豪兴英发，步韵和诗刻于洞壁：

挺身登峻岭，举目照遥空；毁佛崇天帝，移民复古风。

临军称将勇，玩洞羡诗雄；剑气冲星斗，文光射日红。

诗句洋溢着太平军将领气贯长虹的英雄气概。这组诗刻是全国唯一的太平天国诗文石刻，弥足珍贵，是广西壮族自治区重点文物保护单位。洞内摩崖上的五百罗汉名号碑，是全国现存最早的五百罗汉名号碑刻。北山顶上的徐嘉宾述职碑，也称"平蛮碑"，记述了清代王朝镇压当年庆远府辖区内少数民族"骚动"的经过，是研究广西少数民族反封建统治的珍贵史料。

此外，南山碑刻、铁城山《宜州铁城颂》《宜州铁城记》石刻、九龙山碑刻、镇远峰"镇夷山""靖远峰"摩崖及记事碑、泣血碑和祭台碑、寿民兰祥诗碑等摩崖石刻，或为名山题刻、或记录了宜州当时发生的事件。不少碑刻笔力苍劲豪放，是书法艺术佳品。宜州历代石刻之多，除桂林外，位居广西前列。

除碑刻外，一代文豪黄庭坚在宜州的有关遗迹有山谷衣冠墓、故居遗址、山谷祠、画像石刻以及他在此创作的一批诗文。太平天国名将石达开在宜州除留下诗刻外，还有翼王府、翼王点将台、翼王亭、太平军德胜牛岩、矮山仙女岩等遗址以及许多有关石达开的故事传说。

宜州，是一块龙脉和文脉的福地，最具有魅力的还是刘三姐山歌爱情文化，让我们一起踏上山歌爱情之舟，踏歌起舞吧。

（二）旅游活动之二：唱着山歌等您来

1. 地点：旅游集散中心

2. 主题：唱着山歌等您来

3. 内容：了解刘三姐歌源文化

4. 活动细节说明

旅游集散中心（冯京公园）作为"刘三姐山歌爱情"主题主线的第一站，规划"有缘千里来相会"活动，作为爱情主线的第一印象和活动区，规划将宜州著名山歌《迎客山歌》作为迎宾曲，游客来到集散中心的时候就播放该歌曲，以引起游客共鸣。

同时，在保留现有的"中国村民自治展示中心"等项目的基础上，重点突出刘三姐文化与宜州历史文化的关联性。刘三姐文化具有的"机智、勇敢、善良、开放"的壮族民族精神，对后世大批中原文人墨客留驻宜州，对宜州独特文化产生过重要的影响。因此，规划增加宜州刘三姐歌谣展示馆、中国村民自治展示中心（已建成）、冯京公园（突出宜州兼容并包、开放的民族精神造就了三元及第状元冯京这一文化内容）、宜州历史文化博物馆（筹建中，重点介绍宋度宗赵禥潜邸宜州、冯京连中三元、142岁寿星蓝祥对宜州的影响以及宜州孕育刘三姐文化的历史文化因素）、宋度宗赵禥塑像、冯京塑像、黄庭坚塑像、明惠帝朱允炆"泣血"塑像、太平天国翼王石达开偕十位大员唱和诗塑像、142岁宜州寿星蓝祥诗碑塑像等，以增加旅游集散中心的文化内涵。

5. 导游词

游客下车后，播放宜州著名山歌《迎客山歌》音乐，以山歌方式迎接游客的到来。

然后由穿着"刘三姐"服饰打扮的导游员引导游客走到龙江码头，在引导游客走到龙江码头这一段距离中，导游讲解刘三姐这一主题人物。

附:《迎客山歌》歌词

　　　昨夜我家灯花开，晓得今天有客来；
　　　今天没有好酒菜，开口唱歌表心怀。
　　　山美水美下枧河，翠竹夹岸歌成河；
　　　如今广西成歌海，都是宜州三姐传。
　　　三姐故乡风情多，连情会友唱山歌；
　　　你若唱得我心动，成双不用请媒婆。

（三）旅游活动之三：船说刘三姐

1. 地点：龙江河—下枧河段区域

2. 主题：船说刘三姐，倚歌择偶

3. 内容：了解刘三姐山歌及爱情文化

4. 活动细节说明

具体提升的思路是游客参观完旅游集散中心，了解完刘三姐歌源形成的历史及其影响后，从龙江旅游码头港上船，对龙江及下枧河进行观光游览，观光游览分两段内容。

第一段为龙江码头至望妹石龙江河区间，该区间由一名导游用山歌唱着《初识歌》和刘三姐出生在下枧河的《三姐出生歌》，重点讲解刘三姐为什么要唱山歌、刘三姐唱的是什么山歌、刘三姐如何唱山歌以及刘三姐唱山歌对壮族倚歌择偶的影响，让游客了解壮族倚歌择偶这一民俗文化，引出爱情主题。

第二段为望妹石至流河寨的下枧河区间。该区间仍有导游用山歌唱着《连情歌》，然后教游客唱山歌、情歌。目的是让游客了解壮族倚歌择偶的第二层面：相互认识后，产生感情，要使感情进一步巩固，还得通过唱山歌、情歌来决定是否还需要进一步交往，即进入爱情的相知阶段。

5. 导游词

（1）初识刘三姐、听传歌化石故事。

地点：龙江码头—望妹石游船上

（2）活动内容：

①听宜州水上石林的故事。

②看下枧河两岸风景。

宜州人民喜欢以歌会友、以歌传情。刚才大家听到的是宜州著名的《迎客山歌》，这首歌真实地反映了宜州作为歌仙刘三姐故里的文化特色：这里日常生活方方面面都是用山歌来表达的。下面我们来认识刘三姐文化产生的背景及主要内容。

大家现在乘船游览的这条河叫作龙江，它发源于贵州省三都县，曾经是中原进入西南的咽喉要道，龙江河为典型的喀斯特地貌，滩险礁多，奇石林立，风光旖旎。这些奇石造型奇特，惟妙惟肖。那么，龙江是怎样形成的呢？据考证，三亿年以前，这里还是一片汪洋大海，距今一万三千五百万年的燕山造山运动使这片海底开始升为陆地，大约距今二千五百万年的时候，这里再次隆起成为丘陵、高山，沿河峰丛峰林在石炭系、二叠系石灰岩地层中发育，形成典型的热带岩溶地貌。在这里，常年受到大股流水冲蚀的低谷地貌自然就形成了龙江。

当然，这是科学解释龙江的形成。其实呢，在宜州民间，至今还流传着一个关于龙江风光形成的美丽传说。

在这里，从古至今传唱着这样的山歌："唱歌先，还是古人唱在前，不信你看刘三姐，因为唱歌得成仙。"传说，在唐代的时候，龙江下游的下枧河边，有一个漂亮的孤儿，她就是刘三姐，出世后一岁就会说话，三岁就会唱山歌，长大后和他的二哥在龙江一带捕鱼、打柴。在捕鱼、打柴过程中，她常常唱山歌，她唱的山歌非常动听，龙江两岸的乡亲常常被刘三姐的山歌迷住而忘记了劳作，就连天上的龙、水中的鲤鱼、地上的蟒蛇、空中的青鸟也被刘三姐的歌声迷住了，忘记了归途。久而久之，刘三姐唱山歌化仙去了，这些飞禽走兽也化作山石，在原地痴痴地倾听着刘三姐的山歌。至今，在龙江两岸留下了白龙洞、鲤鱼山、南蛇山、会仙山、九龙山、青鸟山、宜山等山体。

南蛇山

现在大家看到的第一座山，叫作南蛇山，它与青鸟山分列于会仙山的两侧，像两张彩旗分插左右，呈拱卫之势。这一奇特山势曾引起了明代地理学家、旅行家徐霞客的兴趣，在《徐霞客游记》中有详细记载。此山极像蟒蛇匍匐之势。据说当年一条修炼了上千年的大蟒蛇和青鸟一起，来到会仙山旁，聆听刘三姐唱山歌，后来，刘三姐在会仙山得到仙缘而化仙后，它仍然被刘三姐回荡的山歌迷住而错过了回去的时间，而和青鸟一起，化为山石，拱卫着会仙山。如今南蛇山有幽径步级石阶，可徒步登上山顶俯瞰市貌风光。从半山腰往宜山的侧峰望去，就可以看见形象逼真的"鲤鱼张口问青天"的奇特景观。

宜山

南蛇山旁边的这座山，叫宜山，山高 188.8 米，宜山小巧玲珑，沿级攀登直达山顶。您别看此山小，但"山不在高，有仙则名"，传说刘三姐因为思念家乡的山山水水，在宋朝的时候化作一紫铜神炉从空中飞来，落在了这座山腰的岩口，据说每当夜深人静的时候，隐隐约约听到有山歌从岩中传出，因此，当地百姓便在此立庙，取名宜山庙，也叫歌仙庙。庙旁有普陀岩，庙左崖刻有府衙保护古迹的告示牌。宋徽宗宣和元年（1119 年）以山名为县名，改龙水县为宜山县。宜山庙原为唐、宋两代府治和宜州（县）衙门所在地，宜山地名因之得名。这里依山傍水，景致宜人，是理想的集会和休闲娱乐场所。

会仙山

大家看，我们正在经过宜州北门码头旧址，北岸远处与市区隔河相望的那座山叫北山，亦名会仙山，因古时常有紫云玄鹤环绕盘旋，传说是仙人被刘三姐的山歌吸引骑鹤来聆听而得名。后来，每当刘三姐在河边唱山歌的时候，仙人都骑鹤到此，据说刘三姐能够唱歌成仙就是因为仙人指点的缘故。会仙山耸峙，状若雄狮，登山极目，全城景物可尽收眼底，古称"会仙远眺"，自从唐代刘三姐升仙后就辟为旅游胜地，现为白龙公园。山顶有鸟形巨石一方，呈展翅状，据说就是当年仙人的坐骑仙鹤，明代刻有"骑云"二字。山腰高处，有个白龙洞，洞内摩崖上有一块五百罗汉名碑，题额写着：供养释迦如来住世十八尊者五百大阿罗汉圣号，所记罗汉号共五百一十八个。那么这块碑有多高多宽呢？碑高200厘米，宽110厘米，中间刻有佛教故事图一幅。此碑刻于宋元符戊寅年（1098年）。据考证，此碑是全国迄今发现最早的一块五百罗汉名号碑刻。大洞口高昂宽阔，气势壮观，有楷书"云深"巨镌，小洞口有草书"白龙洞"题额，为宋代名流手迹。洞外石壁有历代摩崖石刻60余幅，其中最引人注目的是翼王石达开及其部将的唱和诗碑。1860年，石达开回师广西驻军庆远，率领部属游览白龙洞时，看到石壁上湖南人刘云青的一首五言律诗，于是诗兴大作，当即步韵，和诗一首：

挺身登峻岭，举目照遥空。

毁佛崇天帝，移民复古风。

临军称将勇，玩洞羡诗雄。

剑气冲星斗，文光射日虹。

石达开吟罢，同游的文武大员一一步韵奉和。诗刻高108厘米，宽145厘米。刻石平滑，诗文为楷书，清秀工整，刻工精湛，是至今全国所发现的唯一一块太平天国诗文石刻，已列为广西壮族自治区重点保护文物。大家知道，太平天国失败后，全国各地有关太平天国的文物大都被清王朝毁灭了，只有石达开题壁诗却得以幸存下来。那么，这块诗刻是怎样被保存下来的呢？这是一个百年不解之谜。经专家考证，现今这个谜团终于揭开。原来是一位守庙的老人冒险在诗刻处砌灶烧饭，让烟火把石避熏黑，才避免了清朝官府的洗劫，直到1905年，辛亥革命先驱者之一的张鱼书发现了诗刻，石刻得以恢复原样。

青鸟山

这座山叫作青鸟山，山高383米，植物茂盛，特别是相思树（红豆树）密集，上面名胜古迹较多，其中还保留有古代的佛教尼姑庵遗址。传说当年刘三姐在会仙山唱山歌会仙人的时候，许多青鸟也从周边的赶过来聆听，青鸟用鸟语也学会了唱山歌。因此，大家现在还可以在山上听到鸟儿们唱山歌呢。后来，刘三姐升仙后，那些鸟儿思念她，就从别处衔来相思豆，撒播在那里。因此，山上现在还有很多相思树。

泣血碑

请大家朝这边看，河岸石壁上刻有"泣血"二字，这是明朝朱允炆留下的手迹。朱允炆是明朝第二代皇帝，又称明惠帝。建文元年（1399年）秋七月燕王朱棣誓师北平，举兵南下，经历了4年的残酷内战，惠帝战败，朱棣夺取政权，改元永乐，始称"靖难之役"。关于惠帝"所终"，也就成了千古之谜，《明史》云：自焚于宫中，而其他史书则说：出亡为僧，认为自焚者却是长相与惠帝肖似的太监。当年，宫中兵变，火烧皇宫，明惠帝打开帝师事先给他留下的锦囊，见是一把剃刀，一套袈裟，马上化装成和尚，逃出京城，云游四方。据《宜山县志》记载，明惠帝云游至庆远，住在西竺寺，即现今的河池地区第一医院内。当时，曾经在京城当过明惠帝侍卫官的宜州指挥史彭英认出了明惠帝的身份，于是蒸羊煮酒招待"出亡为僧"的明惠帝。当他们在龙江小北门码头告别，明惠帝准备登船时，彭英又馈赠了盘缠。明惠帝十分感动，决定把所乘之马留下酬谢彭英，并为就要离别的坐骑赋诗道：

蹴踏人间几许年，艰难险阻共周旋。

我今别尔东西去，何时相逢兜率天。

谁知这匹马很通解人情，不忍离开主人，当明惠帝解开缰绳时，马儿猛地腾跃而起以头撞石而死。于是，明惠帝肝肠大动，立即剪下马尾，沾上马血，在河边的这砖块石壁上书"泣血"二字，赐给这匹忠义之马。

铁城

宜州素有铁城之称。请大家看右岸青鸟山的后面，那几座山，叫作大、小古城峒，那里就是铁城，俗称"古城峒"。南宋末年，蒙古军队计划从云南过广西，然后北上与南下中原的主力会合于长沙。宜州首当西南要冲，南宋王朝派守将云拱于此筑建工事以拒蒙古军来犯。因遗址四周高山耸立，犹如铜墙铁壁，仅有一条小道可以进出，地势险要，故称"铁城"。铁城地域约三平方公里，可容万灶，现仅存东南面一段城墙基。

城墙南北端山崖上分别有宋代留的《宜州铁城颂》和《宜州铁城记》两处摩崖石刻，两碑大小一致，高330厘米，宽220厘米，为宋代广西碑刻罕见。铁城外围临近龙江的这座山崖上还刊刻有宋朝守将云拱篆书"铁城"碑，每字高150厘米，宽100厘米。每逢春秋季节，人们都喜欢到古城峒郊游，别有一番情趣。宜州流传这样一首山歌："看寺要看南山寺，看城要看古铁城；看洞要看白龙洞，白龙洞里有仙人。"如果您有幸再来宜州，可别忘了到铁城去，那里一定有您值得一看的地方。

（3）初尝宜州情歌、相识相知、倚歌择偶。

地点：望妹石—流河寨码头水路游船上

活动内容：①掌握两句情歌和两句俚语——宜州山歌速成班。

②下枧河看两岸风景，宜州情歌情景练习。

导游词：

望妹石

大家请看，我们现在已经来到龙江、临江、柳江的三江交汇处，从这里顺流而下约100公里处便与柳江汇合，逆流而上就是下枧河，故称三江口。接着请看，河弯口这块突出的巨石，叫望妹石。当年刘三姐掉入河中，被无情的江水推走，沿着柳江一直漂到柳州，后面刘三姐在柳州被渔翁救起，就留在柳州传歌，并在柳州的鱼峰山乘坐鲤鱼升仙去了。三姐的情郎阿牛哥焦虑万分，由下枧村一直追到这里，望着这滔滔江水，悲痛欲绝，站在这块石头上每天由早唱到晚："望妹一天又一天，想妹一年又一年，铁打肝肠也想断，铜打眼睛也望穿。"（导游唱）后人在石壁上刻下了"望妹石"这三个大字以纪念刘三姐和阿牛哥忠贞不渝的爱情故事。

教唱山歌

大约还有 20 分钟，我们就要到达刘三姐故居——流河寨了。刚才我在讲望妹石的故事的时候，已经唱了一首山歌给大家听了，大家觉得好听吗？其实，在我们壮乡啊，无论是做什么事都是以对唱山歌的方式来解决，刘三姐和阿牛哥当年谈恋爱，也是唱山歌唱出你情我愿而相恋的。直到现在，在我们壮乡还流行着唱山歌择偶的传统，每年农历三月三就是我们壮乡歌圩节，既是纪念歌仙刘三姐，也是青年男女唱歌择偶的节庆，这恐怕是全世界唯一的一个专门为青年男女择偶举办的具有上千年历史的歌节啦。

其实啊，在壮乡恋爱，从相遇到结婚，全部是用唱山歌的方式来表达情感的，一般是女的先问（呵呵，我们壮乡的女追男的哦）。

初次相见的时候，唱《初见歌》。现在我先唱两段给大家听：

女：初相见，

　　初初相见人生疏，

　　新打剪刀难开口，

　　不知哪样来称呼？

男：初相见，

　　初初相见人生疏，

　　芭蕉初初放缸沤，

　　一回生来二回熟。

女：初相见，

　　绒毛鸭崽初下河，

　　麻包洗脸粗见面，

　　不知唱点什么歌？

男：初相见，

　　哥今也是嫩嘴雀，

　　我们都是初学歌，

　　共同唱来共同学。

朋友们，在壮乡，男女青年初相见后，如果大家有意思的话，还需要通过唱盘歌的方式，盘问对方的基本情况和考验对方的智慧。

等下咱们到刘三姐故居后，那里的"阿牛哥""刘三姐"要通过唱山歌盘问大家，答对了才能让咱们进寨的哦，所以啊，那咱们就开始"共同唱来共同学"，学会山歌不怕被盘问。现在大家跟我学盘歌啊（发歌本给游客）。

导游：什么水面打筋斗咧，嗨啰了嗨？

什么水面起高楼咧，嗨啰了嗨？

什么结子高又高咧，嗨啰了嗨？

什么结子半中腰咧，嗨啰了嗨？

呜喂！

众人：鸭子水面打筋斗咧，嗨啰了嗨！

大船水面起高楼咧，嗨啰了嗨！

高粱结子高又高咧，嗨啰了嗨！

玉米结子半中腰咧，嗨啰了嗨！

呜喂！

好了，大家主要记住这个曲调和"什么什么咧，嗨啰了嗨，呜喂"的这些俚语和衬祠就可以大胆地唱各种山歌了。

在壮乡的青年谈恋爱中啊，通过刚才的盘歌，逐步摸清对方的学识、智慧、秉性后，如果双方觉得可以进一步深交，在接下来的对歌中就会想方设法赞美恭维对方，互相传情、互表爱意。比如：

男：妹你长得白皙皙，

好比园中花一支，

蝴蝶看见飞来拢，

蜜蜂来拢不舍离。

女：不比你，

真难比你恁英雄，

挑担好比下山虎，

犁田好比过江龙。

两个人一旦确定关系、坠入情网，便会心心相印、情意绵绵，开始唱起定情歌。

　　男：连夜想妹连夜标，

　　　　遇着老虎当作猫，

　　　　老虎老虎莫咬我，

　　　　你为猪养我为姣。

　　女：哥讲哥来又不来，

　　　　害妹夜夜房门开，

　　　　等到三更才去睡，

　　　　听见风声又起来。

　　热恋中的情郎情妹在平时难免会有分开的时候，分手时总是难分难舍、痛苦不堪，真是来的时候心比蜜甜，别的时候苦过黄连啊，一般分别时情妹会送荷包给情郎。于是，他们也会唱离别歌。

　　女：新绣荷包两面红，

　　　　一面狮子一面龙，

　　　　狮子下山龙下海，

　　　　不知哪日得相逢？

　　男：日头慢慢落岭西，

　　　　岭边鹧鸪哀声啼，

　　　　鹧鸪边啼边下岭，

　　　　我俩边哭边分离。

　　在离别的日子里，相思是最难熬的，两个人肯定都是"我盼伊人，望眼欲穿"。那种心酸心痛只能自己体会。打个电话会唱：

　　男：想妹一天又一天，

　　　　想妹一年又一年，

　　　　铜打肝肠都想断，

　　　　铁打眼睛也望穿。

　　女：水泻滩头哗哗响，

　　　　妹不见哥心就忧，

　　　　喝茶连杯吞下肚，

千年不烂记心头。

好了，不知不觉，我们来到了刘三姐的家——流河寨。刘三姐出生在下枧河的流河寨，由于她不仅爱唱各种各样的山歌，而且还是情歌高手。壮族是一个开放、机智、勇敢的民族，尤其是在爱情方面，从古至今都是提倡自由恋爱，特别是青年男女通过对唱山歌来择偶。慢慢地就形成了专门为青年男女唱歌择偶的场所——这个场所就叫作歌圩。壮族歌圩历史悠久，源远流长，萌芽于氏族社会时期，形成于唐代，在宋代得到发展，兴盛于明清时期。刘三姐的家——流河寨，自从刘三姐被迫害离开故乡到柳州传歌升仙后，后人为了纪念刘三姐，也为了纪念刘三姐和他的情人在流河寨唱情歌相亲相爱的爱情，直至今日，她的家成了倚歌择偶的歌圩，后人把她的家叫作"情人歌圩"。

现在，我们就下船，到歌圩去体验和感受一下，壮乡歌圩是如何以歌定情、以歌定亲的。

（四）旅游活动之四：情醉歌圩、相爱相思、私订终身——流河寨刘三姐爱情文化体验

1. 地点：流河寨

2. 主题：情醉歌圩，私订终身：流河寨刘三姐爱情文化体验

3. 内容：参与和体验刘三姐山歌爱情文化

4. 活动细节说明

在龙江河和下枧河完成"相会—相识—相知"后，"情郎情妹"们互相试探之后，下来就通过盘歌考验对方的学识及智慧，以确定是否可以托付终身。因此，下来就是"相爱—相思"阶段，这一阶段布局在流河寨中，让游客充分了解刘三姐的爱情文化并体验壮族独特的对歌择偶文化。

流河寨作为刘三姐爱情文化的集中展示区，规划的主题为"情醉歌圩"，将壮族的歌圩文化（倚歌择偶）进行充分展示，规划由以下活动流程组成：

（1）盘歌入寨。游船到流河寨码头后，导游唱着《盘歌》邀请游客到刘三姐的家——流河寨。

游客下船到码头后，由"阿牛哥""刘三姐"分别将写有经典山歌歌词的绣球挂给游客，绣球既可作为导游"号牌"，也可作为游客在后面参加各类活

动时的"锦囊袋"。然后引导游客到流河寨观赏表演，由四名男的"阿牛哥"打着壮鼓和四个"刘三姐"敲着锣唱着"呢啰嗨、喔喂"山歌，代表"刘三姐的家人"欢迎游客进入"刘三姐的家相亲定亲"。

（2）仙庙求缘。规划走过"仙缘桥"，到歌仙庙求缘。

刘三姐既是歌仙也是爱神，"我俩"相会相识相知，但前世姻缘天注定，是否有缘相爱相亲，还需要得到"爱神刘三姐"的赐缘。因此，规划刘三姐仙缘庙，作为游客祈愿求缘和了解壮族民间信仰习俗的景点。

（3）对歌表白。根据壮族青年男女在盘歌对唱中逐步摸清对方的学识、智慧、秉性后，如果双方都觉得可以进一步深交，接下来就是通过对歌表白的方式，互相恭维对方，互相逗情，互表爱意，根据这一习俗，规划对歌表白，对歌招亲。

对歌表白、对歌招亲地点选择在废弃的餐厅前面，设置两个对歌台。导游让游客打开刚才在盘歌入寨时发给大家的绣球，里面写有"我爱你"的游客才有资格参加对歌表白。女游客与"阿牛哥"对歌表白、男游客与"刘三姐"对歌表白，然后选出"歌王歌后候选人"，只有"歌王歌后"才有资格与"阿牛哥""刘三姐"定亲。因此，要得到与"阿牛哥""刘三姐"定亲还需要候选人表忠心，到"海誓山盟墙表忠心"、到定情物作坊"选礼物作为彩礼"去定亲。

在对歌表白后，游客可以自己参观了解"刘三姐品牌之旅"文化展示长廊，寻找歌仙刘三姐。

（4）礼到定情。通过对歌表白后，需要送彩礼、定亲。因此，规划将现在的山歌文化墙改造为"海誓山盟表白"墙。让游客购置许愿牌将自己的心迹贴在表白墙上。随后到定情物作坊自己制作几件心仪的定情礼物或者选购几款心仪的礼物回家。

（5）封王定亲。规划在刘三姐故居处，将刚才选出的歌王歌后候选人进行最后的"海选"，确定歌王歌后。

规划"歌王歌后"候选人站在刘三姐故居前，由"阿牛哥""刘三姐"抛绣球给候选人，抢得绣球的即为"歌王歌后"，颁发由"广西壮王布洛陀封赐"的"歌王歌后"证书，并按照古代壮族壮王及王后封典仪式举行"封王"庆典，并由"歌王歌后"选购"歌仙酒"回去作为"庆功宴酒"。具体程序是：

第一步：刚才在对歌台获得"歌王歌后"的候选人，分为男队和女队站在刘三姐故居前，由站在刘三姐故居二楼阳台的"阿牛哥、刘三姐"分别把绣球抛给女队和男队，抢得绣球者即是"歌王歌后"。

第二步："歌王歌后"选出来后，即到刘三姐故居二楼更衣室换上"歌王歌后"衣帽，衣帽仿照古代壮王及其王后的服饰来设计。"歌王歌后"更换好衣帽后，来到刘三姐故居前，与大家一起拍照。

第三步：封典仪式。封典仪式由扮演"壮王"的演员授予"歌王歌后"证书。顺序是"歌王歌后"选出来后，用电脑播放着封典仪式歌曲，然后"阿牛哥"大声喊着"封王吉时到，'歌王歌后'请到封王台前，接受壮王钦封"。

第四步：封王。"壮王"坐在"龙椅"上，旁边的"太监"手拿着"奉旨"大声念着"歌仙赐福，×××机智敏捷、出口成歌、歌斗群雄、一举夺魁，特封赐为'歌王歌后'，特赏镏金证书一本和大绣球一个，请到壮王前接受封赏"。接着"壮王"为"歌王歌后"封赏。

"歌王歌后"的镏金证书设计："歌王歌后"的镏金证书上文字内容为：×××，在刘三姐的家——流河寨歌圩对歌中，机智敏捷、出口成歌、歌斗群雄、一举夺魁，被壮王封赐为第一代"歌王"/"歌后"。壮王：布洛陀　×××年××月××日。

奖品大绣球设计：大绣球设计为九花瓣，直径 0.5 米，寓意"九五之尊、久久长远"，上书"歌王"/"歌后"大字。

（6）别离歌圩

封王结束后，流河寨游程结束，"阿牛哥""刘三姐"唱歌《别离歌》送游客继续前游，到壮古佬"成亲"。

5.导游词

（1）盘歌入寨。

地点：流河寨码头、迎宾表演场

活动内容：盘歌入寨、看迎宾表演、温习宜州情歌

活动一：游客下船到流河寨码头后，"阿牛哥"和"刘三姐"给每个游客

佩挂一个小绣球，小绣球分为刻有山歌答案字条的和空白没有山歌答案的两种。其中，每个团队根据人数的多少，男女游客分别选择2~5个挂有山歌答案的绣球。

活动二："阿牛哥""刘三姐"分别挂完绣球给游客后，引导游客到迎宾表演场。排在迎宾表演场的4个"情哥"打着鼓和4个"情妹"敲着锣，唱着《进寨山歌》、踏舞迎接游客。歌中唱道：

男唱：

昂罗来，昂罗来，来了一个情妹妹；

远远见妹走过来，不高不矮好人才。

不高不矮人才好，十分伶俐九分乖。

女唱：

昂罗来，昂罗来，来了一个情哥哥；

哥你有心来爱妹，妹也有心把哥陪。

若得和哥成双对，糯米蒸糕拢一堆。

导游词：各位游客朋友们，大家到了刘三姐的家——流河寨了，这是刘三姐出生和生活的地方。后人为了怀念刘三姐，经常在这些唱山歌，因此，这里成为刘三姐歌圩。

每年三月三便是壮族的歌节，壮家人把歌节叫作歌圩。歌圩一般连续两至三天，小的歌圩有一两千人参加，大的歌圩参加者可达万人之多。在歌圩上，姑娘们会撑着圆圆的花伞，手上拿着圆圆的绣球，唱着甜甜的山歌寻找自己的意中人。经过仔细观察和对歌的考验，姑娘就会向她的意中人抛出自己亲手绣制的绣球。姑娘为了寻到自己心仪的情郎或者小伙想得到姑娘的青睐，壮族的情郎情妹们在赶歌圩前都去歌仙庙求缘赐歌，将自己的歌本放到刘三姐神像前祭拜，祈求赐予自己仙歌，以寻找自己心仪的情郎情妹。

所以，游客朋友们，为了赐歌求缘，我们现在就去歌仙庙求缘去。

（2）走"踏歌栈道"、过"仙缘桥"。

地点：踏歌栈道、仙缘桥

活动内容：走踏歌栈道、过仙缘桥

导游词：大家现在走的这条栈道和桥，叫作踏歌栈道和仙缘桥，走路和过桥时请注意安全。大家看到踏歌栈道上写有各类经典的壮族山歌。我现在向大家介绍一下壮族的山歌。

壮族人民的歌声渗透在生产生活的每一个细节中，比如上山伐木、下田劳作会唱伐木歌、拉木歌、犁田歌、插秧歌等劳动歌，从幼到老、从生到死会唱满月歌、婚礼歌、祝寿歌、丧葬歌等礼仪歌，谈情说爱、互诉衷肠会唱赞美歌、定情歌等情歌，此外还有创世古歌、历史传说故事歌、时政歌、儿歌等。

可以说，壮族人民在生产生活中，时时事事都离不开歌，他们以歌代言、以歌交友、以歌传情、以歌为媒，歌声飘扬在青山绿水间、峒溪旷野上、田间阡陌中、屋宇火塘边。这些歌不是阳春白雪，而是下里巴人，含着泥土的芬芳，带着山水的神韵，透着野性的生命活力，是真正属于劳动人民的歌。

在壮族地区，不管是汉族人民还是壮族、瑶族等少数民族人民，一出生就畅游在歌的海洋中。人们从小听着大人们在不同场合对唱，同时参加各种歌圩，耳濡目染、潜移默化，自然而然开口能唱。在很多地方，年幼的学歌、年轻的唱歌、年老的教歌早就成为一种固定的传唱模式。"以饭养身、以歌养心"已经成为壮族人民真实的生活写照。

（3）歌仙庙求缘。

地点：歌仙庙

活动内容：游客在入口处购买小歌本和香火，然后先在庙门口的香炉上香，接着到刘三姐神像前将小歌本放在歌台上，向歌仙刘三姐许愿求缘。

导游词：大家到了歌仙广场了，前面就是歌仙刘三姐庙了。刘三姐不仅是歌仙，还是壮族人民的爱神，刘三姐也被壮族民间尊为爱情之神，其根源在于：刘三姐是歌仙，唱歌是青年男女恋爱交友、对歌谈情的主要方式，刘三姐理当是爱情女神。在广西，至今仍保留着对山歌前拿歌本到刘三姐祭祀求歌，以让自己找到心上人。现有流行的祭祀歌仙庙歌词唱道：刘三姐，秀才郎，我请你来坐正堂。我请你来正堂坐，歌声不出你来帮。

（4）歌王大赛预赛场：对歌表白。

地点：对歌台

活动内容：请各位游客打开刚才上码头的时候，"阿牛哥""刘三姐"发给大家的绣球。凡是绣球里面放有"对歌歌词"的都有机会参加对歌比赛。

导游词：各位游客，刚才大家在歌仙庙里，许了愿，现在看看我们有没有缘分啊，请大家打开大家胸前的小绣球，这个小绣球可不是送给大家的小礼物，里面可是一会儿对歌的小锦囊哦。大家打开看看，凡是小绣球里面有山歌歌词的小字条的，就是刚才求到缘了，一会儿都有机会参加的"歌王歌后"的对歌比赛。大家呢，也不用担心对歌的时候对不出来，在你们的小绣球里面都有答案，当然，只有一部分答案而已。其他答案还要靠朋友们自己去想。

好了，现在我们到对歌台了。请拿到锦囊的女游客站到右边歌台上，等下和阿牛哥对歌。拿到锦囊的男游客请到左边歌台上，等下和刘三姐对歌。大家可要记得，在你们的小绣球中有锦囊，一会儿阿牛哥和刘三姐出来和大家对歌的时候就可以派上用场了。

刘三姐、阿牛哥（从办公室唱着山歌走下二楼的走廊，面对游客）。

刘三姐唱着：

打个哨子弯又弯，哨子惊动那边山；哨子惊动过路伴，问你想唱不想唱咧，嗨啰了嗨？

男游客：想唱咧，嗨啰了嗨！

刘三姐：心想唱歌就唱歌，心想撑船就下河，你拿竹篙我拿桨，随你撑到那条河，你敢唱来我敢和，母鸡扒开白蚁洞，出来几多叮几多！

问你一句话咧。什么尖尖尖尖尖了尖上天咧，嗨啰了嗨？什么尖尖尖尖尖尖了在水边咧？嗨啰了嗨？

男游客：宝塔尖尖尖尖尖尖上天咧，嗨啰了嗨！

　　　　菱角尖尖尖尖尖水边咧，嗨啰了嗨！

刘三姐：什么结果抱娘颈？什么结果一条心？什么结果包梳子？什么结果披鱼鳞咧，嗨啰了嗨？

男游客：木瓜结果抱娘颈。芭蕉结果一条心，柚子结果包梳子，波萝结果披鱼鳞咧，嗨啰了嗨！

刘三姐：你歌哪有我歌多，我有十万八千箩，只因那年涨大水，山歌塞断九条河。呜喂。（唱完，刘三姐连续抛三次绣球给参加对歌的游客，凡是抢

到绣球的游客，就是"歌王"候选人）

阿牛哥唱着：

下枧河岸坡对坡，扁担两头箩对箩，今日有缘来相会，有缘相会就唱歌，问你想唱不想唱咧，嗨啰了嗨？

女游客：想唱咧，嗨啰了嗨！

阿牛哥：唱情歌，这边唱来那边和。情歌好比春江水，不怕滩险弯又多。

问你一句话咧。什么什么水面打筋斗？什么水面起高楼？什么水面撑阳伞？什么水面共白头咧，嗨啰了嗨？

女游客：鸭子水面打筋斗，大船水面起高楼，荷叶水面撑阳伞，鸳鸯水面共白头咧，嗨啰了嗨！

阿牛哥：什么有嘴不讲话？什么无嘴闹喳喳？什么有脚不走路？什么无脚走天涯咧，嗨啰了嗨？

女游客：菩萨有嘴不讲话，铜锣无嘴闹喳喳，板凳有腿不走路，大船无腿走天涯咧，嗨啰了嗨！

阿牛哥：油菜开花一蓬蓬，有心相恋莫讲穷，只要两人感情好，凉水泡茶慢慢浓。呜喂。（唱完，阿牛哥连续抛三次荷包给参加对歌的游客，凡是抢到荷包的游客，就是"歌后"候选人）

大家刚才对歌对得非常好，有六个游客还抢到了绣球和荷包。你们就是今天的"歌王歌后"候选人了，你们还不是最终的"歌王歌后"，在咱们壮乡只有"歌王歌后"才有资格成婚的哦。因此，你们还要参加最终的"歌王歌后"选拔赛。

（5）刘三姐文化展示馆：刘三姐文化的挖掘与提炼。

地点：刘三姐文化展示馆

活动内容：前半部分观图片、文化产品实物，探究刘三姐文化：歌源、歌声、歌祖、歌仙、歌圩、歌谣、歌魂；后半部分观看现在宜州歌圩、山歌比赛等视频，了解宜州的山歌文化。

导游词：现在我们来到了刘三姐文化展示馆，展示馆由两大部分构成，第一部介绍刘三姐山歌形成的历史和演变。第二部分主要是观看在山歌之都、歌仙故里——宜州活生生的山歌爱情文化。

——展板导游词

现在向大家简单介绍一下。

歌源：山歌为什么诞生在宜州？宜州及其周边地区自古生活着壮族先民——百越民族的几个分支族群，这些壮族的先民主要居住在宜州的山洞里或山洞周边。他们最开始在岩洞里聚众唱歌的，以打发采集、狩猎回后待在岩洞的漫长寂寞时光。因为他们在山坡或山洞里唱歌，因此，这种歌被叫作山歌。可见，宜州的壮族山歌已经有几千年的历史了。

歌声：从岩居穴处的时代开始，壮族人民的歌声就没有断过。人们从小到大、从老到死、从生活生产到人际交往、从择偶婚配到愉悦身心、从巫蛊祭祀到记录历史等，几乎无事不歌、无处不歌。可以说，壮族人民的一生就是以歌为伍、以歌为伴的一生。壮族人民在生产生活中，时时事事都离不开歌，他们以歌代言、以歌交友、以歌传情、以歌为媒，歌声飘扬在青山绿水间、峒溪旷野上、田间阡陌中、屋宇火塘边。

歌祖：民族文化的交流造就了歌祖刘三姐。宜州是广西受汉文化影响较早的区域，宜州境内先秦时期为百越属地，自汉武帝元鼎六年（前111年）设定周县，为宜州正式建置之始。自唐贞观四年（630年）起，这里又是历代州、郡、府、路治所和专区驻地，从秦代开始，宜州陆续有中原汉族迁徙定于此。在日常生活中，不管是汉族还是壮族等少数民族，大都使用西南官话中的桂柳话作为交际语言，因此，当地的壮族老百姓平时既唱壮话山歌也唱桂柳话山歌。桂柳话山歌作为壮族山歌，更容易和同为汉语方言山歌的客家山歌相交流、碰撞、激荡，从而取长补短、相互融合，这样，需要塑造一个既懂得汉语又懂得壮话的歌手就成了时代的需要。刘三姐作为民族文化交流融合的象征就是在这样的背景下诞生的，她的诞生得到了壮汉以及瑶族、仫佬族等少数民族的认同，大家都认刘三姐作为本民族的歌祖，这就是宜州乃至广西为什么成为刘三姐的故乡的缘故。

歌仙：在广西乃至广东如今有许多刘三姐骑鱼升仙，化石成仙的传说故事。这些传说表现了壮族人民敬仙、慕仙的心理。神仙在仙境而非凡尘，在大自然的山水之间。壮族人民喜欢仙境，向往仙境，因此歌圩也选择在优美的山水之间。化石、成仙的故事还表现了壮族人民的美好愿望：希望他们的三姐永垂不朽，化石使后人世世代代都可以看见她；而成仙就赋予她永恒的生命和美好的理想———神仙是长生不老的，是无所不能的，又是通人性的，是有求必应的，是造福百姓的。因此，刘三姐死后民间将其作为神仙祭拜。

歌圩：它历史悠久，源远流长，萌芽于氏族社会时期，形成于唐代，在宋代得到发展，兴盛于明清时期。宜州壮族是古百越民族的后裔，自古以善于歌唱而著称：在宜州地区，基本都有歌圩，歌圩是壮族群众在特定的时间、地点里举行的节日性聚会歌唱活动形式，壮语称为"圩欢""圩逢""笼峒""窝坡"等。一般来说，举办歌圩的时间主要在春秋两季：春季歌圩以三四月间为最盛，尤以农历三月初三最多；秋季歌圩集中于八九月份，尤以中秋节为多。歌圩的举办地点各地不尽相同，但每一个歌圩都在一个相对固定的地方举行。最早的壮族歌圩源于氏族部落时代的祭祀活动，后来逐步演变为青年男女唱歌择偶的场所。

歌谣：刘三姐歌谣是流传于广西壮乡的宜州、柳州、桂林等岭南一带的民间山歌、歌谣的总称。刘三姐歌谣大体分为生活歌、生产歌、爱情歌、仪式歌、谜语歌、故事歌及创世古歌七大类，它具有以歌代言的诗性特点和鲜明的民族性，传承比较完整，传播广泛。刘三姐歌谣在全国乃至全世界都产生了深远的影响，它不仅具有见证民族历史和情感表述方式的文化史研究价值，还具有民族学、人类学、社会学、美学等方面的研究价值。2006年5月20日，刘三姐歌谣经国务院批准列入第一批国家级非物质文化遗产名录。

歌魂：刘三姐的歌魂实质就是情歌。壮族是一个开放的民族，青年男女从古至今都是通过倚歌择偶，自由恋爱的。倚歌择配就是通过山歌对唱来选择恋爱对象，一般需要经过下列对唱阶段：游歌（沿路歌）—见面歌（初会歌）—求歌—和歌（接歌）—盘歌—相交歌（甜歌）—信歌（定情歌、赠物歌）—思歌（念情歌、相思歌）—离别歌（别歌、相送歌）—约歌（约定歌、约会歌）。

——视频导游词

"歌圩歌节视频"文字脚本："壮族山歌历史久远，它萌芽于原始社会岩洞穴居时代，因此，山歌又有山岩洞之歌、田峒之歌等名称，现在田东、田阳、武鸣等广大的壮族地区还保留着在岩洞聚会唱山歌的习俗；到了唐代，壮族山歌更加兴盛，出现了专门唱情歌择偶的歌圩或歌会，在歌仙刘三姐的传歌下，山歌成为壮族人民文化娱乐和倚歌择偶的精神食粮，'如今广西成歌海，都是三姐亲口传'，在宜州及广西其他地区每年都举办各类山歌比赛，极大地传承了山歌优秀文化。"

（6）爱情墙鉴证：山盟海誓。

地点：爱情墙

活动内容：游客自己购买爱情贴将自己的爱的诺言或爱的宣言粘在墙上或者卖个同心锁锁在同心链上。

导游词：各位朋友，在咱们壮乡，一旦对歌遇到自己心仪的人后，就要在歌圩或者自己屋前挂上定亲的信物，表示本人已经名花有主了。那今天呢，各位朋友，您可以选购自己的定情物，在爱情墙这里进行山盟海誓，以表你们对爱的忠贞。

（7）寻觅信物、礼到定情。

地点：定情作坊

活动内容：购买定情信物或自己选购定情物

导游词：咱们之前和大家说到，在咱们壮乡的对歌过程中，遇到自己心仪的情歌情妹，会把自己亲手做的绣球或荷包送给对方，作为定情物。当准备谈婚论嫁的时候，就要送彩礼到女方家正式提亲和定亲了。大家想知道壮族的定亲礼物是什么吗？请到定情作坊参观选购。里面不仅有壮族的定情定亲礼物，而且还有世界各地的具有代表性的定情定亲礼物，大家可以动手做一款自己喜欢的礼物，也可以购买现成的，回去给您的情人或爱人。

（8）觅刘三姐足迹。

地点：古井仙泉、相思树（恩爱树、藤缠树）、竹林、刘三姐故居

活动内容：1）听古井故事、观树藤缠树 2）参观刘三姐故居

导游词：流河寨的古井流传着很多与刘三姐的故事，据说刘三姐歌喉特别好、出口成歌、长得特别漂亮，后来羽化成仙，都是因为常年喝这口仙泉水的缘故。

民间传说，刘三姐不但是能歌善唱的壮家姑娘，而且是心地善良、慈悲为怀的人。据说，刘三姐非常喜爱红鲤鱼。有一次，三姐到下枧河捕鱼，看

到一群红鲤鱼向她游来，其中有一条大鲤鱼脊背上负了重伤，奄奄一息，刘三姐忙将其救起，拿回家，打上自家的井水，放在水缸里饲养，没过几天，鲤鱼的伤就好了。刘三姐把鲤鱼放回了下枧河，后来，刘三姐被财主莫老爷迫害，坠崖落入下枧河，据说是红鲤鱼驮着刘三姐向柳州游去，得到了老渔农的救治。刘三姐在柳州传歌化仙后，红鲤鱼再次驮着刘三姐奔向了仙界。

刘三姐还特别同情穷人们，无论哪家的娃子病了或者哪位大爷大娘病了，刘三姐就上山找药，用自家的井水熬药送给他们，说来也奇怪，不管是什么病，只要用了刘三姐家的井水熬的药，只要喝一次就好了；据说，刘三姐出口成歌、美丽动人也是常年喝自家井水的缘故；于是一传十，十传百，方圆几百里的乡亲都知道刘三姐家的古井有着神奇的功能，不仅能够治病，而且喝了井水孩子长大后个个都落落大方、楚楚动人，都会唱出甜蜜的山歌，于是，凡是喝了刘三姐家的井水的人，唱歌唱得都特别好。这事，传到了财主莫老爷这里，莫老爷便请当时有名的陶、李、罗几个秀才与刘三姐及众乡亲对山歌，哪知，饱读诗书的三个秀才被刘三姐及众乡亲对得哑口无言、气急败坏、落荒而逃。后来，财主霸占了这口井，迫害刘三姐离开了流河寨。至今，这井水依然常年不断，甘甜清凉。

相思树（恩爱树、藤缠树）：各位朋友，请看这片茂盛的龙眼树，这里的壮家人叫它定情树。为什么叫定情树呢？相传当年刘三姐和阿牛哥在这里相识，他们通过唱山歌相互找到知音，并且加深了感情，于是他们在这里定下了终身，为了表示爱情的忠贞不渝，就在这河岸上种了一棵龙眼树，他们祝愿这棵象征着爱情的树万古长青，于是，共同唱道：

我俩种下定情树，爱情常青树长绿；

海枯石烂情不断，石烂海枯树不枯。

定情树经过了许多年代的风风雨雨，终于繁衍成林。据说阿牛哥原来的出生地是今天的宜州德胜镇。这龙眼树呢，说来也怪，从宜州城区往西北方向过了德胜地界，就再也找不到这种树了。

刘三姐故居导游词：这是刘三姐和她相依为命的刘二哥居住的房子。宜州民间现在仍流传着刘三姐故居所在村落的歌谣，有山歌唱道："三姐生在龙江滨，家住下枧流河村；门前河里鱼欢跳，屋后青山鸟常鸣。"刘三姐故居是典型的南壮建筑，壮族的建筑分为广西北部壮族的干栏建筑和南部的汉式建筑。下面，让我们到选拔"歌王歌后"终极赛去看看。

（9）封歌王定亲。

地点：刘三姐故居处

活动内容：被选中的"歌王歌后"候选人，站在刘三姐故居前，由站在刘三姐故居二楼阳台的"阿牛哥、刘三姐"分别把绣球抛给女队和男队，由抢得绣球者即是"歌王歌后"。

导游词：下面请刚才在对歌台中获得"歌王歌后"候选人的游客朋友站到刘三姐的故居前。（引导"歌王歌后"候选人站到故居前）。由"阿牛哥"和"刘三姐"出来选王定亲啰。

（阿牛哥、刘三姐唱山歌拿着荷包和绣球从屋里走到二楼阳台，唱着：连就连，你我相约定百年；谁若九十七岁死，奈何桥上等三年。连就连，你我相约定百年，相恋只盼长相守，奈何桥上等千年。连就连，你我相约定百年，不怕永世堕轮回，志愿世世长相恋。连就连，你我相约定百年，不羡西天乐无穷，只羡鸳鸯不羡仙。呜喂！接着，向"歌王歌后"分别抛出一个荷包和一个绣球。）

阿牛哥和刘三姐唱定亲歌来了，"歌王歌后"候选人注意了，等下阿牛哥和刘三姐看中你了，就会把他们的定亲物荷包和绣球抛给大家，请大家记得去抢哦，抢到了你就是"歌王歌后"了，努力啊。

（"歌王歌后"诞生）哈哈，A抢到绣球了，你就是歌王了，B抢到荷包了，你就是歌后了。我们的歌王歌后诞生了。请到刘三姐故居一楼更衣室换上歌王歌后的服饰，请壮王钦封。

（封王仪式）请歌王歌后站在封赏台下面，接受壮王的封赏。

（太监）念着颁奖词："歌仙赐福，×××机智敏捷、出口成歌、歌斗群雄、一举夺魁，特封赐为歌王歌后，特赏镏金证书一本和大绣球一个，请到壮王这里接受封赏。"

我们的A和B由于机智勇敢，对歌胜出，并有缘被阿牛哥和刘三姐看中，被封为歌王歌后了，这是大喜的日子啊。就等着和阿牛哥和刘三姐结婚了。这么好的日子了，我们的歌王歌后是不是要买酒和朋友们回去庆祝一下。

（10）别离歌圩。

地点：流河寨码头

活动内容：流河寨导游人员用山歌送别游客。

导游词：今天我们在刘三姐的家——流河寨真实地体验了一把壮乡的爱情文化，刘三姐家乡的人民总是很热情的，就连送咱们走，也是用他们独特的唱山歌的方式，送别大家，大家听，他们正在唱《别离歌》（导游在唱《别离歌》：送哥送妹到河边，眼看分别心发愁，歌送情郎妹难舍，歌送情妹难舍郎）。

再见了，情醉歌圩。

（五）旅游活动之五：电影经典再现——"刘三姐与秀才对歌"

1. 地点：下枧河（流河寨码头——壮古佬码头之间的游船上）

2. 主题：寻找刘三姐　经典再现

3. 内容：电影《刘三姐》经典再现　对歌娱乐

4. 活动细节说明

在流河寨至壮古佬的这一下枧河段，将电影《刘三姐》中的刘三姐与莫老爷、三个秀才斗歌的经典场景，进行表演。完全模仿电影《刘三姐》经典台词进行演绎。即保持现有的刘三姐斗歌节目。

5. 导游词

刘三姐：三秀才，问你船来是路来？船来摇断几把桨？路来穿烂几双鞋？

三秀才：细妹子，我是船来路也来，我坐帆船不用桨，我骑白马不烂鞋。

刘三姐：隔山唱歌山答应，隔水唱歌水回声，今日歌场初会面，三位先生贵姓名。

陶秀才：百花争春我为先

李秀才：兄红我白两相连

罗秀才：旁人唱戏我挨打

三秀才合唱：名士风流天下传

刘三姐：姓陶不见桃结果

　　　　　姓李不见李开花

姓罗不见锣鼓响

蠢材也敢对歌来。

李秀成： 小小黄雀才出窝

　　　　谅你山歌有几多

　　　　那天我从桥上过

　　　　开口一唱歌成河

刘三姐： 你歌哪有我歌多

　　　　我有十万八千箩

　　　　只因那年涨大水

　　　　山歌塞断九条河

罗秀才： 一个油桶斤十七

　　　　连油带桶一斤一

　　　　若是你能猜得中

　　　　我把香油送给你

刘三姐： 你娘养你这样乖

　　　　拿个空桶给我猜

　　　　送你回家去装酒

　　　　几时想喝几时筛

罗秀才： 三百条狗交给你

　　　　一少三多四下分

　　　　不要双数要单数

　　　　看你怎样分得均

刘三姐： 九十九条圩上卖

　　　　九十九条腊起来

　　　　九十九条赶羊走，

　　　　剩下三条当奴才

……

古窑山

请大家看前面右边这座山，悬崖壁上被挖得千疮百孔，这是怎么回事呢？相传太平天国翼王石达开在宜州驻扎期间，经过一段时间的休整练兵后，就准备向西北方向的四川进军，在离开宜州前的一个黑夜里，用一只大船将军中的大批金银财宝运到这里，分埋在 18 个洞穴中，每个洞埋进 18 坛，每坛 18 斤，打算在西北建立根据地后再运走。不料，石达开这一走就一去不复返了，在四川的彝民地区全军覆没。后来，一些贪财的人听说有财宝埋在这座山上，就经常来这里掘宝。可是，每次挖到一半时就会遇到电闪雷鸣，风雨交加。传说已有一洞被人挖开拿走了 18 坛财宝，至今仍有 17 个洞 306 坛尚未被人发现。

坝头村

请大家看，这座美丽的小山下有一个小村庄叫坝头村，这里依山傍水，景色秀丽、幽静。抗日战争时期，浙江大学南迁来到宜州，校长竺可桢不辞劳苦，亲自带人四处勘察，看上了这块地，于是将浙大农学院设在这村里。浙江大学在编写校史时曾派人到此采访。这个名不见经传的坝头村，从此在历史上留下了光辉的一页，真是："依山傍水景色优，下枧河畔有坝头；浙大在此设学院，坝头村名青史留。"

莫村

大家请看，前面村口有一块碑，刻着"莫村"二字，这就是莫村，莫老爷的村。相传在唐代，这个村里的居民都是姓莫的，可是到了后来，莫姓的人家逐渐离开这里，村里姓莫的就越来越少了，直到今天，再也找不到一户姓莫的人家了。这到底为什么呢？传说自从莫怀仁把莫家的名声搞坏以后，姓莫的人家觉得无脸见人，迫不得已才离开这祖祖辈辈居住的地方，也有人说，曾闹过一次饥荒，全村的人差不多都饿死了，但是不管怎样，人们一直都认为这里就是莫村。

（六）旅游活动之六：踏歌起舞

1. 地点：马山塘、壮古佬

2. 主题：踏歌起舞

3. 内容：了解宜州的民俗文化

4. 活动细节说明

保留现有的迎宾、歌舞表演、婚俗节目。即游客到壮古佬码头后，壮家的"阿牛哥、刘三姐"唱着山歌迎接"游客回娘家"、在厚兰桥上喝拦路酒，到表演场上观看壮族歌舞表演和"歌王歌后"参加壮族的婚俗表演。

鉴于壮族有"结婚后"不落夫家的习俗，"歌王歌后"参加完婚俗表演后就可以自己"回家"，参加其他的旅游活动了。

同时，壮古佬需要提升休闲度假旅游功能，增加壮族民族体育竞技项目（自助性活动项目）如抢花灯、捞火球、打陀螺或打鸡仔等、农家瓜果采摘以及农家乐旅游项目。

增加刘三姐歌谣非物质文化展示和彩调文化展示，刘三姐歌谣非物质文化展示和宜州彩调传习基地一起，联合展示即可。

方案1：踏歌起舞，不落夫家：壮古佬婚俗体验"娶刘三姐回家"

地点：壮古佬表演场

活动内容：壮族婚俗表演

节目单：山歌连唱　抛绣球　过独木桥　背新娘　拜亲谢亲

导游词：下枧河一带的村寨至今还沿袭着一种"过三关"娶媳妇的壮族婚俗。为了让大家能领略到这一古朴的壮族风情，今天我们特地将流河寨的壮族娶亲过程原汁原味地搬到旅游节目中来，让大家共同参与，享受一番做壮家新郎、当壮家新娘的乐趣。请先观赏一遍他们的示范表演。请注意，当他们表演过后会有壮家姑娘向观众抛来绣球，如果您接到了它，您就是今天的新郎官了！当了新郎官，就可以拿着红头巾到游客中或流河寨的姑娘中去找新娘了。一旦有人被您相中，并盖上了红头巾，她就成了您的新娘。当然，新郎官要把新娘从娘家娶走，首先得把带来的粽子、红蛋等彩礼送进娘家。新郎进娘家门是很有讲究的，必须要经过二道彩门，一座独木桥。过独木桥时要过"三关"，不得把桥上的伴娘碰下桥，否则就要被罚酒。如果是新郎掉下桥来，新郎罚酒一杯；如果是伴娘被碰下桥来，新郎罚酒三杯；如果是新郎和新娘都掉下桥来，新郎罚酒四杯。过完这"三关"，新郎官才能将新娘从家中背出来并且还要从原桥通过。这时，新娘会用双手把新郎的眼睛蒙住，假若新郎从桥上掉下来，新娘可能就要变卦。因此，新郎要特别细心才行，否则就会前功尽弃。

过了独木桥，就可以到闺房去接"刘三姐"了，接了"刘三姐"要把她背出来，拜堂成亲。（具体节目按照现在的婚俗表演程序来设计。）

　　方案 2：踏歌起舞，宜州民间杂技、宜州民间体育竞技表演

　　地点：壮古佬表演场

　　活动内容：保留现在开发的民间杂技、宜州民间体育竞技表演

　　节目单：板鞋舞　蚂拐舞　竹竿舞　傩面舞　狮子上刀山　抢花灯

　　捞火球　打陀螺　民族团结舞

　　导游词：宜州人民能歌善舞，创造了大量的与劳作、生活有关的舞蹈与体育竞技项目，现在就让我们踏歌起舞吧。

　　板鞋舞

　　现在我们看到的是《板鞋舞》。跳板鞋舞是壮家人特别喜欢的一种自娱自乐的体育活动，他们穿的是用木板制成的长鞋，要有两人以上才能跳它。跳板鞋舞能够真正体现团结友爱和协作精神，您不妨亲自来试一试，看一看您和她是否真正做到了二心合一，配合默契。如果您真想快点学好跳板鞋舞，窍门只有一个，那就是请记住下面的一首民谣，边念边跳就可以了：

　　脚踏板鞋响叭叭，欢迎游客到我家；

　　一二三四齐步走，跌倒马上爬起来。

　　蚂拐舞

　　壮族人民把青蛙叫作蚂拐，称它是"雨的使者""庄稼的保护神"。他们信奉蚂拐的鸣叫可以乞求上天将雨水赐给干涸的大地，让大地充满生机与活力。下面大家将要看到的是壮族的蚂拐舞，这种舞古朴、豪放、粗犷，是壮族祖先北越人祭雨求神的一种形式。

　　竹竿舞

　　各位朋友，在欣赏完粗犷豪放的蚂拐舞之后，我们将要看到壮乡欢快的竹竿舞。跳竹杠也是壮乡人们喜爱的活动之一，看似简单，跳起来可不容易，不小心是会被夹住脚的。请各位游客注意看她们的表演，等会我们可以同壮哥、壮妹一起来享受一下壮乡竹竿舞的欢乐情趣。壮族人用竹子编织了箩筐、竹篮、椅子等农具和家庭用具，同时也编织了他们美好的山村生活，他们使用竹竿子作道具，敲打着明快的节奏，跳起这欢快的竹竿舞。好了，现在请大家来领略一下壮乡竹竿舞的情趣吧！不过你要小心，千万别让竹子夹住了

脚。寨里有这样一首山歌能教你跳好竹竿舞：

打竹竿，响哗哗，跳起竹舞好欢乐；

夹跳开合掌握好，包你不会把脚夹。

傩面舞

傩面是面具的称呼，傩面舞在远古时代便是民间驱鬼逐疫的巫术舞蹈，在漫长的历史过程中逐渐演变为一种民间娱乐活动。人们往往是在喜庆丰收的时候戴上一张张狰狞的面具，以寄托他们对丰收年景的庆贺与对来年美好生活的憧憬。请看，壮族《傩面舞》。

狮子上刀山

狮子上刀山是宜州一个民间传统绝技，这个绝技是从古老的民间故事和传统民俗活动演化而来，一般由四个男性青年进行表演，其中一个为公狮，一个为母狮，一个扮小脸猴子，另外一个扮大肚罗汉进行表演。

抢花灯

抢花灯是宜州水族的民族体育绝技之一。每年端午节和卯节，男女老少云集村头村尾，在族长的一声号令下，众人随着古老的吹打乐曲，围着一堆大火，跳起既原始粗犷又野味十足的简单舞蹈，最后高潮是"抢火松枝"（一种带油性的松树枝），一群青年男女光着脚板勇敢地走过一条约 10 米长烧得火红火红的木炭垅后去抢火松枝，每次只限抢一支。当拿到松枝后回身还要走过仅一根圆木搭成的独木桥。据说，谁抢得松枝多，谁就大吉大利，谁就是当年水族寨中的英雄。

此外，大家还可以参与捞火球、打陀螺和打鸡仔等宜州特色的体育竞技活动。

民族团结舞

各位朋友，欢迎大家一起来跳民族团结舞，今天各位来到刘三姐家乡，这里的村民非常高兴，他们一高兴就会唱"昂罗来"，这"昂罗来"就是"高兴多"的意思。现在请大家跟我学唱"昂罗来"，会唱之后，我们就边跳边唱：

昂罗来，昂罗来，来了一个情哥哥。

大家来跳团结舞，民族团结好欢乐。

方案 3：踏歌起舞，宜州彩调小品表演

地点：壮古佬表演场

活动内容：宜州彩调小品表演

节目单：王三打鸟　说媒　龙女与汉鹏　刘三姐

导游词：彩调又称"调子""采茶"和"嗬嗨戏"，是广泛流传于广西城乡的主要剧种之一。彩调形式活泼，通俗易懂，剧目内容十分贴近群众生活，具有浓郁的民族风格和地方特色，被誉为"充满泥土芬芳的快乐剧种"，目前已入选国家级非物质文化遗产名录。1955 年，剧种统一定名为"彩调剧"。

宜州位于汉族文化与壮族文化的交会处，龙江河谷又是黔桂重要的历史文化走廊。独特的地理位置使宜州文化资源呈现出多姿多彩的特点。刘三姐的山歌是壮族山歌与汉族山歌水乳交融的产物。中国著名的喜剧剧种——彩调也是宜州重要的文化遗产，许多传统剧目至今仍盛演不衰。在文化方面，结合着四时和农事，发展了自己的民间戏曲和音乐，创造了踩花灯、鲤鱼跳龙门等音乐舞蹈形式，还创造了自己独有的勒脚体壮歌"欢"和七言体山歌。著名的彩调剧《刘三姐》，也是在宜州壮族中流传的刘三姐故事和宜州山歌基础上创作完成的。

王三打鸟

各位朋友，你们看过传统彩调《王三打鸟》吗？看过？没看过？好，现在我给大家介绍一下。《王三打鸟》是广西的传统彩调剧，在宜州流传很广。它反映了壮家农村的一对青年男女，打破旧的世俗观念，自由恋爱的故事。下面请欣赏彩调剧《王三打鸟》中的精彩片段《四门摘花》。

说媒

看了《王三打鸟》之后，请大家再欣赏传统彩调剧《刘三姐》剧中王媒婆的说媒片段，从这里可以欣赏到当年王媒婆是怎样到刘三姐家帮莫老爷说媒的。

龙女与汉鹏

《龙女与汉鹏》是宜州著名的彩调剧，1955 年曾被请进怀仁堂为毛泽东，刘少奇，周恩来，朱德等中央领导人举行专场演出。

刘三姐

《刘三姐》和《龙女与汉鹏》一样，都是宜州著名的彩调剧，都曾经为毛泽东等中央领导举行过专场演出，受到了党中央的赞赏。现在，我们来重温一下当年《刘三姐》的魅力。

（七）旅游活动之七：马山塘刘三姐乡"农家乐"饮食大观

地点：马山塘刘三姐乡"农家乐"

活动内容：参观马山塘社会主义新农村，品尝壮族特色农家饭

导游词：我们就到马山塘农家去品尝具有壮族特色的农家饭。下面重点介绍宜州的一些美食文化：

牛肉条

首先介绍的是宜州的牛肉条。山歌、彩调、牛肉条俗称宜州三绝，是宜州的特色文化和特色小吃！

凉粉

提到宜州的凉粉，相信很多宜州人都知道最好吃、最特别的叫"李贵凉粉"，它的制作方法和口感是不同于其他地方的。凉粉的配料被放在3个大小不一的罐子里：两个白瓷罐，一个像大鱼缸一样的罐子。一个白瓷罐中盛着被切碎的凉粉粒，另一个白瓷罐中放着浓的红糖水，"大鱼缸"里是冰水，水中漂浮着菊花，冰块，枸杞，红枣，罗汉果，分外清凉。调和一碗凉粉有着快乐的三部曲，拿碗，装凉粉，浅浅的舀一勺浓糖水，最后是豪迈的冲入一勺冰水，在空中划出一道好看的弧线后，准确无误地侧入透明的碗中，溅起片片冰爽。

凉菜

宜州的凉菜大概有十多种：蕨菜、海蜇皮、拌黄瓜、鱼腥草、豆腐皮、豆腐丝、海白菜、粉丝……夹凉菜的感觉就是看得多，什么都想要；碗小，装不下。这里是按碗来卖的，一个塑料碗就是1元钱，只要在摊主容忍的范围之内，你想要什么都可以。而且摊主还会帮你加一些红色的辣椒油，凉菜吃起来容易上瘾，因为一种凉菜你只能要一点，7、8个"一点"加起来就有满满的一碗了，所以到你吃时，每种凉菜只能尝一点，全部都吃完时的感觉就好像只吃了"一点"一样。现在广西很多地方也打着"宜州凉菜"的旗号在做生意。

米粉

宜州的煮粉很好吃，而且辣椒品种很多且随便放。宜州大多粉店都是一

碗一碗煮的，凉拌粉也很好吃。

螺蛳和生闷鸭脚

桂柳人不说田螺，我们叫螺蛳，很美味，爱吃辣的人见到应该都会喜欢吃。宜州螺蛳不像炒田螺，它是有汤的，它的汤又不像瓦煲螺那样无味，是很好喝很有味道的。

（八）壮古佬码头——下枧河游客中心导游词

马山塘屯是以壮族民族风情、休闲度假、农家乐为一体的休闲农业旅游景区，位于宜州北部刘三姐乡下枧河畔，距市区陆路5公里，水路12公里，交通便利，占地16公顷，原生态环境保护良好，自然古朴。前襟碧玉青罗般的下枧河，后依古木葱茏的马山。全屯共有34户183人，耕地面积258.14亩。近年来，随着旅游业的不断升温，我们积极利用得天独厚的区位优势和自然资源，把生态民俗旅游作为特色主导产业来抓，从20世纪90年代起作为"刘三姐民俗风情游"的一大游览胜地，由此形成了马山塘屯特色农业与乡村旅游业相结合的"一村一品"模式。2011年，全屯人均纯收入近万元，为建设社会主义新农村夯实了经济基础，群众安居乐业，社会和谐发展。

马山塘屯的经验和做法得到了各级领导的首肯，先后荣获"中国特色村""全区新农村建设示范标兵""自治区旅游名村"等称号。

展望未来，马山塘新农村建设将成为一个农业与旅游相结合的民俗接待、风情娱乐、观光采摘、餐饮住宿、休闲度假为一体的多功能、多途径、全方位发展的休闲农业与乡村旅游胜地。

项目策划：段向民
责任编辑：赵　芳
责任印制：孙颖慧
封面设计：武爱听

图书在版编目（ＣＩＰ）数据

民族文化旅游理论与实践 / 陆军著 . -- 北京：中
国旅游出版社，2023.6（2024.1重印）
　　ISBN 978-7-5032-7025-3

　　Ⅰ . ①民… Ⅱ . ①陆… Ⅲ . ①民族文化－旅游资源开
发－研究－中国 Ⅳ . ① F592.68

　　中国版本图书馆CIP数据核字（2022）第156089号

书　　　名：民族文化旅游理论与实践

作　　　者：陆　军　著
出版发行：中国旅游出版社
　　　　　　（北京静安东里 6 号　邮编：100028 ）
　　　　　　http://www.cttp.net.cn　E-mail:cttp@mct.gov.cn
　　　　　　营销中心电话：010-57377103，010-57377106
　　　　　　读者服务部电话：010-57377107
排　　　版：北京旅教文化传播有限公司
经　　　销：全国各地新华书店
印　　　刷：三河市灵山芝兰印刷有限公司
版　　　次：2023 年 6 月第 1 版　2024 年 1 月第 2 次印刷
开　　　本：720 毫米 ×970 毫米　1/16
印　　　张：19.5
字　　　数：350 千
定　　　价：59.80 元
Ｉ Ｓ Ｂ Ｎ　978-7-5032-7025-3